控制的幻觉

［冰］乔恩·丹尼尔森（Jón Daníelsson） 著
廖岷 周叶菁 等译

THE ILLUSION OF CONTROL
Why Financial Crises Happen, and What We Can（and Can't）Do About It

中信出版集团｜北京

图书在版编目（CIP）数据

控制的幻觉 /（冰）乔恩·丹尼尔森著；廖岷等译 . -- 北京：中信出版社，2023.8
书名原文：The Illusion of Control: Why Financial Crises Happen, and What We Can (and Can't) Do About It
ISBN 978-7-5217-5700-2

Ⅰ.①控… Ⅱ.①乔… ②廖… ③周… Ⅲ.①金融风险－研究 Ⅳ.① F830.9

中国国家版本馆 CIP 数据核字（2023）第 077900 号

Copyright©2021 by Jon Danielsson
Originally published by Yale University Press
Simplified Chinese translation copyright ©2023 by CITIC Press Corporation
ALL RIGHTS RESERVED
本书仅限中国大陆地区发行销售

控制的幻觉
著者：　［冰］乔恩·丹尼尔森
译者：　廖岷　周叶菁　等
出版发行：中信出版集团股份有限公司
　　　　（北京市朝阳区东三环北路 27 号嘉铭中心　邮编 100020）
承印者：　北京诚信伟业印刷有限公司

开本：787mm×1092mm 1/16　　印张：21.75　　字数：310 千字
版次：2023 年 8 月第 1 版　　　　印次：2023 年 8 月第 1 次印刷
京权图字：01-2023-2714　　　　　书号：ISBN 978–7–5217–5700–2
定价：69.00 元

版权所有·侵权必究
如有印刷、装订问题，本公司负责调换。
服务热线：400-600-8099
投稿邮箱：author@citicpub.com

目　录

导　读 003

第一章　驾驭老虎 001

第二章　系统性风险 009

第三章　土拨鼠之日 033

第四章　风险的圆形监狱 061

第五章　风险计量仪的迷思 087

第六章　想法很重要：风险和不确定性 113

第七章　内生风险 131

第八章　如果你不能承担风险，请更换风险计量仪 155

第九章　"金发姑娘原则"的挑战 179

第十章　风险表演 203

第十一章　一致、效率和稳定的三难困境　229

第十二章　鲍勃的故事：机器人和未来风险　249

第十三章　不该走的路　271

第十四章　该怎么办　293

致　谢　311

注　释　313

参考文献　319

译后记　327

导　读

作者与译者的对话

译者：这是一本非常有意思的书，相信中国读者会对这本书感兴趣。书中有许多有见地且有趣的观点。之所以今天和您对话互动，是希望了解您对本书的一些想法，并以此作为本书中文版的导读。我有几个问题想请教您。第一个问题是，您是怎么想到要写这样一本书的？

乔恩·丹尼尔森：我是一个奇怪的人，我既做量化研究又做政策研究。在我的量化研究课程中，每年都有大量中国学生来上我的课，为的是和我一起学习如何运用风险预测技术。同时，我也是政策研究者。这很不寻常，因为大多数人要么是做技术要么是做政策，而我兼做技术和政策。我一直在思考技术、技能，以及它们如何影响世界。如您所知，如果您与技术人员交谈，他们考虑的是技术，而不是技术的用途，这很常见，对吧？很久以来，我一直同时撰写技术、技能和政策的文章。我今年60岁了，我的职业生涯一直是这样度过的。我为VoxEU.org平台撰写博客文章，非常受欢迎，许多人阅读我的博客。于是出版商大约在5年前开始问我："乔恩，您想写这本书吗？"

我答应了。可以说,出版商在恰当的时候想到了我。写这样一本书,有什么好处呢?写作是个人化的。你所做的一切都是为了他人。有人说,你必须做一些让别人开心的事情。对吧?那是工作。书是为我自己而写的,因此我在以我自己的方式写书。现在,我的妻子有些担心,她对我说:"乔恩,你在周日上午写这本书,它让你远离了烦恼。但现在,你没有书要写了,你是否会有很多烦恼呢?"我妻子还开玩笑地问我:"既然现在你没有书要写,那你要利用你的时间来做些什么呢?"

译者:您可以再写一本书。

乔恩·丹尼尔森:我已经写了三本书了,每次写完我都说不再写了,但以后我也许会再写一本书。当然,这取决于世界的发展。我一直在写博客文章,同时也参与许多广播、电视和媒体节目。这是我现在所做的事。当时我想,没有人再关心危机了,一切都很轻松,所以我写了这本书。然而现在,银行体系突然又出现了大危机(指硅谷银行和瑞士信贷危机)。我认为这是一本恰逢其时的书,因为它以许多人未曾想到的方式解释了这场危机。我可以展开这个话题。

译者:非常感谢您的回答。在阅读的过程中,我的确感受到您所说的技术和政策背景的结合。这也是我很喜欢阅读这本书的原因。您刚刚提到了目前的欧美银行业动荡。您如何看待目前的情况,您有什么样的信息想传递给中国读者?

乔恩·丹尼尔森:两周前,查尔斯·古德哈特和我合写了一篇博客文章,对当前的危机做了很好的总结。他是我的好朋友。顺便说一下,古德哈特今年已经85岁了,但却比25岁的人还有才智、有活力。他是一个令人印象非常深刻的人。让我们回到主题。就我们现在所看到的问题而言,我认为金融体系是人类创造的最复杂的事物。作为一个体系,金融体系无限复杂。于是监管当局就面临一个问题:如何监管一个无限复杂的体系？无论有多少监管人员，多少法律规则，在你不注意的时候，事情总会发生。我认为，监管的问题在于，你要能认识到监管和银行业的目的是服务社会。除非银行能对我们所有人有所裨益，否则没有人在意银行。银行和金融的目的在于促进经济增长，为经济增长提供润滑剂。因此，你需要两件事情：一是风险，因为需要有人做出承担风险的决定；二是安全。这就是平衡。二者的平衡可以从两个方向来实现。一是可以设置巨大的缓冲区——就像我说的，大量资本和大量规则——来获得保护；二是可以吸收冲击。如果出现了冲击，整个体系是可以灵活地吸收冲击，还是会放大冲击？我认为目前的监管法规是旨在起保护作用的缓冲带。这意味着它们必须非常强悍，当冲击袭来时，它们不能破防。这也意味着你要有成本高昂和烦琐的监管法规，因为你总会遇到冲击，你必须应对所有的冲击。我的思考方式有所不同。我认为我们应该考虑吸收冲击。当你开车时，汽车在路上保护你，因为车内有冲击吸收装置。吸收冲击也让我们变得更有韧性，把大冲击变成会消失的小冲击。因此在我看来，欧美银行业目前的情况是，无论监管者多么有智慧，有多少资源、多少权力，都不能打造一个可以应对一切冲击的缓冲带。同时，你永远不知道下一场危机会在什么时候到来。我认为总有事情会发生。我对当前事态的解读就是，监管者正在犯一个大错误。你可以看看欧洲当局目前在做什么，美国也是如此。我认识其中很多人，阅读他们的讲话。这是官方回应，因此美国会采取更多相同的行动。问题是这不利于经济增长，如果让银行变得非常安全，银行就不能向企业发放贷款。如何向小企业而不是大企业发放贷款？政府希望银行向小企业放贷，因为小企业创造了经济。但如果银行想变得更安全，银行就贷款给创造就业机会较少的大公司，这些是共性问题。在中国也有类似的问题。从问题中得到的教训是追求更坚固的围墙，更多的资本，更低的风险，但这会损害经济。我认为，我们会从中看到欧洲和美国的错误和问题。

译者：谢谢您的回答。我完全理解您所说的监管背后的哲学，这始终是监管者面临的挑战。一方面，必须确保金融体系的安全稳健；另一方面，必须确保有一种动能，正如您所说，向实体经济注入信贷或流动性，以支持经济增长。这始终是一种挑战。同时，人们倾向于设置更大的缓冲，但其作用却不尽如人意。您在书中指出了欠缺多样性对金融体系造成的负面作用，当读到这一部分时，我真的很想立刻知道您会给出怎样的建议，于是直接翻到了书的末尾，并发现您的建议是，多样性是吸收损失的最重要因素。我同意您的这个建议，但又引发了一个新的问题。我无意挑战您，但这确实是一个让读者进一步思考的问题。我们都知道美国、英国以及许多其他国家都有着不同类型的金融机构。正如您所说，金融机构已经变得越来越复杂，这些国家事实上已经有着非常多样性的金融体系。那么，为何它们不能吸收风险？危机还是一次次发生，原因何在？让金融体系更加多样性，这究竟是解决方案，还是新的问题？

乔恩·丹尼尔森：这个问题非常好。让我们来做一个美国与欧洲的比较。在美国，银行完成了 1/3 的融资。摩根大通作为全球规模最大的银行，资产仍然小于美国的 GDP（国内生产总值），对吧？但汇丰银行或者其他大型银行，它们的资产都高于各自国家的 GDP。我认为这很重要。在英国，80% 以上的金融中介活动由银行完成，德国的这一比例是 92%，西班牙是 96%，日、韩的这一比例类似。我不知道中国的情况，我认为大概也是一个很高的比例，但我不知道确切的数字。

译者：中国的银行体系是整个金融体系的主导，银行规模大于其他金融机构。

乔恩·丹尼尔森：这很常见。多样性的问题在于，如果你所拥有的就是这些大型银行，你就不能让这些大银行倒闭。因为如果像摩根大通、中国银行或者汇丰银行这样的大银行倒闭，这将是一场灾难。因此，最终你只能让这些银行非常安全。而这样做的成本是非常高昂的。同时，监管中存在固定成本和可变成本。对监管的固定成本而言，摩根大通可以很轻松地支付固定成本；但对小银行而言，这一固定成本就显得很昂贵。由于固定成本的存在，目前的监管方式有利于大银行，而不利于小银行。因此，虽然我们看到金融体系非常多元化，包含许多不同的机构，但作为金融体系的引擎，银行体系却日益同质化。我知道银行之间各不相同。但是，政府总在告知银行，它们应如何思考风险或者应对风险。这些来自监管机构的要求，降低了银行体系的多样性。我认为很容易实现多样性。查尔斯·古德哈特和我就此有过争论。我认为只要采取不同的监管，就很容易实现多样性。我认为这不是一个复杂的问题，因为这只需要当局采用不同的思维方式。对于这一问题，当局必须以不同的方式来思考。这完全取决于当局如何发放牌照和制定规则，然后无需太久，整个体系就会变得更加多元化。因此，我认为这是一个简单的问题。我们不能创造一个完美的体系，但可以利用更低的成本创造一个更好的体系。这就是我的想法。

译者：谢谢您的回答。正如您所说，一旦我们拥有了金融体系，风险就会随之而来，成为现实并与我们同在。同时，我们不应该有控制的幻觉。您在书中有很多有趣的观察，我很想听听您对这些观点的进一步阐释。首先，您认为我们擅长管理今天的风险，但这实际上是以忽视长期风险为代价的，对吧？您试图让读者了解，管理长期风险比管理短期风险重要得多。但问题是，实际上对每家金融机构而言，都必须关注短期风险。如果机构不能妥善管理短期风险，那它又如何能够活得更长久？如果机构在短期内遭遇巨大麻烦，那它根本就看不到未来，因为未来已经被短期风险扼杀了。因此，您认为应该如何解决这个问题？理论上，您的观点毫无疑问是正确的。但现实中，如何才能落实您的想法？

乔恩·丹尼尔森：您问了一个非常重要的问题。当我与养老基金或保险公司的人交流时，他们也是这么想的。当我与再保险公司交谈时，再保险公司也提出了这些问题。当然，你必须考虑短期和长期，你必须进行日常的管理。我想，如果你和银行的风险经理、高级风险经理交谈，他们会说，我必须遵守很多关于逐日风险的规则，我无法考虑长期。但我认为我们必须考虑二者，查尔斯·古德哈特对此有一个很好的建议。他在博客文章中提出，应该让银行的CEO（首席执行官）承担无限责任。如果银行倒闭，则让CEO失去一切。解决这个问题的方法之一就是，让银行经营者的私人利益与银行的长期利益保持一致。如果银行破产，则拿走CEO所有的钱，这样就可以实现这一点。我相信硅谷银行的CEO不会遭受这样的惩罚。如果CEO的个人资产与硅谷银行的存亡是绑定的，那么硅谷银行就不会倒闭。这是非常典型的事件。或者还有另一种说法叫作"风险文化"。我不知道你是否会与核电站的负责人、核电站的风险官员或航空公司的负责人交流，如果你有机会与他们交谈，你会发现他们对风险的态度比金融领域更明智。如果飞机失事，飞行员是第一个受害的人，所以他们考虑的是长期风险。因此我认为，金融监管者可以向具有优秀风险文化的其他领域的监管者学习，而且可以将导致损失的高层员工的利益与巨额损失捆绑。我的意思是这虽然不能解决所有问题，但会解决其中很多问题。

译者：是的，正如您所说，风险文化确实至关重要。金融危机发生后，我们花费了大量时间来修订在流动性、资本和拨备等方面的规则和监管。但事实上，我认为公司治理、内部控制和风险文化非常重要，因为这方面的问题普遍存在。在所有失败的金融机构中，我们都能发现风险文化的缺失。因此，我完全赞同您对风险文化的强调，尤其是如您所说，你如果真正想要管理长期风险，就要让所有高管层具有这一意识。他们如果总是关注短期平衡、短期盈利和短期薪酬，就会在未来遇到更多的麻烦。

乔恩·丹尼尔森：是的。阿奇戈斯资本管理公司就是一个很好的例子，这家位于中国香港的对冲基金、家族办公室在两年前倒闭。瑞士信贷因此损失了50亿美元，而高盛集团和摩根大通没有损失，其背后的原因在于高盛集团和摩根大通的风险文化比瑞士信贷要好。

译者：这是一个重要的观察。中国也有一些失败的金融机构，它们都有非常严重的内部控制和信用文化缺失问题。第二个想与您讨论的问题是，您在书中提到关于使用模型的观察。您对建模非常熟悉，在统计和建模问题中引用了古德哈特定律。我的问题是，当面对如此复杂的金融体系时，对于风险监管者或风险管理者而言，他们必须依赖模型。否则，要看透金融机构就太困难了。因此，您如何评价金融建模在金融监管中所扮演的角色？我们知道模型有不足之处，但我们怎样才能让模型发挥积极作用呢？您在书中提供了非常有意思的观察，或许您可以就这些主题再稍做详细的阐述。您知道，人工智能也正在承担越来越多的角色。

乔恩·丹尼尔森：是的，人工智能在日常风险管理中发挥着非常重要的作用。这就是我觉得有趣的地方，我认为经营这些机构的人——也就是老板们——不太了解统计数据。我们谈论的是一个60岁的人，他是在40年前上的大学。他可能是一位律师，其职业生涯基本上都在思考政治和"向上爬"。他不是技术专家。如果某人现在是60岁的银行CEO，那么这些模型在他年轻时是不会被使用的。与现在相比，银行在他们上大学的年代、在他们职业生涯开始的年代，运作方式是不同的。所以我认为，对于这些人来说，他们不了解模型，但模型对他们完成工作很有用。他们可能以某种方式滥用模型。这些年长的经营者出于自己的目的而滥用模型。毫无疑问，我们需要模型、统计、人工智能以及其他工具来运行金融系统。但是，你应该在需要它们的地方使用它们，来做出贷款决策、监督交易员，以及实现银行所有经营目的。监管机构应该监督银行是否在正确行事。所有这些都是模型的正确使用。但是，你不应该为了自己的生存而使用它们。你不能因为银行的风险价值、CDS（信用违约互换）利差或其他指标是某个数字，就认为银行是安全的或一切正常。我认为，问题在于模型用错了地方。另外，问题还在于高层管理者。由于他们都会退休，工作时间不会太长，比如，你是一家银行的CEO，你不会很多年一直在这个岗位上，所以你的利益与银行的长远利益不一致。这就是需要解决的道德风险。但是，如果你将他们的个人财富与银行联系起来，那么他们就会问，我是否正确管理了风险？我有正确的风险文化吗？我是不是过于相信模型了？所以我认为，如果将CEO和董事会成员的注意力重新集中在长期风险上，他们就会质疑模型的有用性。

　　译者：这是非常有见地的思考。当你在经营金融机构时，判断力也非常重要。你必须知道企业的基本问题是什么，对此必须有非常直观的判断。这非常重要。正如您所说，现在人们经营金融机构完全基于建模。我认为这是一个很好的观点。而且，我认为高管人员或许需要了解模型所依赖的假设，以及模型如何进行计算评估。他们必须了解所有这些数据、建模背后的真正问题，以避免某种建模风险。当金融机构变得更加复杂时，他们可能更多依赖于建模而不是判断力。也许让高级管理层关注长期风险是避免建模问题的一种方式，对吗？

乔恩·丹尼尔森：是的。刚刚您分享的观点，给了我一个新的想法。这是个源于您的好主意。我教学生有关风险建模的课程，课上高管人员接受很多方面的培训，包括定量风险建模，这会让他们明白模型什么时候有效，什么时候无效。因为除非你自己动手，否则你不会理解这个问题，所以需要给高管一些数据，让他们做一些小程序，处理数据，生成报告。我认为，他们如果参加了这样的培训，就会以不同的方式看待世界。

译者：是的。实际上，您在书中对不同的统计建模方法进行了比较，我从您的书中得到了这些想法。第三个问题是，您在书中还提到了一个观点，即人与人之间的互动是我们金融体系中的风险来源。不同人之间、不同机构之间的互动和行为是最重要的部分。您认为我们今天是否有足够的能力来管理这种风险？随着技术进步，这种互动变得更复杂、更频繁，这让整个金融体系变得更加不稳定。我们如何才能更好地应对这一现象，需要做哪些准备呢？

乔恩·丹尼尔森：我想从以下两点回答这个问题。第一，如果你了解问题所在，如果你知道问题出在人身上，如果你明白这不是计算机、数字、模型，而是人的问题，你就会以不同的方式思考。这种思维方式对我来说非常有用，可以看出什么有效、什么无效，给你某种"过滤器"来分析面对的事情并找到应对策略。如果你将金融视为人，视为与人打交道，而我们知道无论这些人是谁，人都是不同且疯狂的，这会让我们更好地评估我们的解决方案。这是第一点。第二，每个人都是不同的。金融机构类型上的多样性可以提供吸收损失的自然效果。利用人性可以使金融体系更具韧性。我认为，如果系统只是机器人，你就没办法这么做。但因为系统是人，你就可以加以利用，将其用作好的力量或坏的力量。你可以利用人性，利用所有人各不相同这一点，使其成为一种力量，而不是一种弱点。这样的力量有助于实现银行的异质性和机构的进一步多样化，可以把它变成一种优势。

译者：想和您讨论的第四个问题是，您在书中提到了两个非常重要的概念：外生风险和内生风险，您用风趣的方式阐述了这两个概念的重要性。如您在书中所说，也许我们在考虑金融风险的时候，内生风险更重要。那么当技术进一步发展的时候，您认为什么技术可以帮助我们更好地管理内生风险？您在书中举了英格兰银行机器人鲍勃这个例子，我想这也是您书中一个非常重要的内容。

乔恩·丹尼尔森：我喜欢您的问题，这是一个很好的问题。我是这样思考这个问题的：答案既是肯定的，也是否定的。这可能不是好的答案，让我解释一下。一方面，如果采用现行的监管法规，其作用在于设立大缓冲区，在这一假设下，技术会使问题变得更糟，因为技术使事情变得更加相似，技术解决方案使银行之间的流程越来越雷同。因此，技术创造了不利于稳定的统一性，且技术还使事态发生得更快，留给人们反应的时间更短。危机可能会在没有人知道的情况下非常迅速地发生，在这一假设下，技术正在增加系统性风险。另一方面，如果按照我的建议改变监管法规以鼓励多样性，那么技术可以支持这种多样性并有助于形成强有力的机构。技术的优势在于它可以为小银行提供竞争优势，因为技术可以降低银行业务的固定成本。因此，如果你有一个聪明的想法，又获得了银行牌照，那么你的银行就会与众不同，就可以在技术的帮助下取得成功，进而有益于整个体系。因此，技术如果遵从多样性理念，则可能是有益的；但技术如果在缓冲的理念下运行，则可能是有害的。

译者：我认为这是未来必须考虑的事情。技术发展得非常快，特别是移动互联网和人工智能技术快速地进入了金融系统。这既创造了收益也产生了成本，甚至对金融稳定带来了挑战。比如，人们在网上能很快地把存款从银行取出来，这是一种由技术支持的新型银行挤兑。但另一个问题是，如果各家银行使用不同的技术，那么监管机构怎么应对？如果监管者不能理解金融体系中所有这些非常多样化的技术，那么监管者的工作会更加艰难。我们如何在这些方面找到平衡？我还记得在全球金融危机之后，全球所有银行业监管机构都说，我们之所以会出现这些问题，是因为我们过度依赖金融机构自己的风险价值模型，银行用自己的模型计算内部资本比率和内部杠杆率，这就产生了问题。因此，银行需要使用监管者满意且银行自己能理解的计量方法。所以，未来我们会面临类似的问题。您对此有怎样的观点？

乔恩·丹尼尔森：对于这一方面的发展现状，我在书中稍稍提到了贝莱德的阿拉丁系统，但我很难获得有关这一系统的更多信息，因为贝莱德不愿多谈该系统。虽然很难获取相关信息，但我对目前该系统的运行情况有所了解。我认为如果监管机构使用这一类的系统，监管机构又有能理解人工智能、数据科学、金融建模等知识的聪明监管人员，那么这将对监管起到帮助作用，监管者可以使用技术实现对金融体系更好的监控。所以我们在硅谷银行和瑞士信贷看到的问题是，数据就在那里，监管机构拥有所有数据和信息，但它们没有能力使用这些数据和信息，它们不知道如何利用这些数据和信息。我认为，无论是现在还是将来，技术都可以帮助监管机构更好地了解系统中的风险。问题是监管者相对保守，有点不喜欢新事物。也许是由于薪酬较低，监管机构较难招到高质量的员工，也无法配置高质量的计算机系统等硬件。这是一个非常大的问题，虽然我不了解中国的情况，但在欧洲这显然是个大问题。但是，如果监管机构能克服这些问题，招到非常好的员工，并赋予监管人员这样做的权力，监管机构就可以利用技术实现比现在更好的系统监管。当然，这在政治上也是困难的。然而，这是一个非常大的"然而"，政治和人永远会主导技术，技术是一个解决方案，但我认为金融的问题永远是关于人的，而不是关于计算机的。

译者：也许应该向巴塞尔银行监管委员会提出建议，让其对各国开展监管效率和能力的评估，其中，排在第一位的准则是监管能力。也许在未来，我们应确保银行业监管机构有足够的技术能力，来跟进金融环境在技术方面的发展。在中国，我们也面临这样的问题。监管机构总是缺少经费，缺乏优秀人才，尤其是懂大数据、云计算和人工智能的人才。我们需要确保满足监管机构对这些资源的需求。这又引出了您在书中提到的另一个问题，也是我希望和您交流的第五个问题。您提到，解决多样性的问题需要政治意愿。您在书中提出了一些建议。为了进一步鼓励金融多样性，实现更安全和更好的全球金融体系，您对各国政治领导人的主要建议是什么？

乔恩·丹尼尔森：我认为，对于政治领袖，你在传递信息说服他们的时候，必须让他们看到好处。我们必须认识到，政治领导人不是技术专家，也不是金融领域或其他任何领域的专家。他们的工作是在信息很少的情况下做出决策。这就是政治领导人所做的事情。所以如果你想和他们谈谈，你必须以他们能理解的方式告诉他们。我见过很多政治领导人，你必须以一种他们认为对自己、对国家都有益的方式与他们交谈。我恰好有个近期的例子，我在英国与很多高级决策者、政治家一起参加了一个网络研讨会，我的听众中包括这些人。我认为我要告诉他们以下内容，告诉他们这对经济增长有好处，所有政治家都喜欢经济增长。这对系统稳定有好处，所有政治家都讨厌不稳定。所以我会向政治领导人解释这是双赢的，因为在我看来，这增加了稳定性，对他们有好处，同时又促进了经济增长，这也是他们喜欢的。如果我和一位政治领袖交谈，我会用这样的方式交流，我总是从一个非常简单的话题着手，然后看看他们选择询问什么。有些政治家不跟任何人说话,只相信自己,那么你就无法与他们交流。但有些政治家乐于听取建议,喜欢与人交谈。所有优秀的政治家都会倾听人民的意见。我认为所有优秀的政治家,他们周围都有可以交谈的人。如果有人提出他们没有考虑过的新想法,他们不会拒绝,而是说:"我考虑一下,也许这是个好主意。"我认为所有优秀的政治领导人都是这样的。当然必须在他们的层次上与他们合作,不能只是用专家擅长的技术语言去解释问题。将问题翻译成通俗的语言很重要,我给您讲个有趣的事。当我写这本书的时候,我一直在想我的母亲。她是一名学校的老师,现在已经84岁了,总是在世界各地旅行,她是个聪明的女人,但就像其他老师一样,她只有大学本科学历。我想让我的妈妈理解我在说什么,所以我的写作就是这样去处理的,要确保能触及像我妈妈这样的人,沟通策略是非常重要的。要在他们的层面上与他们交谈,不要像专家一样与他们交谈。但我知道这是一个难题。

译者:谢谢,您母亲的例子非常好。我喜欢这个例子。正是您的这一写作方式,帮助读者更好地理解您的建议。非常感谢您的分享。第六个问题,也是最后一个问题,每次当我想到金融监管时,我总想起这样一句话:"在天使出现之前,我们必须要有监管。"虽然监管不能100%保证金融体系的安全稳健,但监管是必须的。同时,也有一句话说,"监管不是一门科学,而是一门艺术",当我读这本书时,它总是让我回想起关于金融监管的这两句话。对此,您有什么观点和想法愿与中国读者分享,以结束我们的对话吗?谢谢。

乔恩·丹尼尔森:您关于"监管是艺术"的观点非常重要,我认为金融体系对经济至关重要。我们需要金融体系,否则我们都会很穷。我们需要金融系统,然而其非常复杂,我们必须认识到这一点。金融业有风险,这样经济才能增长,但不需要太大的风险。你永远不要忘记,金融体系是由人组成的。永远记住,技术、计算机、人工智能、数据只是帮助人们做出正确决策的工具。当你想最大限度地利用金融体系时，你必须认识到金融体系是由人构成的，有些人腐败，有些人廉洁，有些人愚蠢，有些人聪明，有些人不道德，有些人道德，有些人爱国，有些人不爱国。你不应该设计一个试图去纠正人的问题的体系，而是应该设计一个利用人性的系统，可以围绕人去设计法规，利用人性来实现目标。这大概是我想传达的一个信息。

译者：这是非常重要的一则信息，这也是您书中的主要信息。非常感谢您再次强调这一点。在我们结束这次对话之前，我想，当您谈到人与人之间的互动时，我认为监管也需要与其他政策协调一致，比如货币政策、财政政策等，仅靠银行业或监管政策并不能使金融体系稳定健康地发展。因此，不同的政策决策者之间应该进行协调，不仅在国内，国际舞台上也是如此。最后，我想和您分享一个看法。您在书中提到的一个案例是关于中国股市在2020年春季没有按时开市。或许是因为您认为，中国在那个关键时刻有些担心波动，因此决定推迟开市。我想告诉您这可能不准确。实际情况是，那时我们刚刚迎来春节，有7天假期，所以当其他资本市场开市时，中国股市还在放假，我们比其他国家和地区开市晚了5天。当假期结束后，我们是如期开市的，我们认为中国股市有越来越多的国际投资者，因此必须遵循国际惯例。如果人为地决定开市或闭市，可能会给所有投资者发出错误的信号。在翻译时，我们对此增加了脚注，希望您理解。

乔恩·丹尼尔森：我总是希望做到准确，但有时又很容易犯错误。如果我有不正确的地方，请指正我的错误，这完全没有问题。对此我没有异议，我想我会记住这一点，并更深入地研究一下。我对此不是很了解，我很高兴您能指正。

译者：教授，现在是出版您这本书中文版本的绝好时机，因为人们对全球银行体系的风险及其监管很感兴趣。祝贺您著作中文版的出版,相信越来越多的中国读者会熟悉您的名字,了解您的想法并从中获益。

乔恩·丹尼尔森:谢谢!很高兴有这次合作的机会,也期待有机会访问中国。

第一章

驾驭老虎

不相信模型的人拯救了世界。

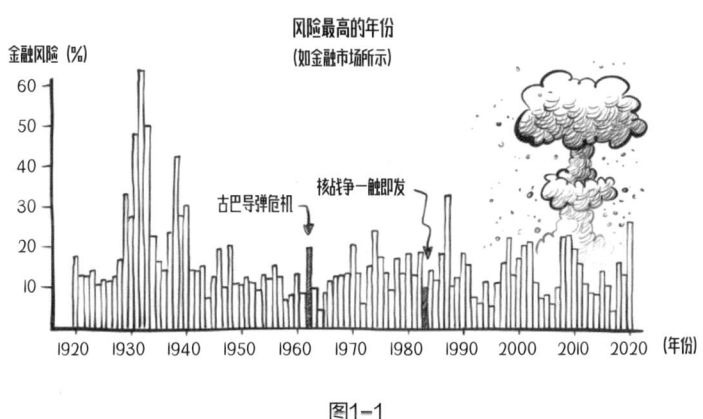

图1-1

资料来源：图片版权©里卡多·加尔沃（Ricardo Galvão）。

但凡我们关心的，几乎都是经济发展的长期结果。养老金、环境、危机、房地产、教育，只要你能想到的，都是事关几年或几十年后会发生什么。日常的波动对大多数人来说并不重要——短期风险并不是很重要。因此，管理金融活动应该放眼长远，这很有道理。但总体来说，情况并非如此。我们善于管理今天的风险，但这是以忽视未来的承诺和威胁为代价的。这就是控制的幻觉。

让我们来做一个快速测验。你认为过去风险最高的年份是哪些？是暴发新冠肺炎疫情的2020年吗？是发生全球金融危机的2008年吗？还是发生大萧条的20世纪30年代？让我们问问金融市场及衡量风险的必用指标——波动性。图1-1按年份展示了美国股票市场的金融风险状况，它和我们前面这些猜测结果一致。

然而，以上这些绝对不是风险最高的年份。1962年和1983年，尽管金融市场相对平静，但我们遭遇了极限性的尾部事件。1962年，古巴导弹危机几乎让美国和苏联打起来，只是苏联在最后一刻做出了让步。1983年，我们几乎陷入一场核战争，虽然我们是在很久以后才知道的。

当时的情况是，苏联最高领导人尤里·安德罗波夫突发奇想，认为美国正在计划发动先发制人的核打击。他指派间谍去寻找支持他怀疑的证据，于是各地的克格勃特工都开始拼命搜寻证据。（你的职业生涯就靠它了。如果你要么有机会在华盛顿找到一个有"油水"的职位，要么作为克格勃在新西伯利亚的代表被送到西伯利亚，那你当然会找到证据。这是确认偏误的典型例子。即使想法毫无根据，只要我们相信可怕的事情会发生，我们就可以找到支持这种想法的证据。）1983年，苏联的早期预警模型探测到一次核袭击。当晚值夜班的斯坦尼斯拉夫·彼得罗夫不相信这个信号，并单方面决定不立即发起反击。这个不相信模型的人拯救了世界。随后苏联的调查人员证实他是对的。之所以会产生虚假警报，是因为美国北达科他州高空云层上的阳光罕见地对准了苏联探测卫星轨道上的闪电号①。彼得罗夫上校于2017年去世，当时他被全球公认拯救了人类。

今天衡量金融风险的方法，我称之为"风险计量仪"（Riskometer），这与安德罗波夫的早期预警模型有很多共同之处。两者都依赖于不完善的模型和不准确的测量来做出关键决策。高空云层搅扰了苏联的模型，而当今风险计量仪的问题在于它着重于近期和短期风险。原因很简单，近期和短期风险是最容易衡量的风险，因为建模者拥有大量的数据。

问题在于，短期风险并不那么重要，对投资者而言是如此，对金融当局而言更是如此。对它们来说，重要的是系统性风险，即发生大规模金融危机的可能性，就像我们在2008年遭遇的那样。长期风险在概念上是容易理解的，就像系统性危机，或我们的退休生活不如预期那样舒适。让我们看看危机的形成过程。银行有太多资金，又找不到有效的投资，因此它们开始向有较高还款风险的借款人放贷，通常发生在房地产领域。一开始，这看起来像魔法。在一个快乐的良性循环里，资金不断流入，开发商不断盖房子，每个人都感到更加富有，于是催生了更多的贷款和更多的建筑……直到一切崩溃。

我们该怎么办？当然是监管，使用圆形监狱（Panopticon）。这个想法可以追溯到18世纪的英国哲学家杰里米·边沁，他提出通过设立岗哨来观察人类活动以规范社会。这有用吗？在交通方面当然有用。如果没有警察或摄像头监控超速，我怀疑很多人会忍不住开快车。因超速被抓的可能性让道路变得相对安全。当然，我们也可以利用圆形监狱来监管金融业，以防止危机及其造成的可怕损失。我们确

---

① 后来相关人员调查发现，苏联的卫星将高空云层反射的阳光误测为洲际导弹，所以才出现如此一幕。——译者注

第一章 驾驭老虎 005

实用了这个方法，但效果并不是很好。原因与两个复杂话题的相互作用有关：衡量风险的难度和人类的聪明才智。

与温度或价格不同，风险无法被直接感受或观察到。相反，它必须通过价格过去的走势来推断。这需要一个模型。正如统计学家乔治·博克斯所说："所有模型都是错误的，但有些是有用的。"[1]我们有很多衡量风险的模型，它们彼此不一致，没有明确的方法来判断哪个是最准确的。即便模型有用，所有风险计量仪捕捉到的也都是短期数据，因为这正是我们能够获得的数据。

再来看人类行为。海曼·明斯基在40年前观察到，稳定具有不稳定性。如果我们认为世界是安全的，我们就会想要承担更多风险，这最终会造成世界自身的不稳定性。由于决策和糟糕的结果之间可能时隔几年或几十年，因此风险很难被控制。正如我的合著者查尔斯·古德哈特所说，"对于任何观察到的统计规律性，一旦出于控制目的而对其施加压力，它就会趋于崩溃"。[2]古德哈特定律告诉我们，当风险管理者开始控制风险时，我们的反应方式往往会使风险测量不准确。

一段时间以来，我一直在从人的维度研究风险，并与合著者一起提出了一个有用的分类方案：外生风险和内生风险。内生风险指的是构成金融体系的人类之间相互作用的结果。内生的反义词就是外生。6 500万年前，一颗小行星撞击了墨西哥湾，导致恐龙灭绝，这就是一种外生冲击。恐龙当然没有做任何导致自己灭绝的事情。

通过内生风险的视角来看待金融体系，我们可以认识到哪些风险防控措施是有效的、哪些是无效的，而且这往往让我们感到意外。许多金融危机和巨额损失，是由善意的规则与市场参与者自我保护的本能之间的恶性反馈造成的。但是，由于造成这种脆弱的力量只会在最糟糕的时刻才显现，所以我们不知道它们有多危险，直到为时已晚。衡量内生风险是困难的,甚至是不可能的。为什么会这样?因为风险计量仪所能捕捉到的都是不那么重要的外生风险。这反过来解释了为什么操纵风险的测量如此容易。假设我的工作是管理某个投资组合的风险。有一天,我的老板把我叫到她的办公室:"乔恩,风险太高了,你必须把它降下来。然而,我们的交易员干得很出色,我也想保持良好的投资回报。现在用你的电脑去搞定降低风险这件事吧。你不要被抓,确保遵守所有的规定。"这太容易了。瑞士银行之所以在 2008 年巨亏而资不抵债,就是因为它有意选择了错误地衡量风险,这是那次危机中普遍存在的问题。银行擅长操纵风险计量仪,以为自己可以愚弄监管机构,但最终它们只是在欺骗自己。

内生风险是金融当局面临的"金发姑娘原则"(Goldilocks)挑战的核心。我们希望金融监管恰到好处:既不要太严,以免所有的经济活动都被扼杀;也不要太松,以免我们遭遇太多危机,损失所有的钱。我们需要一种平衡,但这并不容易。监管机构关注的是上一次出现的问题,而下一次危机往往发生在一个完全不同的领域。这正是 2008 年之前的情况,当时各国央行只关注通胀,却忽略了即将到来的危机的所有预警信号。虽然 2020 年对新冠肺炎疫情的应对吸取了 2008 年的教训,但这其实是不对的,因为疫情对经济的影响非常不同。这是看着后视镜开展监管的结果。

从外生风险和内生风险两分法中可以得到很多的教训,其中之一是一种特殊的合成谬误。金融当局的目标是让所有金融机构都变得谨慎,从而发挥金融体系的最佳作用,就像沃尔沃——世界上最安全的汽车一样。当没有人疯狂投资,每个人都遵守规则时,投资者能享受稳定的回报,银行不会倒闭,金融危机也不会发生。但把银行变成沃尔沃汽车就会让我们安全吗?不会。它反而使危机更有可能发生,因为它降低了金融体系的减震能力。

人工智能是应对内生风险挑战的恰当手段吗？这要视情况而定。人工智能将提高人类的效率，使我们减少大量烦琐的风险管理和合规工作。金融服务将变得更便宜、可靠，监管规制将得到更好的执行。这会出什么问题呢？想象一下，让英国央行的机器人鲍勃来负责维护金融稳定。它与受监管的银行同行交谈，传递信息并强制执行。这看起来像控制金融体系的完美方法，但前提是，鲍勃能做出正确的决策。与人类不同，我们不知道它是如何推理和决策的。那么，当鲍勃遇到它从未遇到过的问题时，什么会发生呢？人类可以利用我们自己积累的经验和人类知识的准则进行推理和决策，但是人工智能无法做到这一点。同时，恶意主体很容易利用鲍勃。他们会四下寻找机会。恶意主体——或许是某个交易员、恐怖分子、民族国家或是罪犯——只要找到鲍勃的一个弱点就会加以利用。他们可以在完全保密的情况下做到这一点，直到鲍勃无论怎样应对都为时已晚。无论技术水平如何先进，鲍勃都无法获胜。

　　这似乎有点悲观，但这不是我想留下的印象。金融体系具有很强的韧性，总体上做得不错——大多数公众的评论与之相反。然而，我们今天处理这个系统的方式把我们带向了错误的方向。那么，我们该怎么办呢？拥抱多样性，这是实现金融稳定和良好投资回报的最有效方式。构成金融体系的金融机构的差异越大，当局对多样性的接受程度越高，金融体系就越稳定，表现也会越好。这有利于所有人。但阻碍来自机构的自身利益和政治因素。决策者往往反对多样性，他们更喜欢统一的经营方式，以保护自身利益和职位。我们需要的只是政治意愿。

第二章

系统性风险

> 金融危机如同害虫流行病，在一家家机构中迅速蔓延。
>
> ——斯蒂芬·施卡尔魏特

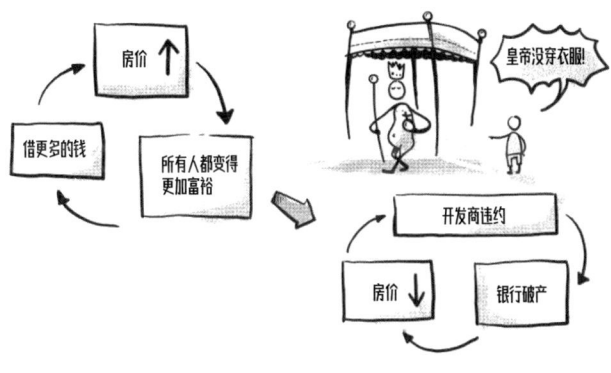

图2-1

资料来源：图片由卢卡斯·比肖夫（Lukas Bischoff）/IllustrationX 绘制。

1751年，林德特·彼得·德·纽夫维尔在阿姆斯特丹创立德·纽夫维尔兄弟银行时只有 21 岁。他的大好机会来自几年后的七年战争，也就是美国人所称的法印战争。阿姆斯特丹是当时世界上最成熟的金融中心，在金融创新方面处于领先地位，拥有最富创造力的银行家和最充裕的投机资本。荷兰盾相当于现在的美元，是促进整个欧洲及其他地区贸易的储备货币。林德特充分利用了这一优势，通过为战争中的普鲁士一方提供融资，建立了当时世界上最富有、最负盛名的银行之一。他的生活条件很好，房屋内只陈设最好的物件，收藏了顶级的绘画作品——但没有一本书。

他的赚钱手法相当现代：以承兑贷款的形式进行快速的、不负责任的金融创新。这与 2008 年金融危机中破坏力巨大的金融工具没有太大区别。廉价的短期借款被用来发放高利率的长期贷款，涉及由多家银行和多个国家组成的一条长债务链。

所有利润的关键是借来的钱。他每借给普鲁士 23 荷兰盾，德·纽夫维尔兄弟银行出 1 荷兰盾，其余 22 荷兰盾都以大宗商品为担保从市场借入。生意好的时候利润很高，但没过多久就出了问题，在 1763 年战争结束时，情况发生了惊人的变化，最终导致了第一次现代金融危机。[1] 战争结束后，大宗商品价格暴跌，因为农民可以重新开始生产了，这使德·纽夫维尔兄弟银行承兑贷款背后的所有大宗商品抵押变得一文不值。投资者受到了惊吓，决定不再对这些短期贷款提供展期——就像 2007 年短期资金融出方也都罢工了一样。由于德·纽夫维尔兄弟银行没有足够的现金偿还债权人，为了维持银行生存，林德特不得不大量出售所持有的大宗商品。然而，这导致价格进一步下跌，这一过程被称为贱卖（fire sale）。价格下跌促使投机者抛售，而当他们抛售时，价格进一步下跌，形成恶性循环。德·纽夫维尔兄弟银行没过多久就违约了。

第一次全球系统性金融危机由此产生，当时其被描述为"害虫流行病"，在一家家机构中迅速蔓延。汉堡市遭受重创，1763年8月4日该市市长致函阿姆斯特丹市市长，请求他为德·纽夫维尔兄弟银行纾困。阿姆斯特丹市市长拒绝了。幸运的是，这场危机持续的时间相对较短，阿姆斯特丹、汉堡和其他主要城市很快便恢复了元气。柏林遭受重创是因为其皇帝弗里德里希二世做出的反应。他下令暂停付款并实施救助，违反了允许资金从阿姆斯特丹流向柏林的合同，这使银行家不再信任普鲁士当局。资金停止了流动，严重的经济衰退随之而来。政府对危机的回应使情况变得更糟糕——这不是唯一的一次。

1763年的危机可以归类为V型危机，但柏林除外，它遭遇的是U型危机。在V型危机中，我们看到经济活动出现短暂且急剧的下降，但由于基本面没有受损，因此复苏也同样迅速。1998年的亚洲金融危机也属于V型危机，而20世纪30年代的大萧条和2008年的金融危机则属于U型危机，因为它们崩盘剧烈，复苏缓慢。那么这次新冠肺炎疫情会怎么样？目前还没有定论，但似乎更接近K型危机，会快速分出赢家和输家。

德·纽夫维尔兄弟银行的债权人试图追回他们的钱，但收效甚微。1765年，林德特被迫拍卖了自己的部分藏画，其中包括约翰内斯·维米尔的《挤奶女工》，售价560荷兰盾，这幅画现在是阿姆斯特丹国家博物馆最吸引人的作品之一。林德特设法保留了他的大部分房产，包括阿姆斯特丹绅士运河70~72号的一处，这在当时和现在都是一处非常理想的住宅。

1763年发生的是系统性金融危机，发生这种危机的可能性就是系统性金融风险。在本书的剩余部分，我将省略"金融"一词，只称其为系统性风险。1763年的危机是第一次现代全球金融危机，因为它的发生不是由于战争或作物歉收，而是由于影子银行和复杂金融工具的大量使用，这些工具使风险通过高效和相互关联的金融中心得以隐藏和扩散。自那以后，我们经历了许多次系统性危机，值得注意的是，它们竟如此相似。尽管1763年的世界与2008年的世界大相径庭，但导致危机发生的原因却十分相似：影子银行引发了严重的脆弱性，等我们注意到的时候为时已晚。危机从根本上来说都是一样的。它们只是在细节上有所不同。

我对系统性风险的定义是，金融体系在履行其职责时发生重大失败的可能性。以国际货币基金组织（IMF）、国际清算银行（BIS）和金融稳定理事会（FSB）为代表的全球权威机构倾向于给出一个较为狭义的定义："系统性风险是指金融体系的全部或部分功能受到破坏引发的大规模金融服务中断，以及由此对实体经济造成严重负面冲击。"[2] 这里的关键是"金融体系"四个字。它必须要么是危机的根源，要么是危机的扩大器，才能被称为系统性风险。由于金融体系是经济的重要基础，所以大多数经济危机也是系统性风险。那么新冠肺炎疫情呢？它对经济造成了冲击，使大多数国家的GDP在2020年第二季度减少了10%~20%。但金融体系只是旁观者，不是起因，它既没有让事情变得更好，也没有让事情变得更糟糕。新冠肺炎疫情危机不是系统性的。

系统性风险的焦点不在于任何单家金融机构，而在于整个金融体系，以及它如何影响实体经济。一家银行的倒闭，甚至一场银行业危机，都不一定是系统性的。我们需要找到金融体系与实体经济之间的关联性。

系统性危机代价高昂，很容易达到GDP的10%以上，对美国来说就是数万亿美元。幸运的是，这种危机并不频繁，我认为大多数人一生中最多只会经历一次这样的危机。如果采用IMF危机数据库（这个数据库由卢克·莱文和费边·瓦伦西亚维护）中相对宽松的定义，我们发现经济合作与发展组织（OECD）成员国家平均每43年会遭遇一次系统性危机。虽然43年一遇是历史平均水平，但人们热衷于争论未来是否会同样平静。许多评论人士认为，日益增强的复杂性和关联性使金融危机更加频繁。美国和英国更容易发生金融危机，尤其是英国，每17年就会经历一次系统性危机。上一次是在2008年，若按这一频率发生，下一次危机时间将是2025年。如果要多说一句的话，那就是43年一遇的数字被高估了，因为数据库涵盖的是相对事件并非极端事件，比如1987年10月的黑色星期一和1998年的长期资本管理公司危机。如果排除这些轻微的危机，那么我们在一生中大约会遇到一次系统性危机。

遇到最严重危机的频率之所以是一生一遇，是因为只有在我们忘记了上一次危机后，它才会发生。危机会改变人们的行为，那些在危机中长大的人将终生受到危机的影响。我们只有等到1929年的那些20多岁的人在20世纪70年代退休后，下一场危机的种子才能得以播下。随后，经过约1/4个世纪，种子结出果实，最终引发2008年秋天的危机。当政治和游说集团推动建立一个高风险、高回报的金融体系时，上一次危机的记忆也已经消退，因此它们几乎不会遇到阻力。

考虑到系统性危机是一生一遇的频率，"系统性危机"一词在今天被过度使用了，正如其在2008年以前被低估一样。这些用法大多是不准确和矛盾的，人们经常会有这样的印象，即评论员在使用"系统性危机"一词时，只是在谈论最近的危机或金融丑闻。

金融体系容易受多种类型冲击的影响，有的来自金融体系外部，比如新冠肺炎疫情，有的则由金融体系本身产生。有些冲击是特殊的，只影响单个机构或资产，而另一些则影响整个金融体系和实体经济。小的冲击往往来自系统外部，所有大的冲击都是由组成金融体系的人相互作用产生的。可能确实存在某种外部诱因，但真正的损害是系统自身造成的。

如果我必须对金融危机给出教科书式的描述，那就是：金融机构有太多的钱可以借出。当优质借款人耗尽后，它们开始发放低质量的贷款，通常是在房地产领域。一开始，这一切看起来都很有创意。开发商借钱建造新房，这刺激了经济繁荣和住房需求。房价持续上涨。每个人都感到更富有和乐观，这刺激了更多贷款和住房需求，从而形成了一个快乐的良性循环。但这引发了许多危机，比如20世纪80年代美国储贷危机和2010年西班牙经济危机。

最后，直到小男孩喊出"皇帝没穿衣服"的时候，人们才意识到所有的繁荣都建立在沙子上（见图2-1）。[3] 因为没有强劲的经济基本面，一切都崩溃了。反馈循环从良性变成恶性。房价下跌，开发商破产，银行亏损，经济萎缩……房价进一步下跌——这正是林德特经历过的贱卖过程。危机前的价格上涨比下跌的速度慢得多：价格上升像自动扶梯，下降则像厢式电梯。

大多数危机都遵循教科书式的规则。但1914年发生的那次并不典型，这也是我最喜欢它的原因。1914年6月28日，奥匈帝国皇储弗朗茨·斐迪南大公遇刺，导致欧洲大国在战争即将爆发之际故作姿态。这让人们担忧金融机构在偿还跨境贷款时是否会遇到困难——毕竟，如果两国处于战争状态，跨境执行合同会很困难。但令人惊讶的是，即使在战争开始之后，同盟国和协约国之间的汇款仍能通过中立国尤其是瑞士进行，这使瑞士跃升至主要金融中心的行列。

大公遇刺的直接后果是交易的清算出现困难。当一个人买卖股票时，需要一段时间将股票所有权转移到买方、资金转移到卖方，这个过程被称为清算。1914年，清算需要两三周的时间，如果有人跨境购买股票，证券和资金将通过不同的途径邮寄。考虑到当今所有现代数据库和快速计算机的效率，人们可能认为清算是即时的。但即使是现在，清算也需要几天甚至几周的时间。清算的缓慢正是2021年1月游戏驿站和互联网交易平台罗宾汉危机与阴谋论的核心所在。

清算过程的任何中断都代价巨大。假设你卖出谷歌股票，你在法律上被要求交付谷歌股票，同时你有合法权利获得现金，即交易结清。如果你只是卖出谷歌股票，那么交易过程的短期干扰可能不是问题。然而，大多数人对出售股票所得的资金都有使用的计划，也许你想用它来购买微软股票。如果出于某种原因，你没有收到这笔钱，那你可能就无法支付，即使你的行为是审慎的、善意的。

1914年的危机首先影响了柏林、巴黎和维也纳的证券交易所。为了保护当地银行，这些城市的金融当局决定暂停清算过程，直到尘埃落定。如果每个人都只在本地交易，这应该不是大问题，至少没有人会因为无法交付现金而违约。但是，如果在巴黎市场关闭的情况下，伦敦市场仍然开放，就会出现问题。位于伦敦的银行向巴黎的银行发送现金和证券，但相应的交换操作却没有发生。有人可能认为，这是与欧洲大陆有业务往来的老练的伦敦银行才会遇到的问题。但实际情况并不是这样的，金融体系的相互联系意味着每个人都是脆弱的。那些自认为很理智的银行（比如保守的农村银行），即使只与伦敦的大银行进行交易，以谨慎地避免承担太多风险，也会立即受到影响。

最初，那些与欧洲大陆打交道的公司陷入了困境，因为它们必须向欧洲大陆的贸易伙伴发货，但却得不到欧洲同行的现金。随后，它们的商业伙伴陷入麻烦，很快，与它们打交道的人也遇到了困难。在金融体系中，每个人的风险都与其他人有关，不管人们是否愿意。我们可能认为，不与喜欢冒险的人做生意是审慎的。然而，如果我们的交易对手承担着某种风险，那么我们也会承担风险。

为什么金融危机经常被说成是一种传染病？这是网络效应的一个很好的例子——零号感染者感染了其周围的人，这些人又感染了他们周围的人，很快所有人都被感染了。同样，这种脆弱性也会迅速从零号银行蔓延到其他银行。金融体系之所以脆弱，不仅是因为风险，还因为每个人之间都是相互联系的。

1914年，伦敦是全球金融网络的中心，在超过阿姆斯特丹之后，伦敦占据这个位置达一个半世纪之久。绘制于1774年的一幅图显示了以伦敦为中心的欧洲金融体系的网络系统（见图2-2）。从那以后，我们一直在构造着一张张网络图，在2008年金融危机之后，网络图的创建俨然成了一个行业。在我看来，这样的图从来没有什么意义，因为它们所显示的只是每个人都与其他人联系在一起，这是众所周知的。参与者在变化，而网络始终存在，它是风险与繁荣同时酝酿的源泉。网络使经济变得高效，创造了财富、良好的就业机会和充足的廉价商品，但它也传播了金融危机和医疗危机。14世纪前十年的鼠疫就是通过贸易网络传播的，就像2020年的新冠肺炎疫情一样。

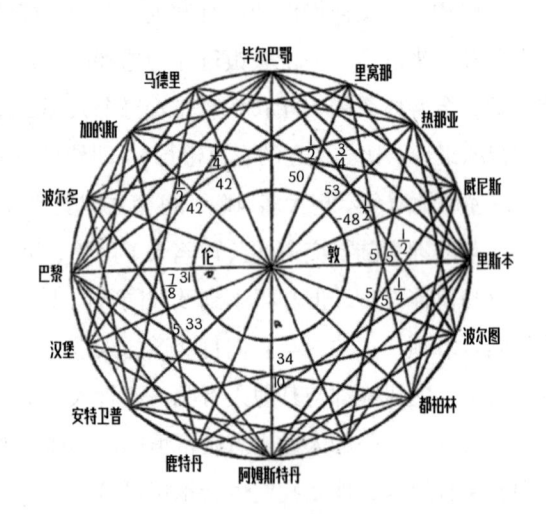

图2-2 1774年欧洲金融体系的网络系统

资料来源：M. Postlethwayt, *The Universal Dictionary of Trade and Commerce*, 4th ed.（London, 1774）, vol 1. Arbitrage。

如果 1914 年的危机纯粹是一场金融危机，那么除了少数与金融体系有关的人，没有人会真正关心。但事实并非如此。金融体系将资源引向实体经济，如果融资渠道不畅，企业就无法借款和投资。企业无法支付供应商货款和员工工资，这正是系统性危机的本质。经济活动逐渐停止，每个人都受到影响。这就是金融受到严格审查和监管的原因，也是银行在行为不端时总能得到令公众讨厌的救助的原因。

1914 年的危机自发生时起，就遵循着可预测的模式。市场参与者变得非常谨慎，都想要获得最安全的资产：黄金。银行将多余的资金存放在英格兰银行，而不是贷出去，因此随着商业信贷的蒸发，危机迅速从伦敦金融城蔓延至实体经济。在初期，英格兰银行和伦敦金融城的主要金融机构试图自己解决问题。然而后来，情况逐渐变得更糟糕，最终是由财政部做出了最关键的决定。事情总是这样。严肃的危机应对需要政治领导层的合法性，而像英格兰银行这样由非选举产生的官僚领导的机构，根本无法做到这一点。

最后，伦敦和纽约的证券交易所都在 1914 年 7 月 31 日关闭，直到 1915 年 1 月。为什么要关闭证券交易所呢？为了阻止按市值计价的恶性反馈循环的发生。如果一家公司的资产价值超过其债务价值，那它就是有偿付能力的。如果它的资产价值下跌，公司可能会发现自己陷入困境，甚至资不抵债，因为债务价值并不随着资产价值的下降而减少。为了保护自己，公司可能会出售其持有的资产。然而，这会让资产价值进一步下跌，导致更多的公司陷入困境并开始出售资产……一个按市值计价的恶性反馈循环就此诞生。很快，每个人似乎都步调一致，做着完全相同的事情，都在买卖同样的资产。由此导致的极端波动，就是一场正在形成的危机的外在表现。

当证券交易所关闭时，价值冻结，反馈循环停止。考虑到市场重新开放时信心已经恢复，一场危机就可以避免。同样的想法也存在于现代交易所的熔断机制背后：如果价格下跌太多，熔断机制就会暂停交易，让市场参与者有时间弄清楚正在发生的事情。当 2020 年新冠肺炎疫情暴发时，中国关闭了上海股市 6 个交易日，以防止最坏的情况发生。这一收盘可能阻止了过度波动的出现，但市场仍以 8% 的跌幅开盘①。

1914 年的危机表明，当信心蒸发时，恐慌在所难免。同样的市场效率，在受到冲击之前是如此有益，但在它将最初的冲击放大为更糟糕的事情之后，却是一个诅咒，甚至有关大型机构可能倒闭的传言也会引发恐慌。1914 年，一些银行对跨境贷款的风险敞口明显过大，一旦发生战争，它们就会倒闭并引发危机。但人们并不需要真正发生战争来引发危机，只要一个预期就足够了。

1914 年，金融当局采取了恰当的措施，通过实施大规模干预，将伦敦金融城从最糟糕的情况中拯救了出来，并随之拯救了实体经济。相比之下，2008 年金融危机和 2020 年新冠肺炎疫情危机中的事件则相当温和。然而，伦敦金融城的后果很严重。1914 年，它是世界上最重要的金融中心，但到了 1918 年，它的地位被纽约取代，纽约至今仍然保持着这一地位。

典型的危机包含两个主要因素：过度的负债和相互关联的金融体系。换句话说，就是过度的风险和充满危险的网络结构。但是，危机的发生并不需要极端的冒险行为。1914 年危机的爆发并非因为风险太大。恰恰相反，不稳定的力量侵蚀了我们所依赖的非常复杂的金融体系，它为我们提供了有效的金融中介和杠杆，帮助经济增长——但

---

① 原书这个说法不准确。2020 年 1 月 24 日正值中国春节，这属于正常的闭市，并不是政府采取的特殊措施。春节假期结束后，中国股市如期开市，市场在短暂下跌后，企稳回升。——译者注

仅在好的时期。神奇的金融体系同时也是金融危机的催化剂。并且，这一切都与政治有关。

这是政治，笨蛋

在 1992 年比尔·克林顿竞选总统时，他的非正式竞选主题是"笨蛋，关键是经济"。[4] 的确，他击败老布什的主要原因是 1991 年的经济衰退。而当下，情况正好相反——在解释市场时，人们可能会说："这是政治，笨蛋。"今天金融风险的主要来源不是过度风险行为，而是量化宽松和低利率、英国脱欧、唐纳德·特朗普、俄罗斯、乌克兰、卡塔尔和意大利。当今世界上最严重的金融危机发生在委内瑞拉，那是由政治因素引起的。政治因素在很大程度上影响着各国对新冠肺炎疫情的应对。

政府政策驱动金融市场，金融市场对央行的利率和量化宽松政策做出反应。2020 年初，当新冠肺炎疫情来袭、金融市场面临压力时，人们预计各国央行会采取行动拯救市场。果然，许多评论人士质疑，为什么我们既允许金融体系中的所有过度行为，同时又允许它在每次坏事发生时都执行"格林斯潘看跌期权"？"格林斯潘看跌期权"这个政策的绰号是以美联储前主席艾伦·格林斯潘的名字命名的，因为每次金融市场出现问题时，美联储都准备注入流动性。如果美联储会拯救我们，我们的行为就不必明智合理，因为利润是私人的，而损失是社会的。其结果是，几乎所有人都对 2008 年之前的潜在风险视而不见，那个时代甚至被标榜为"大缓和"时期。损失的社会化和利润的私有化不断激怒左翼和右翼的活动人士，这是民粹主义的主要驱动力之一。

正如 1914 年那样，政府可能是系统性风险的直接触发者。21 世纪前十年，欧洲主权债务危机的主要原因不是银行的不当行为，而是政府的挥霍。2008年金融危机中臭名昭著的次级抵押贷款之所以产生，是因为历届美国政府希望鼓励最贫穷、风险最高的公民拥有住房。然而，对于今天的政治与明天的不稳定性之间的关系，除了少数密切关注的人，大多数人并不清楚。最终导致不稳定的政府政策，可能都意图良好，但它们对于系统性风险的影响往往是间接的、反直觉的。

因此，一些评论人士对系统性风险的起源发表了强硬言论。以布莱克-斯科尔斯期权定价模型[5]闻名的经济学家费希尔·布莱克生前曾说过："当听到政府谈论系统性风险时，你要捂紧你的钱包！这意味着它们想让你为更多的监管支付更多的税，这可能会通过干预私人合约导致系统性风险……总之，当你考虑系统性风险时，如果你认为是政府导致了风险，而不是政府在保护我们免受损害，你就接近事实真相了。"[6]

政策制定者是否认识到政府也会引发系统性风险？没有。几年前，我在欧洲某国首都参加了一次大型央行会议，会议讨论欧洲当局应如何应对当时肆虐的欧洲主权债务危机。在最后的小组讨论中，主要的政策制定者讨论了我们应当衡量、控制和消除哪些风险，以及所有同类会议上都会讨论的标准议题，比如过度冒险、不透明的金融工具和不正当的激励等。在问答环节，我问专家小组，政府是否也可能引发系统性风险，小组主席对我喊道："不，政府是提供解决方案的，而不是问题本身。"

系统性危机很严重。几亿人在大萧条中受苦，诱发了导致第二次世界大战的各种政治因素：人们失去工作，失去存款，甚至失去生命，民粹主义兴起。难怪我们想要阻止危机。我在伦敦政治经济学院的课程《全球金融体系》第一讲的主题就是系统性风险。在课程开始约20分钟后，我会问学生这样一个问题："希望生活在一个没有系统性危机的国家的同学，请举手。"通常，大约80%的学生会举手。但如果我反过来问，有没有同学愿意生活在一个存在系统性危机的国家，则没有人举手。如果我们问政客、记者、监管者和权威人士同样的问题，我相信他们中的大多数人会同意学生的观点。

预防系统性危机的方法可以简单直接。古巴和朝鲜就做得很好：摆脱金融体系就行了，就不再有系统性危机。这样是很容易，但成本是不可承受的。我们需要金融体系承担风险。伴随风险而至的损失，是健康经济的重要组成部分；一个没有损失的经济体承担的风险不够大，增长速度也不够快。尽管通过监管让金融体系完全没有风险是一条捷径，但要做到这一点同时又不扼杀经济增长，那就不容易了。

另外，太多的破产和危机提醒我们：有的地方出了问题。金融体系可能过于不稳定，风险过高，可能存在太多腐败，或者资金出于政治原因流向了非生产性用途。在危机频发和鲜有危机之间，需要一种平衡。我们需要鼓励金融业承担足够的风险，以促进经济增长，同时需要防止过多的风险引发系统性危机。这是经典的风险与回报之间的权衡，这很重要。

经济危机对贫穷和欠发达国家的影响比富裕和较发达国家更频繁、更严重，尤其是因为发展中国家更有可能遭受糟糕的经济管理和动荡的政局影响。它们依赖少量的出口，通常是大宗商品，因此很容易受到全球市场波动的影响。在这些国家很难筹集资金，因为富人向外输出资本，迫使政府和其他借款人从全球金融中心筹集外币资金。因此，在欠发达国家，主权债务、外汇和一般性经济危机的普遍出现就不足为奇。

系统性风险则不是这样的：正是发展的不足保护了贫穷和欠发达国家。在金融体系不发达的国家，信用卡和银行账户很少，每个人都使用现金，基本上不会出现系统性风险。如果这样一个国家的银行倒闭了，大多数人可能不以为然。然而，如果我开户的伦敦某银行今天倒闭了，我就无法使用借记卡，不能买午餐。我所有的钱都锁在银行账户里，如果不能使用它们，我就什么也不能买了。不仅我会饿死，所有卖东西给我的商贩也将没有生意可做。在发达国家，银行的安全是最重要的。金融体系越复杂，就越容易受到毁坏。系统性风险是"富人之病"。

到2008年时，我们已经忘记了历史

每个人都曾认为，我们已经在2007年之前解决了危机问题。为什么？有两个原因。第一个原因是系统性危机相当罕见，因此没有人担心。如果你一生中没有经历过一次，你也不会认为它即将到来。第二个原因是狂妄自大。专家相信，现代风险管理系统和监管法规是先进而健全的。政策制定者、学者和从业者都认为，危机只与欠发达的、金融监管薄弱的、存在大量腐败和滥用职权现象的国家有关。发达的西方经济体已经找到了预防危机的神奇方法，即有效的金融监管和原子式风险管理的结合。这是一种狂妄自大的表现。

原子式风险管理意味着，如果使用复杂的风险管理技术来管理所有小风险，它们就不会演变为大风险——于是危机就被消除了。这种逻辑存在致命缺陷。的确，整个金融体系是由其内部发生的一切组成的，可以一直下沉到单笔交易。我们可以了解构成人体的所有原子，并成为生物学专家，但所有这些知识都无法告诉我们，是什么让一个人生存下去。金融领域也是一样的。我们并不知道所有的微观风险是如何综合起来，形成证券投资组合、银行或系统性风险的。如果我们认为自己知道，那么这最终只是一种虚假的安全感。

到2007年，我们以为风险已经神奇地消失了，因为所有的微观

风险都得到了控制。但我们忽略的是，所有复杂的风险管理技术都增加了系统性风险。原因很简单。从所有的实际功能来看，金融体系是无限复杂的，所以无论我们多么深入研究这个系统，努力试图控制它，我们仍然只能关注其中一小部分——系统性风险恰恰出现在我们没有注意到的领域。这就是矛盾之所在，先进的风险管理技术导致金融体系复杂性日益增强，因而为危机的出现创造了新的途径。

以美国次级抵押贷款为例，这是 2008 年金融危机的一个重要因素。2007 年 3 月，美国次级抵押贷款的价值约 1.3 万亿美元。在正常情景下，这些借款人中可能只会有一小部分出现违约。而在灾难性情景下，如果一半的借款人违约，债权人只收回一半的违约贷款，则总损失将达到 3 250 亿美元。虽然这个数字很大，但与美国金融市场的整体规模相比却非常小。在 2007 年全球金融危机爆发之前，美国未偿还的债务规模为 32 万亿美元，是美国 GDP 的两倍，而股票市场的总市值为 20 万亿美元，因此 3 250 亿美元的损失约占股票市值的 1.6%。1929 年以来，美国标准普尔 500 指数有 1 274 天出现过如此大幅度的下跌，占总时长的 5.5%。次级贷款的实际损失要小得多。

为何次级贷款 3 250 亿美元的潜在最坏损失会造成如此大的危害，但股市却可以淡定地多次遭受 3 250 亿美元的损失？原因是股市的亏损是可见的、可预期的，而抵押贷款的损失则缺乏透明度。风险是隐藏的，几乎让所有人都感到意外。我说"几乎"，是因为有些人确实预见到了，比如迈克尔·刘易斯——《大空头》一书的作者。

金融危机第一次以这种方式呈现出来并不是在 2008 年。金融危机之间往往彼此非常相似，1763 年和 1914 年的危机与 2008 年危机有很多相似之处。那么，2008 年为什么会再次发生类似的危机呢？原因是狂妄自大和遗忘历史。近 100 年前的政策制定者意识到了系统性风险，而 21 世纪的政策制定者却把这个问题抛于脑后。我还记得在21世纪初参加央行会议时，会上大多数发言者认为，央行应该只关注通胀，金融稳定不是各国央行应该关注的问题，因为它不纯粹，会玷污货币政策的良好声誉，而货币政策对于价格稳定至关重要。这正是2008年金融当局面对金融危机措手不及的原因。英格兰银行在21世纪初决定，对它来说最重要的是货币政策，随后关闭了负责金融稳定和监管的部门，因此，当2008年金融危机爆发时，英格兰银行严重缺乏专业人才。2007年8月，金融危机已经开始，北岩银行破产，时任英格兰银行行长默文·金则说："我们的银行体系比过去更有韧性……证券化的发展大大降低了银行体系的脆弱性。"当时，不仅中央银行低估了系统性风险，关注系统性风险的学术机构也几乎只有伦敦政治经济学院。这要归功于查尔斯·古德哈特，他不断提醒我们，系统性风险很重要，值得研究。不过，从职业生涯的角度来看，这并不好。我记得2003年，我的一篇关于危机的论文遭到一家顶级期刊拒稿，理由是"无关紧要，因为危机问题已经解决了"。

对新冠肺炎疫情的反应源于2008年对危机的笨拙应对。由于2008年应对不力，2020年的决策当局在强大的政治支持下积极应对，决心避免重蹈2008年的覆辙。政策制定往往是这样的：反应不足，然后是后视镜引导的过度反应。不幸的是，所有危机尽管本质上是一样的，但细节却不同，监管往往更多针对的是细节，而不是本质。

新冠肺炎疫情提供了一个非常好的例子，说明了安全与增长之间的权衡：我们是封锁经济以阻止病毒传播，但付出巨大的经济损失代价，还是保持一切开放，并希望产生群体免疫？这个问题的答案说明了我们为什么需要政治领导力。卫生部门倾向于封锁，而经济部门则倾向于开放。首相或总统的工作是进行仲裁并决定最佳的行动方案。领导抗击新冠肺炎疫情不是一件可以委托给官员的工作。

我们在金融体系中也有同样的争论：我们是寻求风险，放松对系统的监管，寄希望于实现更快的增长，还是把系统牢牢控制住以防范危机？两个阵营都有自己的追随者，对此做出决策是政治领导层的本职工作。

新冠肺炎疫情危机和 2008 年金融危机有很多共同之处。和大多数危机一样，它们分为四个阶段。在危机发生前任性地无视威胁，紧接着是最初的无力反应。当事情糟糕到无法忽视的地步时，我们就会反应过度，最终，随着不断地获得知识和经验，我们会在安全与增长之间找到一种不稳定的平衡。但这两次危机的差异更为重要。在新冠肺炎疫情防控期间，我与伦敦政治经济学院的三位同事罗伯特·麦克雷、迪米特里·瓦亚诺斯和让-皮埃尔·齐格兰德写了一篇题为《新冠肺炎疫情危机不是 2008 年》的文章，我们认为这两次危机之间存在着很大的不同。2008 年的金融危机起源于金融体系内部，其原因是金融体系愿意承担风险，叠加对危险的恣意忽视和体系的过度复杂性。新冠肺炎疫情不知从何而来，但肯定不是来自金融体系。政策当局对新冠肺炎疫情应对有力，而金融只是其中一小部分，我们还没有看到新冠肺炎疫情引发任何金融危机。

因此，虽然新冠肺炎疫情影响了金融市场，但在金融意义上不能称之为系统性。新冠肺炎疫情确实为我们提供了一个方便的框架，让我们思考金融监管措施哪些有效、哪些无效。在我建立必要的框架来进行论证时，我将回到这个主题。但作为一个简要的预览，最近的经验证据表明，金融当局对新冠肺炎疫情的反应大幅增加了道德风险，也就是说，金融市场预期央行已经准备好，愿意并能够介入和救助它们。与过往一样，金融市场的反应将是承担更多的风险。

该怪谁？金融流氓？政客？监管机构？无人可怪吗？

当一场系统性危机发生时，一定要有人为其负责。是"金融流氓"冒了太多风险，滥用了金融体系吗？是监管机构玩忽职守吗？是那些为银行欢呼并保护它们免受审查的政客吗？还是那些借贷太多、储蓄太少的家庭？若有人做出了导致危机的决策，他应该被关进监狱吗？

以西班牙为例，在廉价资金流入的推动下，该国在加入欧元区后经历了巨大的繁荣。一些银行小心翼翼，而另一些银行则不然，尤其是储蓄银行（在西班牙被称为 cajas）。大约从 2005 年开始，贷款热潮似乎超出了所有人的控制，每个人都享受着这场盛宴。谁该对此负责？欧元的设计者？欧洲央行？加入欧元区的西班牙政府？借钱给西班牙的国际银行？西班牙央行？西班牙商业银行？借款人？如果我们足够努力，总能找到该被责备的对象。正如枢机主教黎塞留所说："最诚实的人给我写六行字，我就能找到绞死他的理由。"[7]

不过，如果我们不能使用枢机主教黎塞留的方法，我们就不能那么容易找到应该受到责备的人。我的祖国冰岛是 2008 年秋季全球金融危机中受打击最严重的国家，从那以后，冰岛一直在努力寻找罪魁祸首。冰岛政府召集了一个特别法庭来起诉当时的总理，指控他放任危机的发生，最终判他玩忽职守——在我看来，这是司法的不公。如果我们能够因政客的无能而起诉他们，那么没有多少人能够留下来。

冰岛人在追究银行家责任方面运气要好一些，一些银行家已经在监狱里待了数年。但这需要异常的努力，要有一个特别检察机关，一支拥有大量资源以及强大政治支持的金融警察队伍，还必须对那些被指控但尚未定罪的人进行长期单独关押，尽管这一做法饱受质疑。最终，这些银行家被判有罪的原因不是他们引发了危机，而是在单笔交易中存在轻微不当行为：就像美国当局以逃税为由逮捕阿尔·卡彭，而不是因为他是黑手党头目。监管机构和大多数政治领导层没有受到惩罚，即使他们的责任和银行家一样大。冰岛中央银行因放任危机的发生而备受指责，行长被解雇，却提拔了其他人。因此，具有讽刺意味的是，有责任的官僚从中受益了。

冰岛的情况在其他国家也能看到，只是冰岛呈现出一种极端的形式。检察官可以追究银行家具体的不当行为，有些是滥用职权，但都不是因引发危机而定罪的。西班牙前财政部长、国际货币基金组织总裁罗德里戈·拉托因挪用公款被判入狱4年零6个月。他没有因班基亚银行破产而被定罪，西班牙纳税人花费巨资拯救了班基亚银行。他甚至没有因为20万储户遭受的损失而受到惩罚，这些储户在班基亚银行破产前被他说服购买了该行的次级债券。不，他只是滥用了公司的信用卡。人们可能想知道西班牙监管机构一直在做什么，监管者不仅纵容，而且鼓励对没有经验的投资者的这种侵害。为什么他们没有被起诉？

巴克莱银行前首席执行官韦骏贤是唯一一位因金融危机中的个人行为而面临指控的全球性银行的首席执行官。然而，这只是因为他试图拯救巴克莱银行，而不是因为他之前在该行惹出了麻烦。美国已经将至少35名银行家送进了监狱，他们的罪行均与金融危机有关，但大多是在小银行为个人利益而挪用少量资金。一位真名叫法布里斯·托雷的被称为"神奇的法布"的人，是高盛集团的底层员工，被判犯有与结构性信贷产品有关的罪行。他和其他在美国被定罪的人都是小人物。

有时即使存在明显的滥用行为，我们也不知道该指责谁。最好的例子是伦敦银行间拆借利率（LIBOR），这是一种标准基准利率，在全球用于决定按揭抵押贷款和其他贷款的利率水平。操纵伦敦银行间拆借利率非常容易，因为它是基于银行对市场利率水平估值的平均值，而且每家银行提交伦敦银行间拆借利率的雇员在其所提交的数字上有一定的回旋余地。是 5.25% 还是 5.26%？如果一名衍生品交易员知道要提交这两个数字中的哪一个，那他获利的概率就会超过一半。据称，各银行的员工经常串通提交的数字，以确保获得利润。银行坚持认为，这都是流氓低级员工的错，高层对这种滥用一无所知。不过，银行没有质疑操纵伦敦银行间拆借利率的利润。监管机构知道吗？许多观察人士声称，2008 年金融危机期间，在监管机构的默许下，银行故意公布较低的数字，以降低陷入困境的银行的融资成本，尽管这些说法遭到了坚决否认。

操纵伦敦银行间拆借利率对借贷双方都代价高昂，有人可能会认为，这种行为将受到严厉惩罚。但事情并非如此。几家银行的雇员被发现操纵伦敦银行间拆借利率，一些银行已经承认确实这么做了。在撰写本书时，只有一人受到了惩罚：他先是瑞士银行的低级雇员，后来成为花旗银行的雇员，被英国当局判决入狱 11 年。目前，还没有高级经理、金融机构或监管机构因操纵伦敦银行间拆借利率而被起诉或定罪。

原因是很难在司法的法庭上判定任何人有罪。英国和美国的检察官尝试过，但大多都失败了。在舆论的法庭上，银行家可能要为引发危机负责，但冰岛银行家和其他国家的银行家一样，小心翼翼地不触犯法律。愚蠢不是犯罪，贪婪不是犯罪，合法地操纵规则也不是犯罪。在 2008 年，鲁莽行为还不是犯罪，尽管自那以后它在英国已经成为一种刑事犯罪。

银行家、监管者和政客不能因为一项不存在的罪行而被定罪，我们不能（或不应该）追溯性地修改法律。我们在对金融危机进行事后分析时可以看到，银行家过度扩张银行，承担了太多风险，没有适当地审查贷款决定，忽视了流动性风险。监管机构对此"睁一只眼闭一只眼",政客则为这种过度行为喝彩。它可能是贪婪的、无能的、傲慢的、不道德的,但只要遵守法律的条文,它就不是违法的。

我们有的只是具体的不当行为,即便如此也很难证明。它涉及复杂的金融交易,只有少数专家才能理解,很难在法庭上向非专业的法官和陪审团解释清楚,特别是由于定罪取决于对规则的正确解释,举证责任就落在了检察官身上,在"排除合理怀疑"的标准下,认定某人有罪并不容易。

在判定银行或银行家有罪时,还有另一个更加隐晦的问题,那就是"大而不能倒"的问题,世界第二大银行汇丰银行的例子就说明了这一点。在2010年之前的几年里,汇丰银行未能监控其墨西哥分行涉及毒贩的交易。由于这些交易是以美元进行的,因此必须在纽约进行清算,遵守美国法律。美国政府拒绝起诉汇丰银行,因为正如时任美国司法部长埃里克·霍尔德所解释的那样:"我担心一些(金融)机构的规模变得如此之大,以至于我们确实难以起诉它们。"[8] 换句话说,如果美国政府决定追究汇丰银行的责任,就可能导致其倒闭,而由于汇丰银行是一家系统重要性金融机构,它的倒闭可能导致系统性危机。最大的银行都有一张"免罪卡"。美国当局最终所做的是对汇丰银行进行罚款,在2008年金融危机之后,汇丰银行在没有承认任何不当行为的情况下支付了超过3 200亿美元的罚款。罚款已成为美国政府的另一种收入来源,是变换名字的另一税种,由银行客户以更高费用的形式承担。其他国家还没有走得那么远。

系统性风险是指金融体系无法发挥其作用的可能性,比如,导致经济衰退的重大金融危机。它的发生是因为金融体系中一直存在的典型困境。我们希望经济增长，而这必然会带来风险。风险伴随着失败和危机。我们很难防范系统性风险，因为它出现在金融体系中最不为人知的部分，利用未知的脆弱性，增加政策制定者的工作难度——但这肯定不是不可能的。我们非常了解危机发生的原因以及如何预防危机。然而，就是因为太熟悉了才容易视而不见。

第三章

土拨鼠之日

欲阻公爵,去取回黄金。

——1832年海报

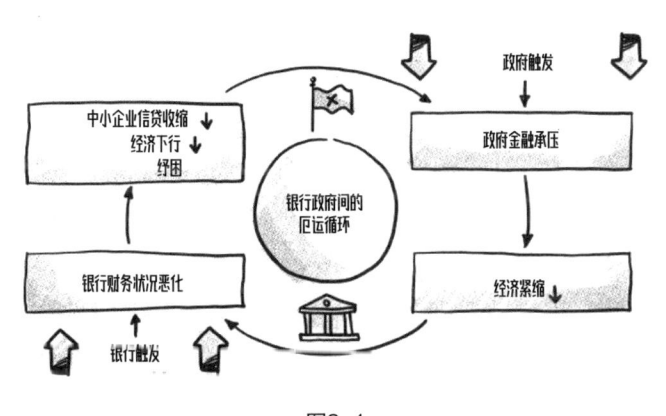

图3-1

资料来源:图片由卢卡斯·比肖夫/IllustrationX绘制。

在影片《土拨鼠之日》中,比尔·默瑞扮演的电视台气象播报员正在报道宾夕法尼亚州普克苏托尼小镇一年一度的土拨鼠之日庆祝活动。然而，这原定一天的工作任务却变成了无尽的循环，同样的一天不断上演，直到比尔·默瑞找到打破循环的办法。这与银行业危机何其相似。危机一次次重演，金融当局没有能力解决危机。我认为当局也不具有这个能力。即使是比尔·默瑞打破循环的方法——美德，在防范危机中也无济于事。

危机不可避免，于是我常给学生出这样一道考试题："我们知道银行业危机的原因，知道如何预防危机，然而危机仍然继续爆发。为什么？"回答这个问题有许多种方式。可以不经深思随口回答"贪婪和恐惧"，但最简单的答案是，金融体系有个令人讨厌的习惯——错误指示，即告诉我们可以去承担更大的风险。但事实上我们不应该这么做。

我们需要银行，需要金融体系的其他组成部分，没有金融也就没有我们的现代经济体。但问题是金融机构喜欢承担过多的风险，机构破产和金融危机成为其不可避免的后果。正如我们经常看到的那样，促进经济增长的因素也可能破坏经济。我们需要在稳定和增长之间取得平衡，而这种平衡很难实现。

我们很难为银行辩护。银行是贪婪的象征，是利润私有化、损失社会化的象征。银行家薪水高昂、傲慢自大，动不动就把别人不如他们成功归因于别人运气不佳，而且银行家缺乏同理心。这使银行成了政治活动家的靶子，我们看到许多反资本主义抗议者（比如"占领华尔街"运动示威者）一次次劝人们出于政治原因去银行取回存款——这就是政治驱动的银行挤兑，挤兑就是人们在银行外排队取回存款。

政治活动家如果能让足够多的民众参与银行挤兑，就会获得成功，但是相关的银行甚至整个银行体系都将崩塌。"占领华尔街"运动中的活动家希望可以摧毁资本主义体系，但他们缺少运气，很难动员足够多的民众去引发一场银行挤兑。据我所知，政治驱动的唯一一次成功的银行挤兑是在 1832 年，当时的英国首相威灵顿公爵拒绝对议会的选举方式做出任何改变。在 1832 年之前，所谓的"衰败选区"在政治领袖中很受欢迎。但由于人口很少甚至无人居住的"衰败选区"的存在，实际上所有地区都被剥夺了部分选举权，因此改革需求非常强烈。然而，公爵仍然拒绝改革，直到一场"欲阻公爵，去取回黄金"的运动爆发并取得胜利。在该运动中，英国各地贴满海报，敦促人们带着纸币前往英格兰银行，将纸币兑换成黄金。由于英格兰银行持有的黄金价值仅为流通纸币总面值的 40% 左右，因此英格兰银行面临黄金耗尽并破产的危机，而英国政府也很可能会因无力清偿而违约。在这场运动中，到银行门口排队换回黄金的民众数量众多，因而英国政府被迫通过了《改革法案》。

我们为什么需要银行

银行对经济至关重要。银行提供金融中介服务——跨时空将资金从某一个人或实体转移至另一个人或实体。银行对资源进行再分配，分散风险。借助银行，我们能够为安度晚年积存养老金，公司能够开展长达几十年的投资项目。一方面，大量储户将各自少量的资金存入银行，希望这些资金安全且可随时取用；另一方面，银行向少量投资建厂的公司发放 30 年期大额贷款。同时，银行充满危险性和剥削性。银行若盘剥客户，银行也会失败，从而引发金融危机。因此，社会应该在享受银行益处的同时，对银行进行强力监管。

知易行难。如果我们要让银行永不失败，银行就只能发放安全的贷款，即只能向无风险的政府发放贷款，前提是如果我们能找到无风险的政府。如果银行过于安全，则 30 年期贷款的成本将非常高，而银行存款利息将非常低，进而导致人们不再存款，公司不再借贷，工厂无法建成，经济停止增长，我们不能借钱购车买房，不能为晚年储蓄。这一论点让人想起秘鲁经济学家赫尔南多·德·索托在其《资本的秘密》中提出的观点，产权制度和可执行的法律合同是经济繁荣的必要条件。

这样的后果是我们经常在金融体系中发现的诸多困局之一。如果让银行过于安全，我们就会扼杀经济增长；如果我们过于贪婪，放任银行，则银行会失败。因此，我们一直争论在安全与增长之间如何权衡。大萧条之后，我们对银行实施严格监管；1973年布雷顿森林体系瓦解之后，我们放松了对银行的监管；2008年危机之后，我们又重拾对银行的强监管。目前，已经出现了一些早期迹象，显示银行业监管的钟摆又开始朝着放松的方向回摆。在2020年新冠肺炎疫情发生之前，本轮回摆已经开始启动，而疫情加速了这一进程。

关于银行体系的安全或增长的讨论并无独特之处。在公共领域的大多数议题中都有类似的讨论，比如限速问题。当下，此类争论最突出地体现在如何应对新冠肺炎疫情上。我们是否要让一切静默以阻止病毒传播，但同时承受扼杀经济增长的代价？

银行具有内在的脆弱性，并很难解决这种脆弱性。假设一家巧克力制造商遇到困难，如果其债务超过资产，就会因资不抵债而被迫关闭。最有可能出现的情况是，其他人会购买该工厂并继续生产。如果没有买家，竞争对手也会很乐意介入。因此，这种情况对社会的破坏力很小；股东或员工会蒙受损失，但其他受损失的人并不多。

银行的情况并非如此。银行即使审慎经营，也可能会失败，但只要银行仍被市场信任，就可以保持偿付能力。只要我相信存款所在银行管理良好、监管有效，我就会继续将钱存在该银行，而银行也就得以继续运营。但是如果我对这家银行失去信任，将存款取出，这样的行为本身就能够导致银行倒闭,即使银行经营审慎且具有偿付能力。

银行即使自身没有任何问题,也可能发生挤兑。只要储户开始担心自己在某家银行的存款,银行挤兑就会变成一个自我实现的预言。我记得美国有线电视新闻网曾经有一则新闻是关于某银行将被关闭的。记者犯了一个错误,错用了另外一家银行的图片。就是因为这则新闻,图片上的银行遭遇了挤兑。

银行为什么具有脆弱性?有两大原因。第一个原因在于银行挤兑。一旦足够多的储户去银行取回存款,银行将无法对所有储户进行足额兑付,因为银行的主要资产都绑定在长期贷款上。我可以随时去银行取回我的存款,但银行不能(也不应该允许银行)在任何时间要求借款人偿还30年期贷款。

我最喜爱的关于银行挤兑的描述来自1946年的电影《美好人生》,影片中詹姆斯·史都华扮演一位大萧条时期面临挤兑的银行家。电影中有一幕是他对要求取回存款的愤怒的人群讲话。电影对白的文字并不能让读者完全感受当时的情形,你可以在视频网站优兔上观看该片段:"不,但是你,你……你把这个地方完全想错了。你以为我把钱放在后面的保险箱里。钱不在这里。你的钱在乔的房子上……就在你家旁边。在肯尼迪的房子上,在麦克林夫人的房子上,还有其他100个人的房子上。为什么,你借钱给他们造房子,他们会尽可能还钱。现在你打算怎么办?没收拍卖这些房子?"[1]

当银行遭受挤兑冲击时,银行可能会破产。但银行资产大于负债,并非不具备偿付能力,而是失去了流动性——不能将资产转换成所需的现金。这有点像这样的场景:我突然需要一大笔钱,远超我的银行存款账户余额。尽管我在伦敦有一幢房子,但出售房子需要时间,因此无法满足即时的大额现金需求。如果储户开始担心银行的偿付能力(也许因为银行发放了太多不良贷款),那么储户会去取回存

第三章 土拨鼠之日 039

款。如果足够多的储户都有这样的想法，他们就会在银行门口排起取钱的长队——这就是银行挤兑的经典定义。

银行脆弱性的第二个原因在于银行体系创造货币的过程。世界上每个国家都在使用法定货币，即中央银行作为政府代理人，基于其稳定性和声誉，创造并发行的货币。货币有多种形式。央行创造基础货币（M0），包括央行账户中的货币加上实物货币（纸币和硬币）。然而，这只是整个体系中货币总量的一部分，因为我们实行部分准备金制度，即银行体系也参与货币的创造过程。假设准备金率要求为1%，如果我在银行存入100欧元，则银行必须在央行存入1欧元（部分准备金制度要求），银行可以将剩余的99欧元用于放贷。我仍然拥有我的100欧元，可以在我想花的时候花掉这100欧元；同时借款人现在也拥有99欧元，他也可以在他想花的时候花掉这99欧元。这两项加在一起，我们一共拥有随时可用的199欧元现金，即所谓的M1。如果借款人把99欧元留在他的银行账户中，这家银行又可以将其中99%的资金（98欧元）继续用于放贷……这就是银行体系创造货币的基本方式。那么实际数量到底是多少呢？

2018年8月，欧元区的基础货币余额为3.2万亿欧元，但流通中的实物货币加活期存款（M1）余额为8.1万亿欧元，再加上储蓄存款（M2）余额则为11.1万亿欧元，若再加上定期存款、机构货币市场基金、短期回购以及其他类似资产中锁定的大额货币，则构成了M3，余额为12万亿欧元。当银行完成其在货币创造过程中的职能，欧洲央行创造的每1欧元都变成了3.4欧元。这一金额也只反映了整个经济体系中货币总量的一部分，因为我们在日常经济生活中持续开展借贷活动，进而不断创造新的货币。没有人知道整个经济体系中有多少货币，当然也没有人能控制这一切，这就是通胀难以得到控制的原因。

货币总量直接影响经济走势。如果经济快速增长，货币供应量应随之增长，以防止通货紧缩。如果货币供应量不足，即没有足够的货币维持经济活跃度，则经济将陷入衰退。现在你应该理解，为什么在危机中银行吵着要求流动性支持是一件危险的事情。银行有各种更高形式的货币，M1、M2、M3甚至更高层次的货币，并将它们转化为M0。货币供应正在崩塌，经济也随之衰退。

银行挤兑和银行体系创造货币的过程这两大脆弱性在银行业危机中会同时出现。一家银行的挤兑可能会导致银行业的连环失败，因为储户也许会认为单家银行的破产是系统性困境的征兆。关于银行的资产质量，储户只掌握有限的信息，因此他们会觉得既然一家银行有隐藏的问题且问题已经恶化，那么也许其他银行也存在这些问题。储户认为银行家贪婪无能，监管者愚笨甚至有贪腐问题。

银行挤兑导致系统性危机的最著名例子发生在1929—1933年的大萧条期间。当时美国超过1/3的银行因破产而倒闭，人们更愿意将钱放在床垫下，而不是存入银行——这就是影片《美好人生》的故事背景。恐慌源于1931年，当时一家专注于服务移民客户的合众银行故意误导民众，以自己的名称暗示它是一家政府所有的银行。1931年初，有传言称这家银行遇到了麻烦。地方监管当局——纽约联储银行一开始试图通过一系列救助行动挽救这家银行，但没有成功。合众银行的倒闭标志着公众对银行的看法发生了深刻变化。随后，1931年5月，芝加哥房地产泡沫破灭，芝加哥30家银行违约。储户已经不能判断一家银行是好还是坏，因此，无论银行情况如何，民众都开始无差别地从各家银行取回存款，这导致了一系列的银行挤兑事件。

银行挤兑中的大规模取款导致了货币供应的崩塌。1928年，金融体系中的每1美元基础货币被放大到6.5美元。1933年，这一数字变为4美元。在此后的10年间，货币乘数持续下降。这意味着在大萧条期间，尽管 M0 有所增长，但 M2 从 464 亿美元下降到了 322 亿美元，从而对实体经济造成了毁灭性的影响。米尔顿·弗里德曼和安娜·J. 施瓦茨在其开创性的著作《美国货币史：1867—1960》中指出，货币供应的崩塌是大萧条的首要原因。在 2008 年的金融危机中，我们之所以能获得所有的流动性支持，是因为吸取了大萧条的教训以及借鉴了弗里德曼和施瓦茨书中的观点。

恶性循环随之而来。所有银行都感到自保的重要性，绝望的银行家要求借款人提前还款，而借款人没有充分的时间或资源提前还贷。经济前景不佳，资本投资中止，幸存的银行变得更加保守。由于价格和收入大幅下降，而债务金额保持不变，因此清偿债务变得更加艰难。如果你觉得这很熟悉，那是因为这与 2008 年金融危机之后发生的事情（但规模更小）并无不同。

幸运的是，与许多人的印象不同，银行业危机发生的频率并没有那么高。图 3-2 展示了 1800—2017 年全球每年发生的银行业危机数量。[2] 2008 年的银行业危机数量最高，达到了 22 次；1931 年次之，为 18 次。然而，考虑到 2008 年的国家数量远多于 1931 年，实际上大萧条期间遭受银行业危机冲击的国家比例远高于 2008 年。从年代看，20 世纪 90 年代是最危险的 10 年，出现了 74 次银行业危机。

危机最初的源头通常是我们认为风险较低的经济稳定期。鉴于风险很低，人人都认为借钱投资或消费是个绝妙的主意。银行盈利能力很强，所有的投资和消费都在推动经济增长。就像变魔术一样，我们总是对的。投资者都很聪明，在正确的时机进入市场，银行家也很聪明。但最后，保持经济增长的唯一驱动力变成了借贷。随着时间的推移，要找到有利可图的投资项目变得越来越难，最终资金流向了投机性的房地产等行业。但这种情况不可能永远持续下去，崩溃不可避免。大多数危机就是这么简单。相反，假设我们谨慎行事而不是选择依赖借贷，此时，经济就不会那样增长，这一次我们因谨慎行事而做了正确的事情。然而，无论哪种方式我们可能都是正确的，因为我们的选择将自我验证，至少在短期内是这样的。

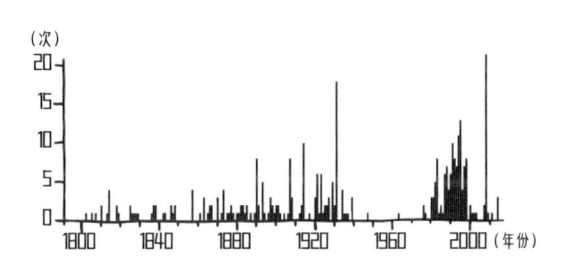

图3-2　1800—2017年全球每年发生的银行业危机数量

资料来源：图片由卢卡斯·比肖夫/IllustrationX绘制。

但也有例外。有少数危机是由腐败行为和公然窃取引起的。我仅能想到三个例子，我也一直在请教他人是否有更好的案例。如果你知道，烦请与我联系。其中两个例子来自拉丁美洲：1994年的委内瑞拉和2003年的多米尼加共和国，这两个案例都涉及大型系统重要性银行。这些银行没有将存款计入银行负债，相反，内部人员（高级管理层和股东）通过窃取银行资产从内部掠夺银行。由于这些银行的系统重要性，中央银行认为有必要补偿储户。代价是高昂的，即宏观经济的不稳定。委内瑞拉的这家流氓银行向储户支付高额利息，导致其他银行也不得不跟进，因此削弱了整个银行体系。更新的案例发生在2012年，三家被不明买家收购的摩尔多瓦银行，在两天内约10亿美元不翼而飞。这些资金被转入了英国和中国香港的公司，转入的公司同样所有权不透明。摩尔多瓦政府只能救助这些银行，救助成本高达该国GDP的15%。

还有一些危机源于外部事件，比如战争、自然灾害或政治制度变革,甚至病毒。一些危机根植于糟糕的经济政策,比如今天的委内瑞拉。然而,此类银行业危机的起因并不常见,同时,由于这些危机是外部因素导致的,因此很难预防。即使银行是安全的,但危机风暴可以强到摧毁随后的一切,对此,金融政策除了减轻最坏的后果,几乎无能为力。

最常见的银行业危机的起因是银行发放了过多的不良贷款。在理论上,没有理由说这样的危机是不可避免的。它有很多风险信号,包括信贷过度积累、房地产繁荣、宽松的信贷标准,以及与经济基本面不符的经济福祉。但很难在信号发生时就采取行动。

银行业危机让我想起老卡通片《威利狼与哔哔鸟》,威利狼总是在追哔哔鸟,有时追着追着就跑到了悬崖边。威利狼总是跑出很远才往下看,却发现脚下悬空,除了空气什么也没有。银行家也是这样的(见图3-3)。像威利狼一样,我们相信一切都很好,直到为时已晚,只能管理危机,我们无法避免危机。花旗集团前首席执行官查克·普林斯对此做了最好的解释,他在被问及为什么在2008年危机前没有人停止所有这些过度行为时说,"只要音乐还在播放,你就得起身跳舞"。[3]

图3-3 跑落悬崖

资料来源:图片版权©里卡多·加尔沃。

大多数银行业危机都发生在繁荣之后。每个人都在享受繁荣带来的好处。经济在增长，人人都觉得自己更加富有，政治家、决策者和银行家一定是天才。金融体系讲着我们想听的故事：我们在做正确的事，我们真的很聪明。所有人都认可这一切，直到事态变得非常糟糕。当然，有些人知道得更多，如央行专家、好奇的记者，以及疯狂放贷的银行家。但是，发出风险预警对他们无益。如果他们发出了预警，他们就可能遭受斥责，失去收入，甚至面临被起诉的风险。因此，没有人会仗义执言，聚会继续进行。美联储前主席在20世纪50年代写道，美联储最重要的工作就是"当聚会渐入佳境时拿走大酒杯"。[4] 但这一点真的很难做到。

银行业危机的主要原因之一是金融自由化。成为全球金融中心可能为一国带来重大价值。伦敦金融城和阿姆斯特丹是大英帝国和荷兰帝国成功并走向繁荣的关键。从表面上看，金融自由化似乎是一个明智的想法。金融体系对企业开放，欢迎来自世界各地的公司，国家享受金融体系的成果。在一些国家，金融自由化的好处在于唤醒昏睡的国内银行，鼓励它们投资国内经济，尤其是服务中小企业，因为中小企业是创造就业和经济增长的驱动力。在其他一些国家，金融自由化的魅力在于伴随国际金融而来的高薪工作岗位。

将一国建成全球金融中心，意味着巨大的财富可期。我们只要看看世界上最富有的国家之一——卢森堡——就能明白。它在1973年放弃了低效的采矿业和基础工业，以金融业取而代之，非常成功且速度极快。新加坡更进一步，甚至赋予其中央银行发展金融业的法定权限，到目前为止，这一举措对新加坡来说大有裨益。虽然过程并不那么容易。许多国家都尝试过金融自由化，但大多数以失败告终，例如塞浦路斯、冰岛和泰国。失败的原因在于，金融业中普遍存在着很多两难局面，金融自由化让我们直面其中之一：收益和脆弱性共存。

一些国家可以几个世纪始终保持金融体系的先进性。16世纪的三大全球金融中心到今天仍然保持了其金融中心地位：阿姆斯特丹、伦敦和汉堡（汉堡的金融业首先转入柏林，随后在1871年汉堡加入德意志帝国后转入法兰克福）。这些国家的基因中有成功的因素：拥有金融专业学校，政治领导层稳定，强劲的法律体系理解并支持金融，政府机构熟悉复杂的金融监管，银行具备宽松监管环境下的经营经验。这证实了我的社会学专业同事喜欢强调的一点：文化很重要。

那些幸运的国家拥有庞大的金融体系，自然是有益的。17世纪荷兰商人的成功和19世纪英国的工业化都以本国强大的金融体系作为后盾。同时，金融创造了大量高薪工作，贡献了大笔税收。英国就是一个例子：2017年下议院发现，金融体系每年为英国经济增加的总价值为1 242亿英镑，占其总经济增加值的7.2%。金融部门提供了110万个工作岗位。同时，英国在金融领域产生了巨大的贸易顺差：金融服务出口额为555亿英镑，而进口额仅为117亿英镑。金融部门还贡献了714亿英镑的税收，占英国政府总收入的11.5%。

基于此，许多国家渴望效仿英国也就不足为奇了。但是，这并不容易，执行必须恰到好处。一个常见的错误是减少金融监管和业务限制，但同时保持隐性或显性的政府担保，比如存款保险。由此造成一个严重的道德风险问题，因为这会使金融机构以低廉的成本借入资金并投入高风险业务中，而所有的一切都由纳税人以隐性或显性的方式承担。许多亚洲国家都发生过这种问题，比如1998年陷入危机的泰国和韩国。两国银行在境外融资，由于有政府担保和宽松的监管，银行根本不在乎向谁贷款。毫无疑问，这样的做法不可能有好的结局。向卢森堡学习自然要好得多，卢森堡是近年来通过建设金融中心而取得成功的国家。我曾经和卢森堡央行行长等专家一起参加小组讨论。当卢森堡央行行长得知我来自冰岛时，他窃笑着说，冰岛人忘记了建设离岸金融中心的第一课:保护本国免受金融机构倒闭的影响。

典型的结果是,随着金融自由化的推进,银行过度扩张,从而人为抬高了资产价格,形成银行借贷、市场价格和利润之间的正反馈循环。与此同时,银行缺乏风险管理经验,对风险管理不屑一顾,将风险管理视作阻碍盈利的绊脚石。监管机构并没有类似情景的监管经验,同样显得准备不足,只关注积极的结果,而忽视风险过度累积的前兆。政治领导层总是严格控制着监管机构,不允许出现任何破坏这场盛宴的行为。而且政府政策积极配合,保持低利率,同时由于经济迅猛增长,各地政府减少税赋,增加支出。

2008年冰岛和爱尔兰的金融危机正是因此爆发的。即使是有自由化和竞争性金融体系文化的国家,也会犯同样的错误,比如美国的储贷危机。住房抵押按揭贷款是储贷银行存在的理由——过去许多国家普遍存在类似的银行,通常叫作储蓄银行或其他类似的名号。20世纪70年代,当"昏睡"的储贷银行发现很难应对当时的金融风暴时,储贷危机便揭开了帷幕。通胀持续高企,利率却并未升高,以吸收存款、发放住房抵押按揭贷款为主业的银行遭受的损失不断扩大。于是,金融当局决定对该行业实施去监管化,以期储贷银行能自己走出困境。在当时的美国,人们普遍认同去监管化。目的是让储贷银行能够将业务扩展到之前监管不允许其开展的银行业务中。

金融当局允许储贷银行适用宽松的会计规则,取消了对最低股东人数的限制,降低了监管强度。然而,故事的关键在于,美国政府继续提供存款保险,确保在储贷银行破产的情况下储户能取回存款。许多储贷银行利用了这一点,而这些银行又经常落入流氓银行家的手中。其中最著名的就是查尔斯·基廷,他进入银行业是因为"我对这个行业了如指掌,而且我一直觉得,如果它们放松了规则,储贷银行将是世界上最赚钱的机构"。[5] 最初,基廷旗下的林肯储贷银行迅速增长，但该银行的投资，尤其是在房地产和垃圾债券上的投资，却未达到他的预期。最后林肯储贷银行被关闭，纳税人为此付出了超30亿美元的代价。而基廷本人由于自己制造的麻烦，失去了所有个人财富，并在监狱中度过了四年零六个月。最终，处置所有失败的储贷银行的总成本达到了1 600亿美元，其中包括纳税人支付的1 320亿美元。

美国大萧条时期经历了多次银行倒闭，直到富兰克林·罗斯福当选美国总统，他才促成了银行业变革。他推动美国国会于1933年6月通过《1933年银行法案》，建立了美国联邦存款保险公司，为2 500美元以下的存款提供保险。事实证明这一举措非常有效，银行挤兑停止了。欧洲在大萧条时期也有过银行挤兑，但没有美国那么多，与美国不同的是，欧洲最严重的银行挤兑是法国政府故意造成的。这一切始于德国和奥地利政府于1931年3月宣布建立关税同盟的计划。法国人不喜欢该计划，于是强迫法国各银行挤兑奥地利的银行——实际上是在挤兑奥地利。法国之所以能够做到这一点，是因为它在相当长的一段时间内一直故意低估其币值，并成了当时全球黄金储备最多的国家。奥地利最大的银行奥地利信贷银行因受挤兑影响而开始违约，危机蔓延到其他奥地利银行，不久之后又波及德国和匈牙利的银行。法国政府一手促成的欧洲众多银行倒闭，成了当时欧洲政治动荡和经济萧条的重要原因。尽管法国成功实现了其直接的政治目标，即阻止关税同盟，但法国在政治和经济上都付出了沉重的代价。

那么，银行挤兑问题如何解决？答案是存款保险，正如道格拉斯·戴蒙德和菲利普·迪布维格在令人信服的模型中所展示的那样。该模型的结论是，储户只要相信自己的存款能得到保护，就不会去挤兑银行，因此可靠的存款保险计划实际上永远无须赔付。目前，美国联邦存款保险公司继续为25万美元以下的存款提供保险，在银行关闭之日即可得到赔付。我曾在得克萨斯州休斯敦市访友时看到过这种情况。我的朋友所在公司的工资账户银行倒闭了。在银行关门的同一天，他接到一个电话，告知他可以去领取存款保险支票。我们去了银行，经过半小时的排队，拿到了一张全额支票，效率高得惊人。存款保险的高效率和公众认知度对美国的金融稳定非常有利。如果欧洲也有如此高效的存款保险体系，那么欧洲在2008年金融危机中的一些戏剧性事件就可以避免，北岩银行的挤兑也不会让英格兰银行和英国政府如此尴尬。

在旧日的美好时光里（至少是在教科书版本的旧日美好时光里），银行是吸收存款并发放贷款的机构。资金来源的专业名词叫作零售客户，即你和我。今天，除了零售客户，银行还会从金融机构借入资金，即所谓的批发融资。这会产生新型的脆弱性，因为批发资金的融出方更有可能注意到即将来临的困难，也会更加快速地撤回资金。英国最近一次银行挤兑——2007年北岩银行的挤兑，就是因此造成的，北岩银行的挤兑着实让英国当局感到尴尬，似乎当局已经忘记了英国上一次银行挤兑的教训——1866年的奥弗伦格尼危机。

北岩银行的挤兑可以归因于银行管理层的聪明才智，他们通过巧妙的商业模式，成功占领了英国约1/3的住房抵押按揭贷款市场。在传统的银行业模式中，人们将钱存入银行，银行发放住房抵押按揭贷款。但北岩银行并不遵循这一模式。北岩银行找到了一个新模式（见图3-4）。假设北岩银行从批发市场融入3个月期的资金1亿英镑，并用这笔资金发放了1 000笔住房抵押按揭贷款。然后北岩银行将这些住房抵押按揭贷款打包为一个结构化信贷产品出售给投资者，所得款项用于偿还3个月期的1亿英镑融资。这非常有利可图，但其中隐藏着流动性风险。

图3-4　北岩银行的业务模式

资料来源：图片由卢卡斯·比肖夫/IllustrationX 绘制。

只要北岩银行能卖掉这些住房抵押按揭贷款，那么一切都会很好。但如果不能，银行就将被迫对最初的3个月期融资合同违约，而这最终在2007年的夏天发生了。当时，全球信贷市场停滞，但这不是北岩银行的过错；据说投资者不再投资，就像阿姆斯特丹的先驱投资者在1763年的情景一样。没有人想买结构化信贷产品的第一个受害者就是北岩银行。在风险发酵了几个月后，信贷市场上的每个人都知道北岩银行将倒闭，似乎不知情的只有北岩银行的监管当局——英国金融服务监管局和英格兰银行。最终，监管当局试图在幕后解决这场危机。

随后英格兰银行不幸犯了一个错误，在2007年10月宣布北岩银行陷入困境，正在接受英格兰银行的支持。英格兰银行的决策者似乎相信这一宣告将使民众安心——一切都很好，没有理由恐慌，我们知道我们在做什么，我们在保护公众。然而，事态并未朝着英格兰银行希望的方向发展。第二天，人们在英国各地的北岩银行门口排起了取钱的长队——这是英国一个半世纪以来发生的第一次银行挤兑。英格兰银行本该对此有清楚的认知。同样的错误曾出现在大萧条期间的复兴金融集团危机中，也曾经在此前和之后多次发生。我们必须信任银行、监管机构和政府。但不幸的是，当危机来临之前，信任早已烟消云散。北岩银行的零售客户选择去挤兑银行也就不足为奇了。

北岩银行经历了两次挤兑，第一次是2007年7月老练的批发融资者的挤兑，第二次是同年10月不老练的零售客户的挤兑。批发融资市场上的挤兑表明，相比监管者和公众，金融市场对北岩银行问题的理解要好得多。同年10月挤兑的原因之一是英国存款保险计划相对较差，储户觉得别无选择，只能去排队取钱。英国存款保险计划只对33 000英镑以下的存款进行赔付，并对2 000英镑以下全额赔付，对超过2 000英镑的存款只能赔付90%，这就意味着最多也只能得到31 700英镑的赔付。更糟糕的是，需要经过好几个月才能获得赔付。这就是所谓的共同保险，旨在鼓励储户监督银行。连金融服务监管局都不能及时发现北岩银行的问题，掌握银行很少信息的普通储户就更难很好地监督银行了。因此储户唯一的明智策略就是挤兑银行。可以将这与美国存款保险计划和我的朋友在休斯敦的经历做个比较。北岩银行的挤兑在休斯敦不会发生。

从事后看来，北岩银行的失败显然是不可避免的，只是时间问题。银行只要能够无限制地融资，就能保持偿付能力。因为没有融资限制，北岩银行和世界上大多数银行的经营模式注定了未来信贷市场的枯竭。北岩银行的失败是一个自我实现的预言。

对此，英国当局反应过度，宣布实施无上限的存款保险计划，以安抚银行客户，防止挤兑蔓延至英国全境。这反映了英国当局在政策储备不足的情况下应对危机所产生的问题。英国的存款保险计划速度从太慢变为太快。反应不足后的反应过度是决策过程中的一个共性问题。

无上限的担保很快开始困扰当局，尤其是在互联网加速银行挤兑进程的情况下——更糟糕的是，互联网意味着在监管机构不工作的时段,挤兑仍在进行。在2007年和2008年,冰岛储蓄银行在资本市场融资中遇到了困难,于是其心生一计,在英国提供高息储蓄账户服务。由于冰岛储蓄银行允诺给储户的利率远高于市场通行利率,因此,资金如潮水般涌入。同时,英国政府提供无上限的存款保护,没有人会过于担心。直到2008年9月,危机达到顶峰,储户这才开始担心,于是开始挤兑冰岛储蓄银行。由于这是一家互联网银行,被挤兑的速度远快于对传统银行的挤兑(人们必须亲自到银行门口排队),而且,挤兑还很不巧地发生在了周末——监管人员不上班。

英国当局并不是唯一忘记银行挤兑历史教训的机构。"三驾马车"——欧盟委员会、欧洲中央银行和国际货币基金组织——在2013年处理塞浦路斯危机时也犯了最基本的错误。大多数欧洲国家陷入困境都可以归结到一些典型的原因上。例如,爱尔兰、西班牙和冰岛是银行过度扩张,希腊和葡萄牙是政府行为不当。但塞浦路斯陷入困境的原因有所不同,其危机缘于该国自身的两大错误政策。

首先,塞浦路斯各银行的商业模式不同寻常,因为它们并不从批发市场融资。这一切都源于塞浦路斯人在寻找新产业时意识到,成为离岸银行中心是一个绝妙的主意。如果新加坡可以成功,那为什么塞浦路斯不可以?于是塞浦路斯银行开始吸收海外富人(主要是俄罗斯人)的存款,成了欧盟内的一个离岸避风港。随后,塞浦路斯银行陷入了困惑:如何使用这些资金?在典型的银行业模式中,银行向个人、公司和政府发放贷款。但塞浦路斯本国的贷款需求非常有限,因此塞浦路斯银行决定将资金投资于欧洲邻国希腊的主权债券。这似乎是个好主意。当时,金融市场和当局的主流观点是,欧洲国家的主权债是无风险的,在某种程度上是由欧盟这个集体全额担保的。而且,这一相当不幸的错误认知还得到了法规的强化,欧盟指令规定,主权债在银行账目中应被记为无风险资产,这一规定至今仍然有效。欧盟委员会告诉塞浦路斯银行，银行在其账簿上应将希腊政府债券认定为安全资产。希腊政府债券就是塞浦路斯银行资金的投资对象。事实上，主权债是有风险的，政府可以自由违约，但购买政府债券的银行必须将政府债券视为安全资产。这是矛盾的。

当危机开始时，塞浦路斯银行业37%的存款为外国人所有，其中80%是俄罗斯人。随后希腊发生了主权债务危机，在2011年的第二轮救助行动中，希腊主权债务的所有者被迫接受50%的减记。此时，很明显塞浦路斯银行已经是"行尸走肉"，于是出现了速度缓慢但不断加速的银行挤兑。正如通常会出现的那样，懂行的人首先取回了自己的存款。但这并没有很快发生：2011年初夏希腊违约，直到2012年早春，塞浦路斯银行才开始丧失流动性。塞浦路斯政府起初拒绝承认这个问题，"三驾马车"也没有追问此事。显然，一场危机即将发生，但没有人采取任何行动。塞浦路斯政府、国际货币基金组织、欧盟当局都没有采取行动。尽管如此，这还不是这些机构犯下的最愚蠢的错误，因为接下来的事情更愚蠢。

处置破产银行的典型做法是让次级债券持有人首先承担损失。然而，塞浦路斯银行并没有债券持有人——各家银行有的只是储户，这让政府进退两难。让谁来承担财产损失呢？根据欧盟法规，在单家银行低于10万欧元的存款享受全额保险。塞浦路斯当局在与"三驾马车"和欧盟理事会的危机处置会议上坚称，它们不想伤害外国储户，因为外国储户是该国商业模式的核心，而该国政治和监管领导层个人都从这一模式中获利。因此，它们选择让所有储户共同承担损失，即对所有储户征收6.75%的税，包括存款保险覆盖的存款。

它们为什么会这么做？因为这样就不会让离岸客户承担更大的损失，否则离岸客户可能会永远离开。欧盟当局为什么会同意？最好的解释是，这次紧急会议是在2013年3月25日召开的，在到了凌晨

4点做决定的时候，决策者真的累坏了。当新闻稿最终在几个小时后发布时，有人指出，存款保险覆盖的整个欧洲的储户将不再认为他们得到了充分保护，因此当下一次危机来临时，每个人都会更争先恐后地去挤兑银行。鉴于此，当局迅速撤回了决定。这也许是整个危机中最愚蠢的政策失误。近一年来，每个人都知道很多银行正在倒闭，大家也都知道在防止银行挤兑中信心的重要性，但面对一场完全可以预见且不可避免的危机，无论是塞浦路斯、欧盟还是国际货币基金组织，没有任何当局做好了准备。

银行和政府之间存在共生关系。银行总是被鼓励（通常被要求）购买政府债券。银行也是中小企业的首要融资来源，这些企业是经济繁荣的主要驱动力和政府重要的税收来源。在繁荣时期，这种关系是良性的。银行利润、风险累积，与经济和政府收入携手增长。此时，政府应该减少其主权债务，这也是2008年金融危机前爱尔兰和冰岛的经济政策中唯一的可取之处。若是英国和美国也曾这样做就好了。

这种良性循环可以很快变成恶性循环，过错方可能是银行、政府，或者兼而有之。银行业危机将使政府财政承受巨大压力：直接原因是救助成本，间接原因是银行对经济的融资放缓。如果情况变得特别糟糕，那么银行业危机可能最终演变为主权债务危机，即政府无力履行其债务。爱尔兰就是如此，西班牙和冰岛也差点儿发生这样的危机。

同样，政府面临财政困难，可能导致银行体系出现问题。政府可能需要增加税收或减少支出，进而减缓经济发展。更直接的作用机制是在银行持有大量政府债券的情况下，如果政府的信用评级被下调，银行持有的主权债务就会立即受到不利影响，银行风险将上升。政府知道这一点，而且大多数国家法律规定政府债务是无风险的。然而，这有一个副作用，即对政府债券的补贴是以牺牲有效益的私营公司的贷款可得性为代价的，而这会进一步减缓经济增长。如果事态恶化到政府违约，则可能拖垮银行，这正是塞浦路斯的情况，也可能发生在意大利等其他欧洲国家。

这个过程被称为银行政府间的厄运循环，这也是过去几年间欧洲发生危机的主要原因。虽然没有简单的方法来处理这一厄运循环，但可以通过减少银行持有的政府债券来缓解这种情况。银行需要持有一些安全资产，例如，意大利银行没有理由不去持有德国政府债券作为安全资产，除非意大利政府需要有人购买自己的债券。但不幸的是，相反的情况一直在欧洲发生：银行正在购买更多的本国政府债券，而欧洲央行采取量化宽松政策的形式加剧了这一趋势。英国央行实施量化宽松政策，可以直接购买金边债券、英国政府债券。美联储、日本银行和几乎所有其他央行都是如此，但欧洲央行的情况并非如此。当时，欧洲央行有一条规则（直到最近才被废止），禁止其购买政府债券，因此，欧洲央行如果要实施量化宽松政策，就必须向其他实体提供资金，然后由这些实体购买政府债券。这里的实体就是银行。因此，意大利的银行不得不购买意大利政府债券，并以之为抵押从欧洲央行借款。

这个问题有多严重？欧洲智库布鲁盖尔收集了部分国家的银行持有主权债务的数据。美国主权债务中只有4%由美国的银行持有，而德国和意大利的这一数字分别为23%和20%。对德国而言，这不是一个严重的问题，因为德国债务水平很低。但对意大利而言，这是个严重的问题，因为意大利的债务水平很高。意大利一旦发生主权债务危机，就很可能会触发典型的银行政府间的厄运循环，导致意大利银行的倒闭。

危机的成本是高昂的。政府须花费巨额资金处理影响经济增长的危机。第一类成本为直接成本，其规模可以被准确识别；第二类成本为间接成本，即危机的长期经济后果，测算则要困难得多。通常的估计方法是推测产出的减少，即根据危机前实际 GDP 的变化趋势，计算趋势预测值与实际产值之差。国际货币基金组织危机数据库中包括危机的直接成本和间接成本数据。直接成本最高的危机发生在 1998 年的印度尼西亚，危机的直接成本高达该国 GDP 的 57%。间接成本最高的危机为 1991 年芬兰危机，间接成本为该国 GDP 的 75%。然而，直接成本可以得到相当准确的估量，但间接成本很可能被高估。其原因在于，金融过度扩张并在危机发生时达到顶点，因而危机前几年的经济增长率往往是较高的。这也是许多评论家对 2008 年金融危机的评判高估了危机后果的原因。图 3-5 展示了不同情形下的英国危机成本。如果直接根据危机前的经济增长测算，间接成本为 2 120 亿英镑。然而，如果遵循更审慎的政策路线，或许当时的经济会呈现更低的增长率，因而危机前繁荣和危机后衰退情形下的实际 GDP 将比预测 GDP 高。没有正确的方法能确定到底哪种情形更有可能发生。

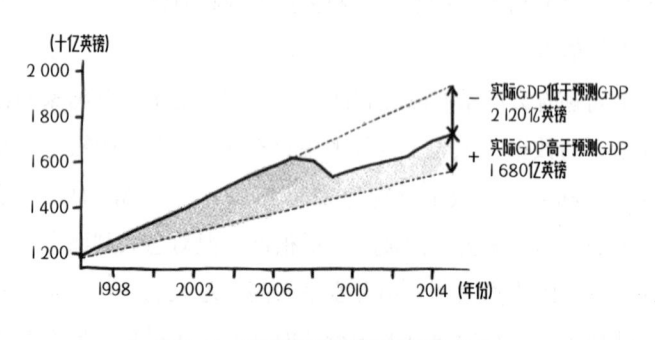

图3-5　不同情形下的英国危机成本

资料来源：图片由卢卡斯·比肖夫/IllustrationX 绘制。

国际货币基金组织危机数据库最初由世界银行开发，帕特里克·霍诺汉和丹妮拉·克林格比尔参与了该数据库的早期开发,并合作发表了一篇有趣的论文,重点关注银行业危机的财政成本,以及政府不同的应对措施对成本或应对措施的影响。他们的研究发现,如果各国不实施无限存款担保、开放式流动性支持、多轮资本重组、债务人救助,或监管宽容政策,则处理危机的财政成本平均约为 GDP 的 1%,即实际救助成本的 1/10。然而,如果政府采用所有这些政策,财政成本将增加 6 倍。我们喜欢把钱浪费在处理金融危机上。危机对经济造成的主要损害,可能不是危机事件本身造成的,而是政府的不当应对导致的。有趣的是,帕特里克·霍诺汉后来成了爱尔兰银行行长,在他上任之前,爱尔兰当局就面临着非常高的财政成本(原因是他在研究中指出的那些错误应对)。

估计不作为的成本也很困难。在 2008 年金融危机中最具争议的决定之一就是让雷曼兄弟倒闭。一些评论家认为这是一个巨大的错误,并且这一错误导致了其后的一系列破坏性事件。另外一些人则认为,即便救助雷曼兄弟也只能延缓而不能避免危机。双方论点中都有很多可取之处(我倾向于后者)。但欧洲政客对雷曼兄弟倒闭有一个愚蠢的解释,他们认为雷曼兄弟倒闭导致了其后所有的问题,包括欧洲危机,尤其是希腊的救助行动。直到今天,雷曼事件仍困扰着我们。新冠肺炎疫情防控期间所有救助计划背后都有一个共同原因,即决策圈一直认为雷曼兄弟倒闭是其后一切困苦的根源,要是当时救了雷曼兄弟就好了。

20 世纪 80 年代末 90 年代初经历了一系列的银行业危机。虽然其中最引人注目的是 1992 年日本银行体系的崩溃,但斯堪的纳维亚危机更有趣。斯堪的纳维亚半岛的三国——瑞典、挪威和芬兰(如果严格从地理位置上看,芬兰不是斯堪的纳维亚国家),在 20 世纪 90 年代初遭受了严重的银行业危机。原因是三国均在 20 世纪 80 年代后期开放了金融市场并实施了扩张性宏观经济政策,包括取消贷款上限和利率上限,鼓励竞争,放松监管。其结果是在20世纪80年代后期的贷款激增,以及90年代初的崩溃。虽然整个事件链条令人沮丧又那么熟悉,但斯堪的纳维亚人(尤其是瑞典人)处理危机的方式却十分有趣。

政府处理银行业危机的理想方式是好银行/坏银行方法,虽然在理论上完美,但在实践中却很难。拆分一家失败的银行,将不良资产分离到一个机构(坏银行)中,同时将大部分业务和稳健的资产保留在好银行中。坏银行成为一家资产管理公司;政府的目标是出售好银行,同时持有坏银行的不良资产直至到期。在危机期间成立坏银行之时,不良资产的估值很低,实际估值确实如此,政府就有可能赚取可观的利润,这一论点经常被用来向纳税人证明这种做法是合理的。然而,如果银行资不抵债,根据定义,坏银行必然价值为负,因此人们不应该预期政府会获得利润。实际上,纳税人应该对损失有预期,但人们希望,一家运作良好的银行取代一家行将倒闭的银行所带来的收益超过预期的损失。瑞典人最终将危机处理的成本控制在该国GDP的4.3%,远低于之前人们害怕达到的损失值。

然而事实上,政府很难如此果断,因为所有的特殊利益集团都会将事态拉向不同的方向——每个人都希望得到救助。大多数政府发现很难效仿瑞典,背后有两个决定性的因素。首先是我们对政府有能力实施从长远来看有利于人民的明智政策有多少信心。我们是相信政府会做正确的事,还是认为政府无能或腐败,从而抵制政府的每一项动议,即使是非常明智的动议。其次是民主程度,即政府是否需要考虑人民的意志。在对政府信任度低的民主国家,比如意大利,其政府很难处理银行业危机,而瑞典政府之所以能够在20世纪90年代做出艰难的决定,是因为瑞典人信任他们的政府。

金融当局必须有能力、有决心,并获得足够的政治支持才能有效应对金融危机。但是,胡乱应付并希望问题自动消失的态度更为常见,其最终结果往往是导致僵尸银行的产生,即银行资不抵债,但政府却不能将其关闭,就像今天的一些意大利银行一样。"僵尸银行"一词最初出现在对20世纪80年代储贷危机的讨论中,之后在对90年代日本危机的讨论中被广泛使用。日本政府没有关闭或重组本国的失败银行,而是继续维持银行的生命。日本当局允许——甚至期望——银行将不良贷款当作正常贷款记在账面上,即发放新贷款给已经无力偿还的借款人,用以偿还旧贷款,这种策略被称为常青贷款。这种做法逐渐削弱了日本银行的实力,并使私人部门中表现较好的企业难以获得信贷。日本当局缺乏有效应对银行业危机的能力,这是日本经济此后长期停滞的主要原因之一。

瑞典和日本危机的对比清晰地揭示了什么是当局应该做的:不惜一切代价防止僵尸银行的出现;尽快重组或关闭失败的银行;让银行的债权人和股东承担损失。简单来说,处理银行业危机有两大目标:一是银行继续服务实体经济;二是尽量减少纳税人的成本。这就是瑞典比其他国家都做得更好的地方,这也解释了为什么瑞典对1992年危机的应对措施至今仍然是全球银行危机处理的黄金准则。

在2008年金融危机和随后的欧洲危机中,一些国家积极防范僵尸银行的出现,比如美国、瑞士和英国。而一些欧洲国家,比如法国、意大利和德国,则在防范僵尸银行中遇到了较大的困难,于是它们游说二十国集团放松监管。这反映了这些国家银行的弱势,同时,这也导致银行竞争力的继续下降。欧洲大陆的银行正在收缩,美国的银行正在崛起。问题最严重的是意大利和其他地中海国家,庞大的僵尸银行已经很难处理。

· · ·

　　银行业危机并不复杂。尽管危机困扰了我们几个世纪，但我们知道银行业危机的爆发原因和处置方式。但是，危机如此频繁发生仍然让人沮丧。即使有明显的迹象指向过度的金融行为，并且极有可能导致危机，我们也几乎没有对此采取行动的意愿。我们太享受盛宴了。我们能做的是更密切地监管银行，要求银行恰当地度量并管理风险。正是为了实现这一目标，我们创造了一整套庞杂的监管体系。尽管如此，危机还是会发生。

第四章

风险的圆形监狱

谁来监督监管者?

图4-1

资料来源：图片版权©里卡多·加尔沃。

第四章 风险的圆形监狱 063

几年前我在乘坐伦敦的黑色出租车时，看到出租车司机在读我最喜欢的一本关于风险的书——彼得·L.伯恩斯坦的《与天为敌：一部人类风险探索史》。于是我们开始聊天，我提到我正在写书（你现在正在阅读的这一本）。他给我讲了一个很好的故事，说明为什么风险很难被控制。他刚刚去金丝雀码头（伦敦金融区）时，被安检拦下了。他发现只有伦敦的黑色出租车被拦下搜查，感到非常惊讶。他问保安为什么，保安回答，"因为我有家庭"。这里的关键在于，伦敦最不可能是恐怖分子的就是黑色出租车司机，因此在执行随机检查车辆的任务时，要想避免与恐怖分子发生不愉快的遭遇，最安全的选择确实是黑色出租车。

这则小趣事反映了监管者所面临的困境。识别需要整改或叫停的不良行为并不困难，但最终去执行监管法规的是人。人会有自己的能力、偏见和利益，而这一切很有可能会阻碍监管目标的实现。我们需要监督监管者，[1] 以确保执行监管法规的人正确履职，而不是选择最简单、最安全或最有利可图的方式履职。问题是谁来监督监管者！如果你雇用一位保安随机检查进入金丝雀码头的汽车，那么你还需要再雇用一人以确保保安并不是只挑选最安全的汽车进行检查。否则，最终只能造就一个只求心安的监管，为了表面而非真正的安全，也就是安全表演。

有些领域的法规比其他领域更有效。以交通为例，我们在英国靠左行驶，在法国靠右行驶，从英吉利海峡隧道出来时换一下也没有问题。红灯停，绿灯行，黄灯亮了等一等。绝大多数时候我们遵守限速要求，一旦违章驾驶，计算机系统和警察就会让我们遵守规则。如果我们根据交通事故次数的快速下降这一点来评判的话，那么交通规则的运行效果非常好。虽然我们收到罚单时会抱怨，但我认为大多数人对其他司机受到约束会感到非常高兴。在大多数情况下，我们都赞同并支持交通监管者的行动及目标。那金融体系呢？监管金融不就像监管交通吗？两者都有许多的侵害行为，也有许多的危机。

在此，我们需要区分规制行为和监管行为。在日常使用中，我们经常将这两个词混用，一般而言完全没有问题，但有时需要区分这两者。规制是规则，监管是规则的执行。制定好的规制比实施好的监管要容易得多。我曾在印度新德里和阿格拉之间的双车道高速公路上行驶。印度人沿马路左侧行驶，就像英国人一样，大部分的交通法规都非常相似。然而，两地的监管却非常不同。在印度的高速公路上，我看到汽车逆向行驶，各种动物四处游荡，人们在野餐，偶尔还有市场摊位。这是我在英国的高速公路上从未见过的景象。的确，我也曾在M25高速公路上踢过足球，不过那是因为交通事故而被堵在了高速公路上。虽然有许多因素可以解释这种差异，但是我认为最主要的因素就在于交通法规的执行，即监管的强度。印度和英国有着相同的规制（交通法规）和不同的监管（交通法规的执行）。若没有有效的执行，规制将变得毫无意义。

世界上大多数国家的金融规制都大体相似。各国往往遵循二十国集团（各成员 GDP 的总和占到了全球的 90% 左右）的倡议，比如巴塞尔银行业规制、证券业规制，以及保险业规制。因此，各国的规制类似，不同的是监管。各国对规制的诠释各不相同，一些国家当局监管得当，一些国家当局则不能胜任，还有一些国家当局的资金支持严重不足。要实现有效监管，真正需要的是风险的圆形监狱。

风险的圆形监狱的思想渊源可以追溯到 17 世纪英国哲学家杰里米·边沁的作品。这一切都始于杰里米对其在俄罗斯工作的兄弟的一次拜访。让杰里米感兴趣的是，他的兄弟想出了一种巧妙的方法来管理员工：在车间中央设立观察哨，让检查员可以在不被人看到的情况下监视工人。杰里米认为这是一个绝妙的想法，并提议将其运用于其他人类活动场所中，比如学校、工厂，甚至医院。其中，在监狱的应用建议，即圆形监狱，获得了最多的支持。圆形监狱一词来自希腊语 παν（全部）和 οπτικος（看见）。如果你去伦敦，你可以看看仍在伦敦大学学院展出的杰里米·边沁的遗体。

在圆形监狱的设计中，监狱被修建成圆形，囚室位于圆形建筑物里，监狱中心设有监控塔，塔内的监狱看守员可以观察囚犯，但不会被囚犯看到。因为囚犯永远不知道自己是否正在被观察，于是会假设自己被观察而好好表现，因此只需要少量的狱警就可以看守许多囚犯。这与我们在城市中安装的所有监控系统没有太大的区别。唯一还需要做的就是防止狱警虐待罪犯，这可以通过允许公众随时参观监狱来实现。

我曾经在从西班牙开车到葡萄牙时目睹了圆形监狱是如何发挥监管作用的。边界两侧的交通规则相同，高速公路限速均为 120 千米/小时。在西班牙境内，每个人都以不超过 120 千米/小时的速度驾驶，一旦越过边境，车速就迅速提高到平均 150 千米/小时。原因很简单，西班牙交警使用无交警标志的汽车检查路上车辆的速度，而葡萄牙警察并不这么做。这个简单的实验排除了其他因素，仅涉及相同司机和相同车辆，司机并没有在过境后开始不顾人身安全或购买更好的汽车。导致他们行为改变的唯一因素就是在西班牙境内收到超速罚单的可能性。

公共交通领域是实行圆形监狱式监管的一个成功领域。在大多数公交系统中，乘客均使用非接触式交通卡，因此人们有两种选择：要么买票合法出行，要么逃票并希望不被抓到。个人选择的决定性因素是道德和个人对风险的态度。逃票被抓的后果可能会很惨痛。看看贝莱德前基金经理乔纳森·伯罗斯的下场就知道了。2013 年 11 月他被抓到在伦敦地铁检票口出站时没有支付车票钱。他承认经常逃票出行，列车公司估计其逃票金额为 43 000 英镑。在被抓到逃票后，他没有按照规定通知其雇主。相关金融监管机构，即英国金融行为监管局对此持悲观态度，宣布其"不是适当人选"，进而终结了乔纳森·伯罗斯20年的金融职业生涯。众所周知，乔纳森·伯罗斯在贝莱德的薪酬丰厚，拥有价值400万英镑的两处豪宅，他不需要每天逃21.5英镑的票。

伯罗斯只是在钻空子。他家附近的石门镇车站地处乡间，距离目的地伦敦城需要1小时22分钟，该车站没有检票口。他利用了这一点，每次只在到站时才刷牡蛎卡①。这意味着他只支付了地铁的起步票价，而没有支付从石门镇站到伦敦地铁站的全程车票钱。那么，为什么英国金融行为监管局会在意这样简单的逃票欺诈行为呢？因为伯罗斯在贝莱德身居要职，如果他如此随意地实施小额欺诈，那怎能将其他人的资金托付于他呢？我感到惊讶的是，伯罗斯何必这么做呢？我每年都会检查几次我的牡蛎卡，只要想到逃票被抓而将受到的罚款金额，就会让逃票的好处不值一提，更不用说还要失去像贝莱德基金经理这样光鲜的工作了。

现代金融监管非常符合边沁主义的世界观。尽管金融机构向公共当局披露了大量信息，但金融机构知道公共当局只能查看其所披露信息中的一小部分。然而，银行不知道当局的关注点，更重要的是，银行不知道当局在未来的调查中会如何使用银行现在所披露的信息。监管者可以在不被察觉的情况下监管银行。问题是好事可能太多，包括太多的数据。那么，圆形监狱对金融监管者的作用如何？这取决于监管目标。这可能有助于微观监管者专注于单个银行监管，保护广大银行客户。然而，它忽略了市场参与者在有压力时期的互动所产生的风险——非常重要的系统性风险。

---

① 牡蛎卡是仅适用于伦敦市区的非接触式交通卡。——译者注

我们过去常常处罚失败的银行家，但仍然遭遇危机

早在有经济规制之前，我们就已经有了银行业规制。银行业规制甚至植根于宗教，例如，基督教在 15 世纪前禁止高利贷，穆斯林至今仍禁止高利贷。许多欧洲国家的金融规制具有宗教色彩，例如限制或禁止各种可能被认为是赌博的交易策略。银行业一直受到监管有两大原因。首先，银行是政府收入的良好来源，因此政府喜欢对它们进行严格控制。其次，高效和不间断的银行服务对所有经济体都至关重要。许多经济史学家告诉我们，1694 年英格兰银行成立是伦敦在 18 世纪崛起成为世界金融中心的关键，它巩固了英国作为当时世界最大经济体的地位。

银行失败造成的社会成本远高于对银行股东、雇员和交易对手造成的私人成本，因此银行必须接受监管。但是，监管银行不是一件容易的工作，它比监管其他人类行为（比如交通）困难得多。近年来，我们看到了许多银行业危机和不端行为，我们没有充足的理由来证明现在银行体系的行为要好于过去，这与交通领域不一样。

为什么监管银行的难度远大于监管交通？因为金融体系是所有人类建构中最复杂的体系，金融实体有强烈的动机以不被发现的方式胡作非为。银行家的个人动机与整个社会的利益并不一致。银行员工管理他人资金几乎没有负面后果（最差就是被解雇），但他们的收益却非常可观，比如高额工资和奖金。因此，相比于雇主、客户、股东以及社会的期待，银行家有承担更高风险的动机。相比于客户，银行家有显著的优势。银行家销售复杂的金融产品，对象是只有非常粗浅金融知识的群体，甚至是不理解基点或现值计算的客户。经合组织的一项研究发现，40% 的人不理解多元化投资，只有 27% 的人会计算单利并知道复利在 5 年后带来的额外收益。

只要有机会，银行就会毫不犹豫地侵害客户的利益——只需看看富国银行的账户欺诈丑闻就知道了。侵害客户利益现象和金融危机一样，发生得太频繁了。那我们能做什么？惩罚行为不端的银行家？收回发给他们的奖金，甚至将他们关进监狱？或者可以考虑重新架起颈手枷，而且就放在英格兰银行门口的广场上？还有什么更好的方式来惩罚所有失败的银行家吗？

过去，我们的确尝试过更为严厉的惩罚。正如梅尔·科恩1999年的文章《早期存款银行业务》中所述，13世纪欧洲主要的金融中心之一是巴塞罗那。当时银行受到严格的监管。银行必须持有充足的资本，并在客户提出要求后的24小时之内兑付现金。如果银行倒闭，股东将在上帝和城市当局面前遭受严重的惩罚。1360年，弗朗西斯·喀斯特洛在其银行门口被斩首，但即使是斩首这样严厉的惩罚也没能阻止其银行同事的不当行为。

我们不会重新启用颈手枷，更不用说斩首了，即使是把银行家关进监狱也不容易。我们能用的是薪酬惩罚——金钱。人们普遍认为，银行家的行为动机就是赚钱。以拿走他们的金钱相威胁，他们就将审慎行事。但是现实要微妙得多。我认为薪酬的绝对水平对人们来说不是最重要的，薪酬的相对水平更为重要。如果我得到1 000美元奖金，而我的朋友拿到500美元，我就很高兴；但如果我得到100万美元，而他得到300万美元，我就很难过。有时不一定是金钱在起作用，权力和权威也同样具有激励作用。当然，在没有奖金或过高薪酬的情况下也会有不良行为和银行危机，比如1992年的日本危机。

薪酬被迫索扣回，银行家被迫放弃未来递延支付的薪酬，这样的做法有效吗？可以去问问富国银行"幽灵账户"丑闻背后的银行高管。富国银行首席执行官约翰·斯顿夫个人损失6 900万美元，富国银行社区银行部门负责人，即该丑闻的直接责任人卡丽·托尔斯泰特损失 6 700 万美元。虽然金额很高，但他们的正常年薪（在无须被追索扣回的情况下）都高达数百万甚至上千万美元。追索扣回是否能震慑那些银行家，我对此持怀疑态度，但追索扣回的确是发泄道德义愤的有效渠道。

惩罚银行家的前提是真正发现了他们的不良行为，比如欺诈等侵害行为。但是，要对错误投资的负责人予以惩戒则要困难得多，即使该投资最终导致了一场金融危机。原因在于，如果某人的工作职责是进行投资决策，那就说明雇用他就是要让他承担风险，而与风险相伴的必然包括失败的可能性。要惩罚做出错误投资的人，有两个问题。首先，他们如果投资成功，很可能会获得巨额奖金，无论其投资一开始是多么愚蠢；而他们如果投资失败，最坏的情况就是失去奖金和工作——好的一面远胜于坏的一面。其次，如果我们聘请某人承担风险，我们就必须接受失败；如果我们因投资失败而惩罚他们，最终他们就可能变得过于厌恶风险。你可能会想，也不尽然吧，我们只需要衡量他们承担的风险，并相应地给予奖励或惩罚。那么，要做到这一点，我们必须能够精确地度量风险。但是，精确地度量金融风险几乎是不可能的，同样，我们很可能无法区分运气不佳、能力不足或营私舞弊的银行家。

鉴于金融体系的构建方式以及金融周期的驱动因素，银行可能会并且最终会承担过多风险。银行家个人一次又一次地承担过高的风险，而我们将反复经历从繁荣到萧条的周期。监管确实很难有效防范最坏的结果，但监管银行有着正确或错误的方式。惩罚银行家，甚至像过去的监管者对待可怜的弗朗西斯·喀斯特洛那样处决银行家，都不太可能奏效。我们需要其他方式。

银行资本

控制银行行为方式的主要工具是银行资本。银行资本有两大作用。第一，缓冲作用。如果银行陷入困境，银行可以动用其资本储备，而不是立即破产。第二，资本更重要的作用是限制杠杆。对相同的资产而言，银行必须持有更多的资本，这意味着银行的杠杆率更低、更安全。银行资本的概念相当令人困惑，尤其是对那些受过会计学、经济学或法学教育的人而言。资本最常见的用法源于亚当·斯密在《国富论》（1776 年）中对资本的定义，"为了生产获利而积蓄起来的那部分物质资产"。在卡尔·马克思的《资本论》中，资本更加邪恶，"资本是被用来创造更多财富的财富，它仅因经济交换或货币流通而存在"。资本的现代用法继承了斯密和马克思的观点，但常常相互矛盾。我们有许多相关概念，比如资本化（公司的市场价值）；经济学家将资本和劳动力视为生产中的两种主要投入。同时，资本还被定义为减去所有债务后的公司净市值。

几年前，英国大学教师工会在伦敦政治经济学院正门前抗议资本主义的罪恶。当我走过大门，跨越纠察线时，抗议者问我是不是资本主义者，好像那是一件可怕的事情。我回答说"是的"，并补充说"你们也是"。他们不喜欢我的回答，并让我解释。我问他们是否加入了大学养老基金。他们说"是的"。那么，养老基金拥有公司股票，而马克思对资本家的定义就是拥有生产资料的人。因此，任何拥有公司股票的人（我们养老基金的每个成员均拥有）都是资本家。抗议者不喜欢我的回答。

在思考银行资本时，尤其是那些接受过经济学或会计学教育的人，应该忘记自己过去对资本的所有了解，重新认识资本。银行资本是一种人为的会计建构，与资本最常见的用法（比如斯密和马克思所讨论的定义）只有模糊的关联。当我向学生讲授资本时，我喜欢将其定义为"银行监管部门选定为资本的项目"。银行资本由两个部分组成：一是普通权益，即资产减去负债；二是虽不是普通股但有助于实现监管目标的金融工具——类股权。

2019年末，全球最大银行摩根大通的总资产为2.7万亿美元，资本为1 690亿美元。资本与总资产的比率被称为杠杆率，法规要求杠杆率最低为3%。摩根大通以6.3%的杠杆率轻松超过监管的最低要求。银行的部分资产，比如对政府的贷款，是相当安全的。但银行也有风险较高的资产，比如住房抵押按揭贷款和中型企业贷款，因此监管部门提出了风险加权资产的概念：风险越大，权重越高。摩根大通的风险加权资产为1.5万亿美元。

这里64 000美元[①]的问题是，银行应该持有多少比率的资本？人们或许会认为持有非常高额的资本是个好主意，但这也有不利的一面。银行持有的资本比率越高，向外发放的贷款越少且利率越高。银行是企业，尤其是最重要的中小企业的主要资金来源，资本比率升高最终将导致投资减少，经济增长放缓。因此如何取得平衡是非常微妙的。

一些观察家，比如阿娜特·阿德玛蒂和马丁·黑尔维格认为，银行资本应高于当前水平，因为不可避免的银行失败的成本超过了高风险银行体系的社会收益。银行的回应是，这低估了社会成本，因为银行向外贷款的成本大幅增加，支付给储户的利率大幅降低——借款人和存款人都会蒙受损失，经济增长将受到负面影响。无论孰对孰错，这都是应有的恰当的辩论，因为它将讨论框定在我们对银行的期望上，而不是狭隘地只讨论如何让银行保持安全。

---

① 在美国20世纪50年代的问答竞赛节目中，终极问题的奖励是64 000美元。——译者注

在结束关于资本的部分之前，我想强调两点：一是技术性的，二是哲学性的（如果你想了解更多细节，欢迎下载我关于监管和资本的幻灯片）。[2] 技术性的观点是，资本由多个部分组成。最基本的层面为普通股，然后有二级资本和一级资本。此外，资本还包括储备资本缓冲，能在银行陷入困境时提供缓冲；以及逆周期资本缓冲，能在国家陷入困境时提供缓冲。同时，系统重要性银行还有特别的缓冲资本。2020 年我在课程试题中，用这些复杂的缓冲作为问题起到了很好的测试效果，我问学生，如果银行要在后疫情时代经济恢复中发挥作用，应该放松对哪一部分资本的监管要求。

哲学性的观点是，虽然人们常说缓冲可以起到保护作用，防止事态进一步恶化，但这句话只有部分是正确的。原因在于，银行必须持有最低资本，即使在艰难时刻也不能降低到最低要求之下。正如查尔斯·古德哈特指出的，无法使用的资本缓冲算不上缓冲："疲惫的旅行者……深夜到达火车站，高兴地发现有一辆出租车，以为可以搭车前往遥远的目的地。他招呼出租车，但出租车司机说，不能载他上路，因为当地法规要求，必须始终有一辆出租车在火车站待命。"[3]

薛定谔的银行

过去，每个国家各自制定自己的金融法规。虽然国家间有些双边协定，但国际标准不多。在全球金融体系呈现碎片化或受严监管的时代，这完全没有问题，就像二战后在布雷顿森林体系之下，银行大多仅限在本国市场经营，不允许跨境经营。

1973 年布雷顿森林体系瓦解后，这一状态发生了改变，各国对全球金融的态度也发生了哲学性的转变：华盛顿共识。从此，各国市场持续向国际金融开放。银行可以跨境经营，资金在国与国之间自由流动。然而，金融监管却没有跟上。虽然国境开始对金融业开放，但规制仍然是一国国内的规制，不同国家之间的监管者也缺乏交流。这样的安排是不可持续的，一系列的危机凸显了全球协调的必要性。

失败事件不必很大，就能产生严重后果，正如1974年德国第80大银行赫斯塔特银行破产，造成了全球金融市场的巨大混乱。赫斯塔特家族经营银行业的历史悠久，可以追溯到1727年的乔万·大卫·赫斯塔特。布雷顿森林体系瓦解后，赫斯塔特银行是外汇市场的活跃参与者，开展德国马克与美元汇率的投机交易。但是交易并不那么成功，损失越来越大。最终，该银行于1974年6月26日被迫清算。

有趣的是，在赫斯塔特银行清算时，并不是所有国家或地区的分行都同时关停。德国当局关闭了该行的本土业务，但并没有就关停事项通知其他国家当局，因此，该行海外分行仍然继续经营。赫斯塔特银行处于半死不活状态，就像薛定谔的猫[①]。在赫斯塔特银行关停的那一天，该行买进了大量德国马克，收款地为德国，同时，应在纽约完成对外的美元支付。在收到德国马克之后，支付美元之前，该行关停了。法兰克福和纽约处于不同的时区。该行在德国交易日日终收到马克，本应在纽约交易日日终支付美元，但那已是6个小时之后了。最终所有债权人的损失为13亿美元，其中莫斯科国民银行遭受了最高损失，金额为3.65亿美元。在今天看来，13亿美元是一个相对较小的金额，但在1974年13亿美元毫无疑问是一笔极其严重的损失。

---

① 薛定谔的猫是奥地利物理学者埃尔温·薛定谔于1935年提出的思想实验。在此思想实验里，假设把一只猫、一个装有氰化氢气体的玻璃烧瓶和放射性物质放进封闭的盒子里，猫的性命因此与原子核的状态密切相关。根据哥本哈根诠释，猫会处于生存与死亡的叠加态（对于盒子外的世界而言），直到盒子被打开为止。这一思想实验试图揭露描述量子态依赖的量子理论，即正统的哥本哈根诠释尚存瑕疵。——译者注

更具破坏性的是这一危机发生的原因。对于赫斯塔特银行风险的严重性，德国监管者将其他国家的监管者都蒙在了鼓里。事实上，在1974年之前的至少3年间，德国监管当局已经在严密监测赫斯塔特银行并知道银行即将崩塌。那么为什么德国当局要对外保密？我们只能推测其背后的原因，我认为主要有两点。第一，德国监管者的任务是保护德国，保护德国的程序、法律和声誉，这意味着不信任外国人。第二，它们对自己监管的银行即将倒闭感到尴尬。无论何种原因，此次事件后，德国金融监管体系迅速进行了改革。

2020年夏天，当德国支付巨头威卡倒闭时，情形与半个世纪前赫斯塔特银行的倒闭惊人地相似。德国监管机构已经意识到威卡存在一些问题，但没有采取行动。德国监管机构负责人在向德国联邦议院作证时表示，德国监管体系在正常情况下运作良好，但在危机中失灵了。

赫斯塔特银行破产案表明，全球结算系统中存在一直没有被发现的弱点，该案向全球金融监管当局敲响了警钟。每个国家的监管当局或许希望仅监管其国内的银行业，以最低水平的国际标准来管理本国银行，但是银行经营并不遵循这样的思路。银行是国际性的，即银行需要国际协调。

8年后，直到安保信银行暴雷，国际协调才真正开始建立。安保信银行是意大利最大的私营银行集团，在15个国家开展业务。银行失败的核心是其董事长罗伯托·卡尔维，由于他与罗马教廷的密切联系，意大利媒体称卡尔维为"上帝的银行家"。卡尔维下定决心，要将安保信银行从一家具有强烈宗教色彩的小型地区性银行发展成大型国际金融机构。第一阶段的举措之一，就是在卢森堡成立一家控股公司，不受意大利银行业当局监管。

卡尔维的问题在1978年开始显露，当时意大利央行对其金融帝国进行了全面审计，发现了一些非常规操作，涉及12亿美元的无担保借款。安保信银行使用美元大量买进自家股票，根据意大利银行业法规，这是非法操作。安保信银行的崩溃原因完全可以预见：意大利里拉相对美元贬值，银行的美元债务换算为里拉，金额被迅速放大，意大利资产价值以里拉计价保持不变。卡尔维被判处四年监禁，但在上诉期内被释放。他逃离意大利，1982年在伦敦黑衣修士桥下上吊身亡。时至今日，他是自杀还是他杀仍无从知晓，对该话题的争议仍在持续。我每天上班途中都经过黑衣修士桥，因此时常想起可怜的卡尔维。安保信银行的倒闭使两百多家国际金融机构蒙受巨大损失，威胁到整个国际银行体系的稳定，并最终引发了国际监管的重大变革。

安保信银行的崩溃并不是改革史诗的最后一章，国际商业信贷银行的倒闭延续了这一进程。国际商业信贷银行在卢森堡注册成立，在卡拉奇和伦敦设有双总部，在全球各地拥有分行。1991年7月，伦敦当局关闭了该行，理由是大范围的欺诈行为，现在人们普遍认为该行自1972年成立以来一直在财务方面造假。该行不将存款计入负债，编造虚假贷款，进而获得大额利润，而存款人的资金被该行用于自营交易，交易导致的损失则由更多的虚假贷款来掩盖。

国际商业信贷银行之所以能长期逍遥法外，原因之一在于其复杂的公司结构，控股公司注册在卢森堡，两家主要的分行分别注册于开曼群岛和卢森堡。事实上，在该行的诸多问题于1990年浮出水面之前，监管者和商业银行家对该行就已经持谨慎态度，因为该行业务增长迅猛，公司结构不透明。但是，尽管国际商业信贷银行偶尔被媒体提及的理由"主要是因为围绕着它的谜团"，市场参与者当时也普遍认为该行的亏损是因为能力不足而不是欺诈行为。最后，出于对欺诈行为的担忧，该行的审计机构（普华永道）、之前的审计机构（安永）、银行监管机构，以及该行的股东之间展开了讨论。在国际商业信贷银行倒闭后,清算机构德勤对审计机构提起了诉讼,并于1998年以1.75亿美元和解。国际商业信贷银行的债权人还试图起诉该行的监管机构英格兰银行。

我从国际商业信贷银行的案例中得出两个主要教训。第一个教训是,必须确保银行在其展业的任何地区都受到监管,无论是其母国还是东道国监管当局都不应该逃避监管责任。第二个教训更为有趣,本案例很好地展示了承担银行监管职能的央行的声誉风险。英格兰银行的声誉蒙污,令人忧心,因为央行需要很好的声誉才能顺利实施货币政策。国际商业信贷银行的丑闻促使英格兰银行在1997年将银行监管职能分离出去,成立了金融服务监管局。由于英国通常被认为是金融监管模式的领导者,所以许多国家纷纷效仿。

这是个好主意吗?2008年全球金融危机表明,央行不负责监管会导致怎样的后果:它们缺乏监督,不知道现场正在发生什么,没有必要的专业技能,可以拒绝承担责任。英国当局最终将金融服务监管局一分为二,即独立的金融行为监管局,以及重新设立于英格兰银行之内的审慎监管局。其他国家现在正在效仿。我很好奇英国当局在下次危机后会有什么动作,是审慎监管局与金融行为监管局重新合并,还是金融行为监管局重新归入英格兰银行?

源于巴塞尔的规则

在二战后的几年中,大多数银行只能在本国展业。随着20世纪60年代这些限制的逐步解除,银行开始国际化经营,人们逐渐认识到全球协调的必要性。为此,当时的主要金融中心,即十国集团的成员(比利时、加拿大、法国、意大利、日本、德国、瑞典、荷兰、英国和美国)连同卢森堡,于1974年成立了巴塞尔银行监管委员会,简称巴塞尔委员会,这个崭新的国际组织的主要任务就是设计国际银行业规制。查尔斯·古德哈特在其作品中介绍过该委员会的历史。

每个国家在该委员会都有至少两个成员席位,通常一位来自监管机构,另一位来自央行。你也许会问,为什么卢森堡也是发起国呢?毫无疑问,卢森堡也是金融中心,但它不属于十国集团。卢森堡的银行家阿尔伯特·唐德林格在巴塞尔委员会的建立中发挥了重要作用,将他和卢森堡排除在该委员会之外未免有些失礼。然而,由于卢森堡没有央行(卢森堡货币为比利时法郎,央行为比利时国家银行),因此只获得一个成员席位。

巴塞尔委员会虽然设立在国际清算银行,但不同于国际清算银行(总部位于瑞士巴塞尔)。巴塞尔委员会不拥有任何正式权力,各成员借助巴塞尔委员会就普遍标准寻求共识,标准的实施则交由各成员自行开展。巴塞尔委员会的成员数量有限,这曾让其他国家感到沮丧,因为许多国家认为自己别无选择,只能实施巴塞尔式的监管,而没有能力去影响标准的制定。2008年金融危机之后,巴塞尔委员会的成员扩大到了28个国家或地区,这一缺陷得到了弥补。

巴塞尔委员会向二十国集团报告,国际金融架构中的其他组织也是如此。委员会工作中最重要的部分就是巴塞尔资本协议,即决定银行应当持有多少资本的一整套规则。第一版巴塞尔协议,即《巴塞尔协议Ⅰ》,于1988年制定,1992年实施。第二版巴塞尔协议,即《巴塞尔协议Ⅱ》,于20世纪90年代末提出,2008年后部分实施。

为什么巴塞尔委员会决定要统一银行资本规则呢?这可以追溯到20世纪80年代初,当时欧美大型银行的资本比率为8%~10%,日本银行则以4%左右的超低资本比率享有竞争优势。资本比率越低,放贷的成本就越低。于是日本银行在欧美信贷市场异军突起,抢占当地银行份额,也就不足为奇了。欧美银行的烦闷很容易理解,它们努力向当局争取，希望将资本比率降到日本银行的水平。监管当局不赞同它们的主张，相反，在监管机构的要求下，日本银行将资本比率标准提高到了欧美银行的水平。

2000年，我在日本央行待过几个月，一些日本同事将《巴塞尔协议Ⅰ》称为"反日阴谋"，认为是《巴塞尔协议Ⅰ》导致了20世纪90年代日本银行体系的崩塌以及其后的经济衰退。其中也有些道理。要在几年内将资本比率翻番，事实证明是相当困难的，这无疑成了日本银行业危机的原因之一。

《巴塞尔协议Ⅰ》成功实现了预期目的，在银行资本水平较低且趋于下降时提高了资本水平。但该协议并不完美，只关注了信用风险，且仅设置了粗略的风险权重。如果银行向苹果公司（AAA级公司）发放10亿美元贷款，则需要持有8 000万美元的资本。如果向经合组织成员（比如土耳其、日本、墨西哥或希腊）政府发放相同金额的贷款，则不需要持有对应的资本。政府喜欢这种安排，原因显而易见。银行对公司和个人的贷款利息高于政府贷款，即以私人部门利益补贴对政府的贷款。经济学家称之为金融抑制。

20世纪90年代，早在2008年危机之前，巴塞尔委员会就预计有些事情最终会出错，并启动了对《巴塞尔协议Ⅰ》的修订，也就是所谓的《巴塞尔协议Ⅱ》。《巴塞尔协议Ⅱ》取消了对经合组织成员政府债务风险权重为零的规定，但欧盟对此并不满意，并通过了一项指令，规定欧盟所有成员的主权债务都是无风险的。该指令为欧洲国家政府融资提供了补贴，助力希腊政府持续借债直至违约，这也是2012年塞浦路斯危机的直接原因（见第三章）。《巴塞尔协议Ⅱ》公布于世纪之交，但其后出现了大量游说活动，将实施时间推迟到了2008年。换言之，《巴塞尔协议Ⅱ》反映了20世纪90年代中期对监管的关注和技术发展，在实施时间到来时已经过时失效，这是国际金融监管中存在的一个普遍问题。

我一直认为《巴塞尔协议Ⅱ》毁誉参半。它是朝着风险管理科学化，尤其是金融监管科学化迈出的一大步。但是，最困扰我的是《巴塞尔协议Ⅱ》认为风险可以被准确计量和控制。这或许可以成为内部管理单项风险的一个合理的（至少是可接受的）前提，但将其运用于整个金融机构的风险控制却是一个大跃进，更不用说将其运用于整个金融体系了。《巴塞尔协议Ⅱ》激发我完成了自己最喜爱的一篇论文，即2002年发表的《皇帝无衣：风险建模的局限性》一文，文中我的观点是：人们不可能很好地度量风险。

在《巴塞尔协议Ⅱ》公布前，其最初的版本曾面向社会征求意见，我和伦敦政治经济学院的几个同事，包括查尔斯·古德哈特和申铉松，一起撰写了一篇文章作为意见反馈，题为"对《巴塞尔协议Ⅱ》的学术批评"。我们当然持怀疑态度，"信用风险标准法中对信用评级机构的过度依赖是不明智的，因为过去的事实证明，评级机构对单个客户的信用做出了相互矛盾且不一致的预测。评级机构不受监管，其风险预测的质量大多是不可观察的"。2008年金融危机的主要因素之一就是基于次级住房抵押贷款的结构化信贷产品，如果没有评级机构，这类产品将无法问世。事实告诉我们，评级结果糟糕透了，金融监管依赖评级机构是愚蠢的："结果已经证明，预测风险的量化模型给出了不一致和有偏差的预测。在有更好的风险度量方法的情况下，巴塞尔委员会选择了低质量的风险度量方法。"

《巴塞尔协议Ⅱ》最初于20世纪90年代中期提出，对于其中所使用的风险度量技术的可靠性，当时的认知几乎为零。但是，到了《巴塞尔协议Ⅱ》的各项规定最终公布时，这一点已经发生了变化。巴塞尔委员会选取的是低质量的风险度量方法，导致了监管者和银行在2007年之前对金融风险水平的不当评估："《巴塞尔协议Ⅱ》提出的监管方法未能考虑风险的内生性这一事实。风险价值（VaR）可能破坏稳定性，引发价格暴跌（不使用 VaR 不会发生的暴跌）。金融监管本质上是顺周期的。我们的观点是，总体而言，整套提案将严重加剧这一趋势。如果金融监管旨在降低系统性危机的可能性，那么这些提案事实上很可能无益于（而不是促进）这一积极目标的实现。"

这一说法描述了 2008 年之前的几年间所发生的事情。银行自 21 世纪初开始实施《巴塞尔协议Ⅱ》，其中所要求实施的风险管理方法告诉银行，风险水平处于低位，因此完全可以接受甚至承担更多的风险。由于没有意识到其后的风险，《巴塞尔协议Ⅱ》的监管规定放大了金融周期，进而为 2008 年金融危机创造了合适的条件。

监管居心不良的机构

2004 年，当时全球最高摩天大楼在中国台湾的台北市建成。大楼名字取得很贴切——台北 101。当然，台北 101 今天已经不是全球最高大楼，但从风险的角度看，它仍然是最有趣的大楼。所有高层大楼都需要应对自然力，比如台北 101 需要应对地震和台风，因此风险管理是预防灾难发生的关键。通常，管理风险的设备都是隐藏的，但台北 101 与众不同。台北 101 在其建筑顶部设置了一个 728 吨的金色阻尼器，以降低大楼受强风吹击时的摆动幅度，而且对公众开放。这成了一个自成旅游景点的风险管理体系。工程师甚至还请凯蒂猫的创作者三丽鸥公司创造了"阻尼器娃娃"——代表台北 101 风险管理系统的可爱小玩偶。

2015年8月，台风苏迪罗以每小时145英里[①]的速度来袭，台北101经受住了考验。金色阻尼器摆到了距离其常规位置一米多的地方，但整幢建筑安然无恙，堪称工程师精密计算的典范。如果结构工程师能够创造风险管理体系保护台北101这样的高楼，那么为什么监管机构的金融工程师不能保护我们免受金融危机之苦呢？因为这两个领域存在本质差异。土木工程师的工作相对直接，他们可以忽略人的因素。如果计算结果显示一米厚的墙可以维持500年不坍塌，就不会因为墙的特质而导致这一年限缩短。其风险是外生的。

在金融界，天性不是中性的，而是恶毒的，风险是内生的。原因在于所有的规则和规制能改变行为和结果。人类具有人性，不会只是天真地顺从。作为回应，人们会改变自己的行为。只要监管者发布规则，比如决定银行资本水平的规则，银行家就会立即寻找绕过规则的方法。他们会想方设法让资本从外界看上去水平很高，但在实际中却保持尽可能低的资本水平。这种做法的专业术语叫作资本结构套利。在2008年的失败银行中，许多银行都有着最高水平的资本，但它们的资本最终被证明是虚幻的。当局和银行之间总是在进行猫鼠游戏。虽然银行家可能会仔细钻研烦琐的法规以遵守法规，但他们更热衷于发现漏洞。监管法规本质上是向后看的，而且变化异常缓慢，这就给行动快速且目光前瞻的银行家留下了充足的空间，在当局不关注的地方寻找承担风险的领域。因为金融体系几乎是无限复杂的，从技术上讲就不可能监管到每个微小的角落，所以这为不当行为留下了很大的空间。

监管可能最终只是使盈利活动转移到平行的影子银行体系或国外。一个很好的例子是20世纪六七十年代的"Q条例"，它规定了银

[①] 1英里≈1.61千米。——编者注

行存款利息的上限，其逻辑是高利率会导致通胀（这种错误观念最近在土耳其重现）。实施"Q 条例"的结果，只是让存款转移到了平行的银行体系——货币市场基金，在那里可以按市场价支付利率。尽管"Q 条例"早已被废除，但货币市场共同基金继续蓬勃发展，成为美国系统性风险的重要诱因。金融活动也可以转移到国外，就像 20 世纪 50 年代欧洲美元市场的首次出现，当时苏联的石油收入（全部以美元计价）因担心被美国监管机构冻结而存放在美国境外。庞大的离岸美元资金池由此形成，不受美国当局控制，资金池主要在欧洲，因此被称为"欧洲美元"，这也助推伦敦再次成为世界领先的金融中心。

当监管金融体系时，我们经常将风险行为从聚光灯下驱赶到更难察觉的阴影中。1993 年墨西哥的"龙舌兰酒危机"之所以会发生，是因为墨西哥银行在纽约借入美元，并将资金在墨西哥发放比索贷款。因为墨西哥银行承担了汇率风险，所以墨西哥当局有理由担心并叫停了这一业务。墨西哥银行发现很容易绕过当局的禁令——只需与纽约的银行构造名为"短期美元债"的衍生品交易即可。墨西哥银行作为央行没有察觉这些交易，没有意识到发生了什么，也就无法在事态恶化之前及时介入以阻止危机的发生。如果风险承担行为是显性的，而非隐性的，情况就会好很多。

最后一点，也是甚为隐性的一点，即正是因为金融当局努力降低金融风险，银行才有了额外的动机去承担更多风险——一个明斯基效应的例子。这种不正常的结果之所以会发生，原因在于我们度量风险的方式。如果一切都看起来美好而稳定，道路畅通——就像 2008 年金融危机前的"大缓和"时期，那么我们感知到的风险水平就很低。如果一切都是安全的，那我们多承担一点风险又有什么错呢？问题在于，我们通常要到很久以后才会注意到所有的额外风险。正是在 21 世纪初"大缓和"时期低风险环境下的决策,创造了 2008 年危机发生的各种条件。人们没有任何觉察,直到危机已然发生。

上述三个因素——规避监管的激励,向影子银行的转移,以及明斯基效应——在 2008 年同时出现,这得益于金融创新的助力,即更复杂的新金融工具的问世。已故的保罗·沃尔克是美国金融决策的关键人物、伦敦政治经济学院的校友,他在 20 世纪 70 年代担任美联储主席时成功终结了通胀。2009 年,他曾表示:"我希望有人能给我一些关于最近的金融创新与经济增长之间关系的确凿证据……自人们发明自动柜员机(ATM)以来,很难想到有什么值得一提的金融创新。"[4]

2008 年,市场中充斥着各类结构化信贷产品,比如结构化投资工具、管道和担保债务凭证(CDOs)。这些产品中隐藏着非常高的风险,尤其是流动性风险,事后证明这些风险具有非常大的破坏性。关于金融创新如何带来麻烦的问题,其中最有趣的例子是德国一家政府参股的小型银行——德国工业银行(IKB)。在 2008 年危机前,该行在所谓的管道市场中尤为活跃,管道是非常危险的金融产品,它是以短期融资支持长期债券投资的特殊目的载体。在大多数情况下,该产品具有极强的盈利性,因为短期利率低于长期利率,两者间的利差即为利润。在该模式下盈利基于两个条件:短期融资的可得性,以及收益率曲线向上倾斜——长期利率通常高于短期利率。任一条件不满足,该策略就无法盈利。对于短期资金融出方而言,它们自然知道这一点,通常也会就管道融资要求更高的利息回报。管道找到了一个巧妙的方法来解决问题:一家具有良好信用评级的保证人,有偿为短期融资提供担保,承诺在没有机构为管道融资时向管道提供资金。在市场好的时候,获得手续费似乎是轻而易举的。但是,其中有潜在的风险。2007 年危机开始时,管道借入的短期贷款无法展期,因此向保证人 IKB 寻求帮助。不幸的是，IKB 并没有管道所需的资金。IKB 面临破产，最后以德国纳税人付出 90 亿欧元的代价对该行实施了救助计划。

2008 年，IKB 因在雷曼兄弟违约数小时后仍向雷曼兄弟转账而一举成名。显然，IKB 的自动规则使其在周一早上向雷曼兄弟转账。即使全世界在上个周五都知道雷曼兄弟即将倒闭的消息，而且雷曼兄弟的确在周一的午夜就倒闭了，IKB 也没有想到取消其自动转账规则。

· · ·

我们的社会充满规制，风险的圆形监狱正在统治社会。杰里米·边沁应该感到自豪。许多监管系统运作良好，尤其是在航空业，在空中交通量增长的背景下，持续改进和风险最小化的文化都使死亡人数大幅下降。我们在航空、交通、食品等最佳监管领域的切身经验，影响着我们对监管效能的判断。因此，尽管存在各种滥用、剥削和危机，我们仍然希望对金融有同样严格的监管。不幸的是，这并没有那么容易，原因在于风险和不确定性，以及风险计量仪所扮演的关键角色。

第五章

风险计量仪的迷思

预测很难，预测未来尤其如此。

——尼尔斯·玻尔

图5-1

资料来源：图片由卢卡斯·比肖夫/IllustrationX 绘制。

中世纪的地图中有时会有"龙出没"（拉丁语 *hic sunt dracones*，英语 here be dragons）的警告，如图 5-1。若制图者几乎不掌握某地的信息，就会向旅行者发出警告，在地图上标注"此地有未知危险，也许是恶龙"。现代风险计量仪应当发出同样的警告。

度量金融风险有多种方法。最准确的方法就是研究金融体系的深层结构，识别所有的连接点，发现所有承担风险的隐匿角落。但这种方法困难重重且成本高昂，因此人们更常用的是纯统计方法，我为经济政策研究中心网站撰写过一篇题为"风险计量仪的迷思"的博客文章，文中我将纯统计的方法称为风险计量仪——一个有用的小东西。若把它插入华尔街的深处，它就会跳出一个风险的准确读数。

风险计量仪应用于各个金融领域——从使用自有资金的个人投资者，到控制自营交易员的风险经理，再到决定资本持有量的银行。关注整个金融体系稳定的金融监管当局也在使用风险计量仪。风险计量仪会将所有金融机构的风险浓缩为一个数字。对风险有一个明确的量化计量结果是非常有用的。带有各种限制条件的数字几乎没有用处。决策者、银行经营者和监管机构就像哈里·杜鲁门总统一样，据说杜鲁门总统提出过这样的要求，"给我一位只说'一方面'的经济学家。我所有的经济学家都说'一方面……，但另一方面……'"。

风险计量仪的重要性与日俱增，理由很充分。它们确实便宜、快捷、客观、科学。其他备选方法主观、耗时且昂贵。在风险的科学世界里，我们有几乎无限的数据、精密的统计方法，以及我们想要的所有的处理能力，因此，风险计量仪怎么可能不是度量风险的最佳方法呢？但问题在于，风险计量仪能捕捉到的只是风险的一张夸张讽刺画。任何特定指标的运用，都关注甚至夸大风险的某些方面，而忽视其他方面。这意味着风险计量仪并不像大多数人（尤其是高级决策者）想象中那么准确。那些真正在一线工作的人对这一点很清楚，因为他们设计了这些风险计量仪并负责向上级报告风险结果。

风险计量仪并无新意，人类有史以来一直在探寻度量风险的仪器。我所知道的最早的例子是中国汉朝天文学家张衡在公元 132 年发明的地动仪。这是一个金属樽形装置，包括一个铜球和位于罗盘八个方向的八个龙头。当地震即将发生时，铜球会滚至对应地震方向的那个龙头。这样，政府在知道地震即将发生以及地震发生的位置后，就可以对受灾地区进行赈灾。

现代意义上的风险及其在决策中的应用可以追溯到布莱斯·帕斯卡的著作，这位 16 世纪的法国数学家加深了我们对风险的理解，他将风险与未来经济活动的管理方式正式联系起来。帕斯卡很可能是第一位管理顾问。问题在于，关于风险的漫画式计量是否足够准确。它是否会因为没有度量风险，甚至隐藏风险而使我们找错方向，让我们在不重要的风险上浪费精力？改写一句统计学家乔治·博克斯的名言："所有模型都是错误的，但有些是有用的。"

如果想知道外面的温度，我要做的就是看看厨房窗外的温度计。比如现在的温度是 14.4°C（57.9°F[①]）。如果嫌读数不够精确，那么我可以花钱买个更贵的温度计，然后测得温度是 14.392°C。如果不相信手头的温度计，我还可以去商店再买一个，或者查一下英国广播公司（BBC）的天气预报，找到我所在地区的温度是 14.4°C。各种温度计读数可靠且相对一致，不同的温度计给出大致相同的答案。最重要的是，每个人对温度的理解相同。无论我关心的是我的房子有多暖和，还是我正在控制一些工业生产过程，无论我是在北极还是在撒哈拉沙漠，关于温度的概念都是一样的。14.4°C 始终具有相同的含义，无论我或其他人正准备做什么。

[①] °C 为摄氏度，°F 为华氏度，K 为开氏度。——编者注

那么风险呢？我可以像使用温度计一样使用风险计量仪吗？不可以。我们看一眼温度计读数即可知道温度，但是对于风险我们却需要进行三个独立层面的分析：

1. 对于哪种风险是重要风险的判断。
2. 如何量化风险的理论。
3. 生成实际风险计量结果的统计技术。

后两个层面构成了风险计量仪的概念，但选择何种风险计量仪则在很大程度上取决于我们要用计量仪测量哪些风险，即第一层面的判断。

首先，我想要的是什么？假设保罗、安和玛丽都投资了谷歌股票。他们投资的原因各不相同。保罗用自己的账户交易，目的是投资，目标是在一周内获得丰厚的利润。安是一位基金经理，代表她所在的银行进行投资，最关心的是跑赢基准，避免相对于基准的重大损失，因为这会导致她被解雇。玛丽在进行长期投资，她在意的是她的养老基金在未来 70 年直至她 95 岁高龄时的表现，她担心能否依靠金融业来确保她的物质生活水平。

尽管三人进行了相同的投资，可以使用的各种风险计量技术也完全相同，但他们对风险的看法却大相径庭。保罗关注下周谷歌股票每天的波动；安担心未来 6 个月内是否会出现巨大的单日亏损；玛丽希望谷歌股价在未来 70 年能继续上涨，并不关心其间（当然也不关心下周）该股票会发生什么。他们的投资期限不同，目标不同，因此风险对于他们的意义也是不同的。每个人都需要不同的风险计量仪。对于温度而言，无论出于什么测量目的，摄氏度都是最合适的计量单位。但对于风险而言，根据不同的最终用途，我们需要不同的风险概念。

因此，保罗、安和玛丽的下一步就是挑选风险计量仪。风险计量仪包含两个方面：风险概念，以及产生风险计量读数的统计工具。首先是风险概念。温度有三种计量单位：摄氏度、华氏度、开氏度。但三者度量的是相同的对象：温度，而且我们非常清楚地知道在三者之间如何换算。100°C 等于 212°F，等于 373.15K。风险却并非如此，我们有许多风险概念。

要衡量个股风险，我会选择波动率、VaR 或预期尾部损失（Expected Shortfall），这里仅列出最流行的三个指标。不同于摄氏度、华氏度、开氏度，这三个指标并不是对相同对象的三种计量单位。它们更像对温度的三种不同观点，且没有直接明了的方法能将一种标准下的读数与另一种进行比较。用户必须选择最适合自己的风险概念，以及最符合自身目的的风险计量仪，如果用户选择了通用型，即"一刀切"式的风险计量仪，那么测量结果将不如前者。

我最近受邀面向拉丁美洲的基金经理做了一个讲座，探讨风险计量仪的概念以及风险管理的实务问题。一位听众提出了关于在养老基金中使用 VaR 的问题，我十分震惊。我一般不会被震惊到无语，但那天上午的确如此。事后我得知，提问者所在国家的监管当局对养老基金设置了 VaR 限额，该做法的实质就是逼迫基金经理考虑逐日风险而不是长期偿付能力。那么该国当局为什么要这么做呢？提问者说原因可能是 VaR 被视为风险管理的最佳实践——VaR 在国际银行业规制巴塞尔协议中的确处于基础地位，但该国当局对 VaR 没有正确的认知，于是决定在养老基金中设置 VaR 限额。

这样糊涂的监管者并非个例。许多人，甚至是本应有更正确认识的专业人士，都将金融风险的各种度量视为单一的概念，不考虑逐日风险、极端损失风险，以及长期风险之间的差异。这是很荒谬的。如果硬要从金融风险的一种概念转换到另一种概念，就不得不做出完全不现实的假设。

在确定所选择的风险概念后，下一步则是统计计量。温度是很容易测量的。取一些水银放入管中，由于水银受热膨胀，它在管中的高度会告诉我们温度是多少。价格也是如此。我可以到我的彭博终端查看个股价格，这样我就知道了价格。价格和温度都是实时测量值。风险并不相同，我们所度量的对象并不能被视为实际现实，因此不存在名为风险的单一可观察对象。用统计语言来说，风险是潜在的、不能被直接观测的。人们最多只能通过观察风险如何影响世界，从而获得对风险的不完美计量。如果一只股票价格波动很大，那它可能具有很高的风险，但也可能不具有高风险。

我有一次做了个实验，当时我在伦敦政治经济学院向学生解释风险度量的问题，我让学生忽略他们已知的伦敦实时温度，只是根据窗外人们的着装猜测温度。那天是个典型的 10 月天气，温度为 13°C。学生给出的温度从 8°C 到 24°C 不等。认为温度较低的往往是来自热带国家的学生，那儿的人在气温 20 多摄氏度的时候就开始穿上外套。其他大多数学生来自寒冷的国家，那儿的人在气温低于 10 摄氏度的时候仍然衣着单薄。这个实验表明，在测量风险等潜变量时，我们可能会存在偏差，我们的背景和经验会影响测量结果。

因为风险是潜在的，度量风险的唯一方式是观察历史。假设我对某只股票的风险感兴趣，我就必须去看这只股票在过去的波动情况，并推断其风险水平。但事实并不是这么简单的。首先，往回看多远的历史表现？对某些资产，我们有大量的历史数据。我所知的最古老的数据是荷兰盾和英镑的汇率，其始于 17 世纪初，延续至今（如果在 1998 年荷兰加入欧元区后取欧元汇率）。一些个股已经交易了一个多世纪。

全球最重要股市的股指数据——标普 500 指数的数据，可以追溯到 18 世纪 70 年代。虽然标普 500 指数始于 1957 年，但经济史学家重构了之前的数值，你可以在彭博上找到部分数据。18 世纪 70 年代的美国股市与今天的股市截然不同，因此我或许可以从更近的年份开始我的风险度量。但从哪一年开始呢？不同的起点将导致不同的风险度量值，我没有明确的方法能判断哪一种更加准确。使用多少数据没有唯一的正确答案。我们可以去问专家，专家很可能说"视情况而定"，而且越是专家越有可能这么说。

其次，我还必须选择一个统计模型。我有大量的选择，每一种模型都有其优缺点。有的模型相对准确，但需要大量数据；有的模型只需要很少数据，但只能得到不那么准确的度量结果。有的模型需要强大的计算机和训练有素的专家，有的模型只需稍加培训就可以在电子表格里完成计算。有的模型关注极端结果，有的模型更加关心逐日波动。因此，我们应该如何选择模型？如果你问专家，那他们只会建议自己所偏好的方法，实际上对我们并不是很有帮助。

当我们要度量风险时，必须同时考虑目标、风险概念，以及统计方法。这就意味着不同的终端用户应该以不同的方式度量风险，即使他们拥有相同的投资标的和技术技能。在前文的例子中，保罗的风险与玛丽无关，反之亦然。目前有许多不同的风险计量仪。只要懂得编程和统计，要创造出新的风险计量仪并非难事，因此，学术界和咨询机构中充满了创造风险计量仪的人，对于相同的资产，不同的风险计量仪会产生不同的风险度量结果。这或许是获得统计、物理、计算机或经济学博士学位的一条捷径。这些博士往往会在金融业就职，为政府机构和银行创造风险计量仪。

欧洲央行的风险仪表盘

> 对正确问题的近似回答通常是模糊的,但远胜于对错误问题的确切回答,虽然后者总是可以变得很精确。——约翰·图基(1962)

要想看实际工作中的风险计量仪,几乎没有比欧洲央行的风险仪表盘更好的地方了。风险仪表盘上充满了有趣的数字(见图5-2)。2016年6月英国脱欧公投的第二天,风险仪表盘显示系统性风险指数(指数范围为0~1)为0.321 853。这一数字比一周前的0.185 922高出不少,更不用说2016年初的0.058 941,当时似乎处于特别安全的状态。历史最低点是2013年9月27日的0.021 06。幸运的是,脱欧的系统性风险并不像2008年12月那么糟糕,2008年12月的指数达到了0.838846,比当年9月雷曼兄弟倒闭时还要高,雷曼倒闭时的指数为0.554 620。这些数字看上去非常精确。六位有效数字告诉我们:0.321 853比0.3准确得多,表明欧洲央行拥有相当精确的计量技术。但是,这种精确性具有现实意义吗?正如沃伦·巴菲特曾说的:"我们不喜欢那些必须精确到小数点后三位的事。如果某人的体重在300~350磅[①],我不需要精确值就知道他很胖。"

读数0.321 853并不比0.3准确,额外的精确度只是起到了误导作用。尽管风险仪表盘表面上很精确,但它存在一个奇怪的遗漏,即它没有在任何地方告诉我们这些数字的含义。假设这些数字是定序数据,那么0.321 853比0.021 06差,但优于0.838 846,但差多少呢?是差很多还是差不多?换言之,它遗漏了统计上的显著性分析。

[①] 1磅≈0.454千克。——编者注

当我在大学里上第一门统计学课程时，教授就向我们强调了显著性检验的重要性。要创设置信区间。如果系统性风险仪表盘上数据的标准差是 0.1，则英国脱欧公投当天的系统性风险指数 0.321 853 相比一周前的 0.185 922，在统计学意义上的变化并不显著。如果标准差是 0.3，则脱欧的系统性风险即使与 2008 年 12 月的高点 0.838 846 相比，在统计学意义上也没有显著差异。如果标准差是 0.5，则历史高点和历史低点在统计学上都没有显著差异。如果我们可以要求本科生设置置信区间，那么要求欧洲央行这么做过分吗？若不创设置信区间，我们该怎么理解这个风险仪表盘的读数呢？如果风险仪表盘可以发出警报，指明风险正在累积，危机可能即将来临，或许我可以原谅这一切，但是风险仪表盘做不到这一点。

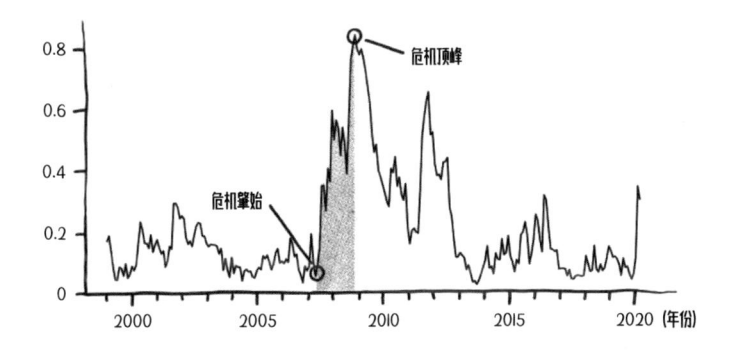

图5-2 欧洲央行系统性压力综合指标（CISS）系统性风险指数

资料来源：图片由卢卡斯·比肖夫/IllustrationX 绘制。

2007 年 6 月 22 日，风险仪表盘显示系统性风险非常低，指数为 0.042 938。然而就在这个月，危机已经在酝酿，量化基金遭遇困难，北岩银行在销售住房抵押贷款的证券化产品时也开始遇到麻烦。事实上，在 2007 年之前的 5 年间，测量出的系统性风险都处于非常低的水平。指数发出的信号是：一切都很好，可以承担更多的风险。正是在这一时期，所有错误的决策导致危机正在酝酿。

2008年12月，风险仪表盘显示了最高读数，但此时最糟糕的阶段已经过去：危机在同年9月末和10月初达到了顶峰。想象一下，你正在观察大坝决堤。风险最高点是在什么时候？决堤之前还是之后？当然是之前，因为水坝不会二次决堤。2008年12月的风险指数最高点也是如此，风险仪表盘告诉我们，在危机已经减弱的时点出现了风险的历史高点。这样的风险计量值容易使人误解。

欧洲央行只需订阅《金融时报》或其所在地的报纸例如《德国商报》，就可以省去很多麻烦。因为新闻媒体和风险仪表盘一样，都会对市场价格做出反应，都会在同一时间告诉我们危机正在发生。订报可便宜多了，欧洲央行也可以为其系统性风险分析团队重新分配工作任务，去做一些更富有成效的工作。

第一台风险计量仪

首台风险计量仪诞生于1994年，投资银行摩根大通在那一年向全世界发布了VaR及其统计计量技术。风险计量仪包含概念和方法两个要素。摩根大通是风险计量仪的首创者。摩根大通之所以能首创VaR，是因为时任董事长丹尼斯·韦瑟斯通要求银行的"宽客"（Quant，金融术语，是指处理金融数据的统计学家——量化方法的专家）用一个数字反映接下来24小时内银行可能遭受的损失。这一数字应在每天下午四点一刻，即摩根大通在纽约举行的司库会议之前准备好，因此它也被戏称为"四点一刻报告"。

VaR有望改善传统的风险度量指标：波动率。波动率回答了股票预期收益的波动幅度问题。但是，当我们遭遇大额损失时，最小单日损失是多少？正是基于这一疑问，宽客们创造了 VaR。为说明 VaR 的实际操作，假设苹果公司股价为 200 美元，持股数量是 50 股，则投资组合价值为 1 万美元。99% 置信水平下的日 VaR 值也许为 200 美元，即 100 天中有 1 天我可能遭受 200 美元或以上的损失，在剩下的 99 天中，我可能盈利或损失的金额都小于 200 美元。这里的 99% 并无神奇之处，只是最常用的概率，也是金融监管规定的概率。

VaR 背后的思想可以追溯到 20 世纪 20 年代，摩根大通做出了两大贡献。一是将 VaR 和一套预测 VaR 的统计工具进行关联，从而使 VaR 值可以自由获得。二是将过去只有一小部分银行人士才真正理解的 VaR，即机构专有且内部使用的 VaR，公布给了全世界。从那以后，一大批研究人士不仅热情拥抱 VaR 这个风险计量仪，还创造出了许多新品种。摩根大通作为一家银行，为什么会做这样的事呢？它当然不是无私的知识创造者。VaR 的发明者之一雅克·朗格斯泰曾表示，原因在于监管，"所有银行都会与监管者沟通，希望监管机构允许它们使用内部模型以降低资本要求"。[1] 因此，摩根大通公开了 VaR，并借助 VaR 降低资本比率，提高盈利。

VaR 取得了成功，几乎立即被金融监管采用，1996 年在问世两年后即被纳入了《巴塞尔协议Ⅰ》。但 VaR 的概念也遭到了大量批评，甚至有人公开直率地表达憎恶。帕布罗·特里亚纳的专著《致命数字》抨击了 VaR 的各种邪恶之处。VaR 几乎没有真正的辩护者（尽管有些人是坚定的辩护者），但人们普遍认为，如果没有 VaR，情况会更加艰难，因为其他方法更糟糕。通常，VaR 的有效性取决于使用场景：在某些情况下 VaR 非常有用，而在其他情况下 VaR 则一无是处，它有时甚至是一种危险的方法。朗格斯泰开始后悔自己的发明，他告诉丹尼斯·韦瑟斯通，"（您）要求一个数字，但我们创造了一个怪物"。[2]

第五章　风险计量仪的迷思　099

巨龙撕咬——肥尾

风险计量仪的设计者会遇到两大挑战：肥尾和风险波动。2017年夏末，飓风哈维给得克萨斯州休斯敦带来了洪灾，气象学家告诉我们，这是500年一遇的洪水。人们或许会认为这是一种极端且罕见的飓风后果，但事实上它已经是休斯敦连续第三次遭遇500年一遇的洪灾了。气象学家严重低估了休斯敦的洪灾风险，因为他们用过去一个世纪的降雨量观测值来预测未来500年可能发生的情况。由于数据的缺乏，气象学家能得到的只是一个有依据的猜测而已。

风险度量的最大难点在于如何处理小概率高损失事件。由于这些重大损失并不经常发生，我们很难利用历史观测值来预测未来可能发生的损失类型：肥尾问题。用美联储前主席艾伦·格林斯潘的话来说："众所周知，整个风险演化过程中最大的问题就是肥尾问题，这确实造成了很大的概念上的困难。因为我们都知道，正态性假设使我们能够摆脱方程式中的大量复杂问题……因为一旦你开始加入非正态假设，这些问题就变得极其困难。"[3]

此时，定义"尾部风险"就变得十分有用。我们描述统计结果的最常见方式是钟形曲线，通常称之为正态分布或高斯分布，因约翰·卡尔·弗里德里希·高斯在18世纪晚期发现该曲线而得名。钟形曲线的尾部位于曲线的最左侧和最右侧，远离中间部分。尾部代表出现很大正结果（右尾）和很大负结果（左尾）的可能性。如果出现很大正（负）结果的概率高于钟形正态分布下的出现概率，我们则称之为肥尾。这就意味着，如果我同时画出正态分布曲线和肥尾分布曲线，肥尾分布曲线的左右两侧都将在正态分布曲线之上，中间部分将低于正态分布曲线，如图5-3所示。肥尾就是有"龙出没"的未知领域。

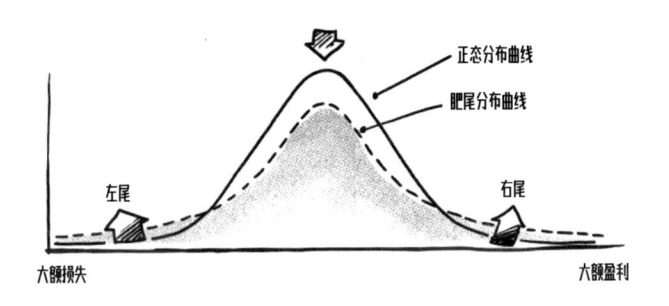

图5-3 肥尾和大额损失

资料来源：图片由卢卡斯·比肖夫/IllustrationX 绘制。

我有标普 500 指数自 1928 年以来的日观测值数据。要将这些日观测值数据转化为风险度量，最直接明了的方法是什么？如果你问刚刚上过大学统计学课程的人，他们也许会说，"简单。计算标准差，假设数据服从钟形正态分布，看，我们可以计算出任何可能结果的概率"。

股票市场收益的标准差还有另外一个名字：波动率。我使用 R 语言计算出了标普 500 指数的日波动率为 1.1%。在得到波动率后，我可以计算 500 年一遇的损失，就像气象学家计算得克萨斯州休斯敦的洪灾一样。假设我投资 1 000 美元于标普 500 指数。如果我使用基于正态分布的分析方法进行预测，则每年最糟糕的一天一般会损失 26 美元，88 年的样本区间中最糟糕的一天将损失 39 美元，1 000 年中最差的一天将损失 45 美元。结果似乎还不错，然而实际情况并非如此。如果我直接观察 88 年间的标普 500 指数日收益历史数据，计算平均年内最大日损失，则结果是 47 美元，而不是 26 美元。选择的时段越长，预测值与实际值的差距就越大。过去 88 年中最差的一天为 1987 年 10 月 19 日，实际损失是 229 美元，而不是根据正态分布计算出的 39 美元。如果用波动率和正态性来度量风险，则结果会达

第五章　风险计量仪的迷思　101

到让我放松甚至自满的状态——"恶龙"必已将我吞没。图 5-4 对此进行了总结，展示了正态分布下预测的损失、实际损失，以及极值理论预测的损失。

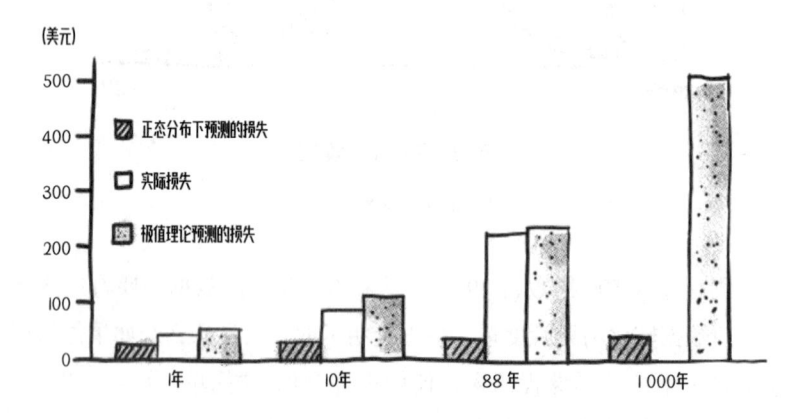

图5-4　每1年、10年、88年和1 000年的预测最大损失

资料来源：图片由卢卡斯·比肖夫/IllustrationX 绘制。

当且仅当收益服从正态分布时，波动率才能准确度量风险。但由于收益并不具有正态性，因此波动率对风险的度量是不充分且具误导性的。[4] 通常，这一点并不那么重要，因为在多数情况下，我们只需要简单的波动率，此时我们关注的是逐日走势而不是"恶龙"，就像我在前文中所举的保罗的例子。然而，如果我们关心"恶龙"，那么请注意："恶龙"只在压力情景下咬人。下次当你听说有人使用波动率或标准差度量风险，尤其是极端风险，请记住"恶龙"的存在。

如果波动率和正态分布都不够充分，那么我们该怎么办？有多种策略，但都不容易。妥善处理肥尾问题需要训练有素的研究人员、海量数据、高速计算机，以及充足的时间。同时，对冲尾部风险的成本更高，也更难解释。因此，这关乎时间、资源、沟通和预期。向非专业人士准确解释波动率已经够困难了,然而,正如这些文字可能会让你感觉到的那样,大多数关于肥尾问题的讨论往往都是决策者所无法理解的。尽管如此,我们并非毫无办法,还有两条路径可以选择。路径一是基于对风险本质的深刻理解,包括风险存在的领域,金融体系内从业者互动的方式,以及人们制造风险的方式。

如果路径一过于复杂,我们还可以选择路径二——纯统计的路线。在这方面,我们可以效仿荷兰人,因为他们在预测致命风险——洪水风险——方面全球领先。荷兰26%的陆地面积和21%的人口在海平面以下,每隔一段时间,海平面的上升就足以淹没所有海平面以下的地区。上一次发生这样的情形是在1953年,当时荷兰有1 863人溺水身亡。因此,荷兰政府建造了一座高海堤,即三角洲工程。2021年,我去参观了三角洲工程。它是一个令人印象深刻的结构,如果你有机会去荷兰,我建议你买票去看看三角洲工程以及荷兰洪水博物馆。

问题在于,尽管可以建造一堵足够高的墙来抵御所有洪水,但代价实在太过高昂。因此,当时的荷兰政府决定,墙高要能抵御万年一遇的洪水,这是荷兰可以接受的。于是荷兰的统计学家和工程师开始研究并确定三角洲工程的高度,以满足抵御万年一遇的洪灾的要求。荷兰人因此成了尾部风险领域的全球领导者。他们所使用的数学方法被称为极值理论,根据其提出的基础数学方程被称为幂律或者帕累托分析,因为是意大利经济学家维尔弗雷多·帕累托在19世纪提出了这一分析法。

我曾在荷兰伊拉斯姆斯大学与我的好朋友卡斯珀·德·弗里斯一起工作了很长时间,他是首位将极值理论应用于金融的研究者。[5]假设我们使用我们开发的方法来预测标普500指数的损失。正如前文标普500指数风险图所示,我们的预测结果会更接近于历史上观察到的实际值，同时对千年一遇的损失预测无疑比正态分布下的预测更加现实。

即使使用所有极值理论知识，荷兰专家所能捕捉的也只是对风险的不完美度量。专家在决定三角洲工程高度的过程中，使用的是海平面的历史观测值。当然，作为荷兰人，他们可以追溯到近千年以前的观测数据。但不幸的是，世界已经改变，考虑到之后的变化，甚至1953年的数据都不再准确。气象学家在预测休斯敦降雨量时也遇到了同样的问题。只有在世界变化不大的情况下，统计分析才可能是可靠的。

风险波动和自回归条件异方差（ARCH）的世界

ARCH模型及同类模型是好天气下的风险计量仪。

如果我们研究金融回报的长期历史，就可以清楚地看到波动率有时很低，有时很高。在88年间的标普500指数日回报率样本中，最低的年波动率4.8%发生在1964年，同时20世纪60年代是波动率最低的10年。2006年的波动率9.5%也相对较低，但到了2008年就翻了两番，出现了只有在大萧条时期才有的波动幅度。历史表明，我们是在低波动期和高波动期之间交替。专业人士称之为波动率聚类，可参见图5-5中的例子。

在1982年之前，人们得到波动率的唯一方法就是计算金融回报的标准差。此类分析忽视了波动率聚类，因此，我们需要的是一种能捕捉这些波动率变动的方法，罗伯特·恩格尔在伦敦政治经济学院访学时发明了该方法。1982年，他发表了题为"自回归条件异方差与英国通胀方差估计"的论文。标题的前三个单词的缩写即为ARCH。

ARCH 模型是风险计量领域的革命性进步，2003 年，恩格尔因发明 ARCH 模型而当之无愧地获得了诺贝尔经济学奖。他的核心洞见就是为历史观测值分配权重。假设我们有三天的数据，为了计算波动率，将今天的权重设为 50%，昨天的权重设为 30%，前天的权重设为 20%。通过设置权重，ARCH 模型实现了"一石二鸟"。模型既捕捉到了波动率聚类，又在其数学公式中考虑了肥尾回报。这至少是建模时的初衷。

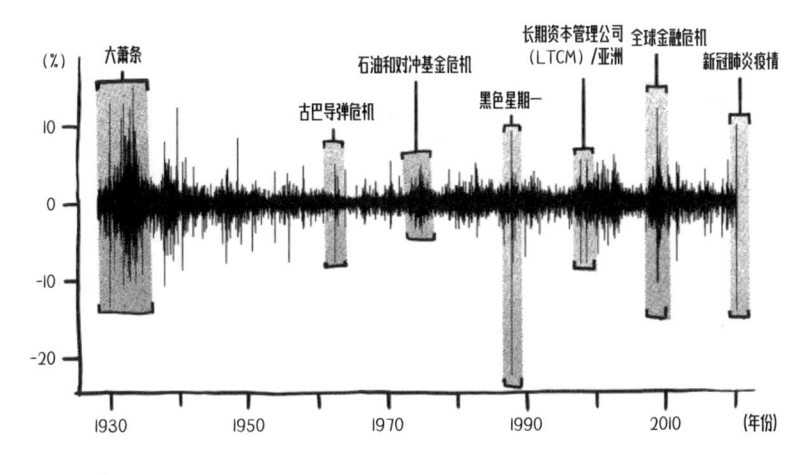

图5-5　波动率聚类

资料来源：图片由卢卡斯·比肖夫/IllustrationX 绘制。

ARCH 系列模型的有效性如何？当然不错。相比于简单地以回报的标准差作为波动率，ARCH 模型当然更符合历史真实数据。就许多应用场景而言，这就是人们所需要的对明天的预期波动率类型做出合乎逻辑的好预测。但对于肥尾或系统性风险，我们必须寻找其他方向。因为 ARCH 系列模型只是好天气下的风险计量仪。

历史的误用

风险计量仪的目的不是完美地解释历史。相反，它的目的在于寻找当下未知的未来错误。

创造风险计量仪所需的最后一个要素是数据，能够刻画这个无限复杂的金融体系的数据。在完美的世界中，我们会拥有市场参与者如何看待世界的详细的观测值数据：他们所有的信息、模型和分析；哪些资产类别受欢迎并有资金进入，哪些资产类别受冷落并正在出清；哪些银行家正在崛起，哪些正在出局；监管环境如何，未来预期将怎样演化。此类数据会让我们很好地理解当下正在发生什么，帮助我们对未来的可能场景做出可靠的猜测。但是，我们并不拥有这些数据。

在大多数情况下，我们有结果、价格，以及由这些信息凝练而成的风险计量值。很多信息在这一过程中不可避免地遗漏了，问题是遗漏了什么。这取决于风险计量仪计划考虑并反映的内容。所有的风险计量仪都使用历史数据预测未来的风险类型。这些历史数据的信息量有多大？股市回报的历史数据既捕捉市场对新闻的反应，也反映市场对新闻如何演化的预期。它们是对任何给定时点下市场所发生情况的一个很好的快照。这样的数据所遗漏的是深层脆弱性。让我们再次以欧洲央行的系统性风险仪表盘为例。2004 年的平均系统性风险指数为 0.066 776 40，这是该风险仪表盘历年数据的最低点。这里遗漏的信息恰恰具有启示作用。我们现在知道（得益于后见之明），当时危机即将来临。关键的隐性脆弱性包括：由次级住房抵押按揭贷款和其他高风险资产组成的结构化信贷产品、不为人知的过度风险，以及只有在压力情景下才冲击市场的隐藏的流动性风险。相关信息就在某处，但信息不同于知识。如果没有人将这些点连接起来，信息就是无关信息。每家金融机构只能看到自己的敞口，不知道其他机构的敞口，没有人想过要把这些数字加总。信息就在某处，但若试图实时分析金融体系产生的所有数据，就会像从消防水带里喝水一样让人招架不住。我们必须做出挑选。2007年，几乎没有人选择次级和结构化信贷来研究系统性风险。现在，我们很容易提出疑问："你们怎么会错过次级和结构化信贷？它就在你的眼前。"但在当时，情况并非那么简单。最终，大多数风险计量仪只使用交易价格和数量，没有使用其他相关信息。并非因为有人故意试图模糊是非。这就是我们在技术上所能做的一切。

创造风险计量仪的根本挑战在于，风险源于未来，但我们只知道过去。这会产生一些特定的问题，尤其是统计学中所谓的数据探测问题。这一问题之所以会产生，是因为我们在将风险计量仪用于重要决策之前，想知道风险计量仪的有效性。理想的做法是将其用于实践，在运行几年后再进行判断。但是，我们没有耐心这么做，通常的替代做法是返回检验，即将风险计量仪用于度量历史风险进而判断其有效性。

假设我使用标普500指数中截至1999年末的所有观测值数据作为样本，用某种风险计量仪来预测新千年首日的风险。由此得到一个预测值，我可以将其与新千年首日的市场实际结果做比较。然后，我向后移动一天，使用截至2000年1月1日的所有信息，来预测2000年1月2日的风险。我可以重复上述操作直至预测今天的风险，这样，我将获得几千个预测值，并可以据此判断所用的风险计量仪的有效性。这就是返回检验，也是目前实践中的常规做法。

这看上去是评估风险计量仪有效性的妙招，但存在一个问题。我已知自2000年至今所发生的一切——21世纪前10年的中期风险较低，2008年发生了大危机，还有发生的其他一切事件。于是人们忍不住想用风险计量仪尽可能多地解释过去发生的事情——尤其是想办法预测2008年的危机。

我读研究生时上过一门关于苏联经济学的课程，教授讲过一个有关苏联的笑话：苏联最好的历史学家都是预测历史的专家，因为苏联政府政策是否合理必须参考历史。于是，历史学家要生存下去，历史就必须是"正确"的。如果我试过足够多的风险计量仪，我一定能很好地解释历史，也会事先预测出2008年危机。许多研究正是这么做的。但是，所有这些工作都是无用的，因为存在统计学上的"伪相关"，即变量之间看上去相互关联，但事实上并没有因果关系。有许多伪相关的例子，比如美国缅因州的离婚率和人造黄油消费量的相关性为99.3%。[6] 当我将此事告诉某人时，他回答说，"我已经不吃人造黄油了，这真是件好事啊"，这里他陷入了两个谬误：一是伪相关，二是认为对大众的观察结果适用于个体。

如何解释缅因州的离婚率与人造黄油消费量之间呈99.3%的相关性呢？如果我对已有的数十万个时间序列经济数据进行两两之间的相关性分析，我会发现一些高度相关的数据组，但纯属偶然。一些数据对之间的相关性也许看上去比人造黄油消费量和离婚率之间的伪相关要合理得多，不细心或不道德的分析师会因此得出错误的结论。正如门肯所言，"任何复杂的问题都有一个清晰、简单且错误的答案"。就风险计量仪而言，如果仅尝试唯一一种计量仪，我将得到风险度量结果的正确的置信区间。然而，如果我通过尝试各种解释变量和模型设定而选择了这一种相同的风险计量仪，那么这些置信区间将不再准确。所有预测历史能力不佳的风险计量仪都会遭到改动，留下的都是能完美解释历史的风险计量仪，就像苏联历史学家一样。问题是，这些风险计量仪在预测未来方面往往表现不佳。相比用99.3%来预测人造黄油消费量和缅因州的离婚率之间的未来相关性，这些风险计量仪的准确性也没有高出多少。

为什么风险难以度量

所有模型都是错误的，但有些是有用的。——乔治·博克斯

若干年前，当我在读《巴塞尔协议Ⅲ》中关于后危机时代全球金融监管的提议时，我问自己：这些提议的效果如何？一些重要规则所依据的风险计量仪的准确性如何？奇怪的是，在这一领域我几乎找不到公开的研究，据我所知，数千页的《巴塞尔协议Ⅲ》中没有讨论过其要求的风险度量方法的准确性。对风险计量仪的各个技术领域有很多研究，例如"在特定情形下 A 方法比 B 方法更有效吗"这样的研究是有用的，但它没有回答更基本的问题，即我们赖以维持金融安全的风险计量仪的准确性如何。

最初我写了一篇博客文章讨论这一问题，之后，我和正在荷兰工作的合作者周晨共同完成了论文《为什么风险如此难以度量》，[7]对目前实践中最常用的风险计量仪的有效性进行了研究。我们选取了20 世纪 70 年代初以来美国公开交易的所有股票的每日股价，度量风险并判断所测得的风险在 99% 的置信区间下的准确性，即在 99% 的时段内风险计量值所处的数值区间。我们使用了蒙特卡洛方法，根据我们对真实世界如何运行的假设在计算机世界中模拟出随机结果，然后对这些模拟结果的风险进行度量。这一方法的好处是，因为我们创造了世界，所以我们知道风险是什么，以及风险计量仪所提供的估计值有多准确。

我们发现，使用的观测值的数量对风险预测的准确性至关重要。这一发现并不意外，真正令人惊讶的是需要多少观测值。要得到合理准确的风险测量值，我们需要成千上万个日观测数据。试想一下，每10年约有2 500个金融市场交易日，我们需要好几个10年的数据。如果我们使用4年的数据，VaR预测值在74~151美元，而实际值为100美元。目前，使用4年的数据已经属于大样本了，我们在实际中所使用的数据量通常要小得多。300个交易日或15个月的数据更加常见，此时VaR值在61~246美元。

在实践中，这意味着两家银行持有相同资产，但却可能形成两个截然不同的关于风险的结论。一家银行的VaR预测值可能是61美元，另一家为246美元。预测61美元的银行会认为一切都很好，并大幅增加其承担的风险。另一家银行面对246美元的VaR预测值，只能降低风险。这是完全不同的两个结果，但因为两家银行毕竟持有相同资产，所以其风险其实是相同的。唯一的不同是它们使用了不同的风险计量仪。于是，预测值高的银行或许会希望转而使用低预测值的风险计量仪，甚至会与监管者就此展开磋商。这就导致了"竞次"的结果，所有银行都争取使用相同的风险计量仪。然而，这并不能保证今天得到最低预测值的风险计量仪明天亦然，它明天或许会得出一个最高预测值。打赌式地选择风险计量仪从长期来看可能并无益处，原因在于模型风险。

2020年2月新冠肺炎疫情危机乍现，很快就出现了解释新冠病毒传播的研究。研究者创建了许多模型，尽管新冠是一种病毒，但建模者并不限于流行病学家，许多计算机科学家、物理学家、医生、统计学家、经济学家、金融学者都建立了自己的预测模型。最初，这些模型的相互抵触非常严重，决策者经常会选择那些最能解释他们最初的行动方案的模型。随着时间的推移，信息越来越多，各种模型结果开始趋同。

新冠病毒模型的不准确程度，专业术语为"模型风险"，即依赖模型做出错误决定的风险。模型风险与所处理问题的复杂程度成反比。新冠肺炎疫情危机初期迫切需要模型，因为没有人知道如何对抗风险。许多早期模型最初的预测结果质量非常低，因而创建者遭到了不公平的批评。的确，这些模型最后被证明都是错误的，但有糟糕的预测总比没有预测强。当模型变得相当准确时，我们却不需要模型了。情况总是这样。当建模对象与人们已经足够了解的事情非常相像时，模型风险是很低的，例如飞机。用计算机模拟飞机飞行很容易，因为人们已经非常了解其所适用的所有物理定律，只是细节有所差异。对于新冠肺炎这样的新型疾病，模型风险必然非常高。

这同样适用于风险计量仪所依赖的金融模型。当市场上没有大事发生时，我们非常擅长计量高流动性股票的逐日风险，因为我们有大量的数据用来训练模型，即使模型失败也会很快得到反馈。此时模型风险很低。度量尾部风险要困难得多，可用的各种方法都有较高的模型风险。最近我在一篇题为"风险模型的模型风险"的论文里，研究了 1970—2012 年美国所有金融公司股票的风险模型的模型风险。我选择了六种最常用的风险计量统计模型并评估其模型风险，模型风险的定义为这些模型结果相互偏离的程度。研究结果非常惊人。当金融市场较为平静时模型风险最低，如 2007 年危机前的几年、20 世纪 90 年代中期和 70 年代后期。在危机时期模型风险最高，如 2008 年。换言之，风险计量仪有个令人讨厌的趋势，在一切都好的时候测量结果可靠，但在最需要它的时候却测量得非常不准确。正如欧洲央行的系统性风险仪表盘，2006 年几乎所有在用的风险计量仪都告诉我们风险处于历史低位。各种风险计量仪结果一致，模型风险很低。不幸的是，它们所达成的是错误的一致。

⋯

　　风险计量仪被用于各种关键决策：银行监管、养老基金投资控制、保险公司准备金管理，以及金融机构的日常投资决策。目前投资管理中日益普遍的机器人顾问，也是建立在风险计量仪的基础之上的。如果没有风险计量仪，我们今天所知的金融体系就无法运作。那些理解风险计量仪及其优缺点的人知道何时使用它们最为有效：在稳定的金融市场下，对投资组合进行短期比较或许最为有效。

　　不幸的是，大多数人将风险计量仪生成的数字几乎当作金科玉律，没有对它们提出怀疑。风险计量仪经常被不恰当地用于对长期投资的尾部风险做出决策，正是长期投资的尾部风险最有可能对银行、养老基金、保险公司、个人储户、投资者，甚至整个金融体系产生负面影响。风险计量仪在预测这些风险时——当"恶龙"吞噬我们之时最没有用。

第六章

想法很重要：风险和不确定性

稳定即不稳定。

——海曼·明斯基

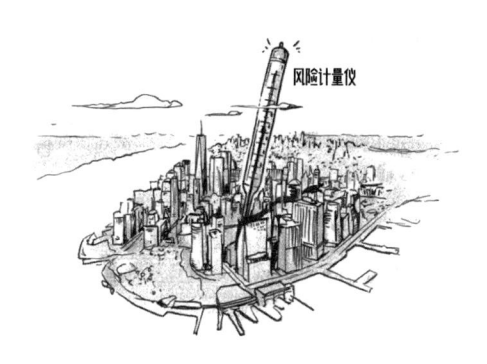

图G 1

资料来源：图片由卢卡斯·比肖夫/IllustrationX 绘制。

不确定性不是风险，这一重要区分是由 20 世纪早期的三位经济学家提出的：美国的弗兰克·奈特、英国的约翰·梅纳德·凯恩斯和奥地利的弗里德里希·奥古斯特·冯·哈耶克。这是经济学领域方法论最重要的突破之一。三位经济学家不赞同当时公认的经济理论——19世纪的古典经济学。古典经济学认为经济遵循牛顿式的自然法则，经济规律可以用精确的数学方程来描述，这些方程涵盖了所有可能的结果，通过简单的计量就可以得到这些结果。经典的价格理论就是个例子，该理论认为价格完全由产出、技术和工资水平决定。

19世纪古典经济学思想的一个关键隐含假设是遍历性，这是一个关于稳定性的数学概念。遍历性是自然科学中的一个关键假设，它是指通过重复实验或长期观察相同的现象，我们可以了解自然规律。我们所需要的是足够的观察。这三位经济学家否定了经济遍历性的假设，认为这种假设过于简单，显然是错误的。第一次世界大战带来了对19世纪社会价值观和假设的大规模修正，对遍历性假设的否定也是其中的一部分。

芝加哥大学的弗兰克·奈特首先提出，风险的概念与不确定性具有本质区别。风险是可以被量化的，可以用数学和统计模型来描述，因此可以转化为具体的数字。如果经济世界是遍历的，那么用风险来描述它是正确的。只要某些事情有风险，人们就可以做出自信的声明：英格兰足球队赢得下一届世界杯的概率为1%，希腊在未来3年内需要再次被救助的概率为25%，我们在未来6个月内通过投资亚马逊赚钱的概率为48%……我们能够做出如此准确声明的唯一情景是，统计和数学模型能够全面描述世界，并且每个经济观察者都以同样的方式看待风险。没有主观判断的余地。如果概率无法被量化，那我们只能说，希腊可能需要救助。对希腊的救助属于不确定性范畴，而非风险范畴。

不确定性捕捉了无法用数学充分描述的结果。在做决策时，不确定性意味着仅观察我们周围的世界，并用统计技术处理这些观察结果是不够的，有些东西被遗漏了。我们需要认识到，每个人都是独特的，各自的信息、目标和能力不同，因此对经济的看法和理解也各不相同。如果意识不到这一点，那么我们最终只会依据我们认为世界是（或应该是）什么样子来做决策，而非依据世界实际的样子。驱动经济活动的是不确定性，而不是风险。投资活动和投资损益之所以发生，是因为我们不能完全预测事件是如何发生的。每个人对未来都有不同的预期，这些预期导致了不确定性，而不确定性推动了经济活动。

就在奈特发表了他关于风险和不确定性的著作的同一年，约翰·梅纳德·凯恩斯提出了更微妙的观点，他在《就业、利息和货币通论》（1936年，简称《通论》）一书中进一步完善了这一观点："我说的'不确定的'知识……意思不仅是把确切知道的和可能发生的区别开。从这个意义上说，轮盘游戏不属于不确定性……我使用这个词的意义是，欧洲战争的前景是不确定的，或者20年后的铜价和利率是不确定的，或者一项新发明的过时是不确定的……关于这些问题，没有任何形成可计算的概率的科学依据。我们根本不知道！"[1]

凯恩斯的出发点是，人类并不像19世纪古典经济学家认为的那样，天生是理性的，能够完美地预见和预测一切。相反，人们通常遵循动物精神——引导人的行为的本能。凯恩斯对统计分析变得不屑一顾，拒绝接受遍历性，即可以根据过去事件发生的频率来做出决策的观点。相反，他关注的是在给定时点，人们根据自身的认知，对未来事件发生的"信念程度"。

对于这种观点，我最喜欢的表述来自一位通常被认为与凯恩斯相去甚远的经济学家——路德维希·冯·米塞斯，奥地利学派的代表人物。米塞斯在1962年批评了计量经济学——对经济的统计分析方法："作为一种经济分析方法，计量经济学是玩弄数字的幼稚游戏，对解决现实经济问题毫无帮助。"[2] 有趣又讽刺的是，凯恩斯的许多追随者恰恰做着米塞斯和凯恩斯所反对的事情，例如，构建经济学的统计和数学模型，把不确定性等同于风险，就像19世纪的古典经济学家一样。

诺贝尔经济学奖得主乔治·阿克洛夫在其论文《回望当年：过去60年宏观经济的教训》[①]中指出，凯恩斯的门徒故意无视凯恩斯对风险和金融危机的警告，从而推导出宏观经济如何运作的简单数学模型，而这些模型很快就被证明是错误且危险的。

1945年，哈耶克在伦敦政治经济学院担任教授期间，发表了题为"知识在社会中的运用"的文章，他在文中表达了与阿克洛夫类似的观点，同意奈特和凯恩斯的看法，即量化风险是不可能的。然而，哈耶克是从另一个方向推导出这个结论的。凯恩斯认为动物精神激励着人们，哈耶克认为，想要用精确的数学语句来描述世界，在技术上就是不可能的："如果我们拥有所有相关信息，如果我们能够从一个给定的偏好系统出发，如果我们掌握了所有可用方法的全部知识，那么剩下的问题纯粹是逻辑问题……然而，这显然不是社会面临的经济问题。"[3]

哈耶克此文写于二战期间，当时有关经济政策的分歧在于：是信奉中央计划经济和苏联社会主义模式，还是偏好市场经济。那个时代的大多数思想家都主张中央计划经济，他们认为资本主义制度容易发生危机，效率低下，大萧条就是资本主义制度失败的例证，而苏联则因为中央计划经济而躲过了大萧条。当时世界上几乎每个国家都在积极考虑中央计划经济。

哈耶克对此持不同意见。他认为，知识分散在构成社会的每个个

---

① 此文中文版可参见《比较》第106辑，第8—24页。——编者注

体之中，这些信息不可能聚合成完美的知识。农民比其他任何人都更了解自己的土地，知道如何种好作物，并且有直接的经济动机尽可能多地了解土地。任何中央机构都无法获得此类信息，中央机构能得到的只是一些高层次的摘要信息，这就是集体农业行不通的原因。农民做出的决策比农业部更好，中央计划经济是不可能成功的。在哈耶克看来，只要市场不受政府干预，市场价格就能解决不确定性问题，并将基本信息提炼为一个数字：价格。

尽管人们普遍认为凯恩斯和哈耶克有着截然不同的经济哲学——他们的门徒又显著放大了这一区别——但他们对不确定性的看法却很类似。凯恩斯关注的是不确定性如何影响决策，而哈耶克更感兴趣的是理解个体如何将不确定性降至最低并克服不确定性。这些观点是高度互补的。这并不奇怪，两人同时在英国工作，一直保持着朋友关系，而且经常通信。

凯恩斯和哈耶克的分歧在于他们的政策结论。凯恩斯认为，由于市场的动物精神，市场往往会进入一种令人不快的状态，因此政府有必要进行纠正性干预。如果我们不知道如何量化未来投资决策的风险，它们"只能被视为动物精神的结果"。如果动物精神过于悲观，那么政府需要增加信心，减少不确定性，从而增加投资。但哈耶克得出了相反的结论，他坚持认为，尽管个人和组织可能对未来知之甚少，但政府知道得更少。一家公司了解自身所处的市场，因此比政府更了解未来的不确定性。由于政府对经济的了解较少，如果政府进行干预，那么其决策通常会更糟。

因此，如果凯恩斯在今天著书，他很可能会支持宏观审慎监管机构的目标，即制定规则以确保金融体系的稳健和安全。毕竟，他的代表作《通论》出版于1936年，正是在大萧条之后，而大萧条往往被认为是自由市场失灵造成的。然而，我认为凯恩斯不会喜欢如今的监管构想，至少不会喜欢如今基于风险计量的监管，他会以看待19世纪古典经济学的方式来看待它们。同时，我认为哈耶克也不会喜欢如今金融规制的目标和实施。他可能会提出，由于监管机构不知道也不可能知道金融体系中的所有风险，它们所做的只是增加成本，降低效率，增加危机的风险。各国央行正在犯与昔日的中央计划经济者同样的错误。

哈耶克和凯恩斯既是20世纪最有影响力的两位经济学家，也是经济学界最被误解的两位思想家。他们有大批热衷于歪曲他们观点的拥趸。我的朋友汉尼斯·吉苏拉森在他的新书中回忆了1980年他与哈耶克的一次晚餐，当时哈耶克对他说："我们不应该成为哈耶克主义者，因为凯恩斯主义者比凯恩斯糟糕。"

二战后，奈特、凯恩斯和哈耶克关于风险与不确定性的观点基本上被忽视了。三人中，凯恩斯的门徒最具影响力，但他们忽视了凯恩斯在这方面的工作，而更倾向于运用19世纪古典经济学关于风险的观点来构建当时的凯恩斯模型。对于凯恩斯本人强调的不确定性的重要性，他的门徒几乎没有理会。当然，他们并不这么认为——那个时代的大多数经济学家都认为自己是凯恩斯的知识继承者。

摒弃不确定性概念而青睐风险概念的原因有很多。二战后数据收集得到大幅改善，新的统计技术，以及计算机的普及与发展，都让人产生了一种"手到擒来"的感觉。在不断试图控制环境的过程中，我们会不可避免地忽视不确定性。风险和对世界的数学描述对于控制环境至关重要，而不确定性恰恰成了阻碍。人们不想听到不确定性的观点：不确定性不是那么容易衡量和控制的。风险的观点始终胜出。

最佳例证是华西里·列昂惕夫，他在列宁格勒大学接受教育，后来成为哈佛大学教授，并获得了诺贝尔经济学奖。他认为经济学的目标是收集事实和数字，然后用数学模型描述它们之间的关系。最终，他提出了投入产出模型，将整个经济简化为一组方程。一个部门的产出要么成为其他部门的投入，要么成为最终消费。列昂惕夫的模型在20世纪中期非常有影响力，是一些国家至今仍在实行的中央计划经济的基础之一。

二战期间，投入产出模型对美军统计控制小组的线性规划法的发展产生了重大影响。在组织柏林空运的过程中，这种方法得到了成功的实践。给定柏林可用跑道的数量和当时的天气等限制条件，军队将最大数量的货物空运到柏林。一个小组方程式就可以描述问题，起作用的是风险，而不是不确定性。

美军线性规划团队的成员之一罗伯特·麦克纳马拉在20世纪60年代成为美国国防部长，并因在指挥越南战争中运用列昂惕夫的理念而闻名。[4]他的管理理念的基础是测量一切可测量的对象，其中最著名的是尸体袋，然后使用这些测量来控制结果。无法测量的对象无关紧要。社会学家丹尼尔·扬克洛维奇巧妙地证明了这种方法存在的问题，他称之为麦克纳马拉谬论："第一步，测量任何容易测量的对象。这一步没有什么问题。第二步，忽略不容易测量的对象，或者赋予其任意的定量值。这是人为的且具有误导性。第三步，假定不容易测量的对象真的不重要。这一步是盲目的。第四步，宣称但凡不容易测量的对象，其实都不存在。这一步是自杀性的。"[5]平心而论，麦克纳马拉只是试图把复杂的问题结构化，在约翰逊政府的所有政治斗争中均将量化方法作为工具。他不是第一个这样使用统计学的人，也不是最后一个。这种情况在新冠肺炎疫情危机中相当普遍。

麦克纳马拉的继任者之一唐纳德·拉姆斯菲尔德在2002年表达了其对风险和不确定性的更好理解。虽然他的表述在当时备受嘲讽，但现在已被视为是关于不确定时期如何做出决策的精彩观点："那些说某些事情没有发生的报道总是让我很感兴趣，因为正如我们所知，有些事情是已知的已知，我们知道自己知道。我们也知道还有已知的未知，也就是说，我们知道有些事情我们不知道。但也有未知的未知——那些我们不知道自己不知道的事情。纵观美国和其他自由国家的历史，后一类往往是困难的。"[6]

列昂惕夫投入产出模型的问题与19世纪古典经济学、麦克纳马拉的作战理念、现代金融监管和风险计量的问题如出一辙——以简单、漫画般的方式来描述无限复杂的世界。这些模型假设所有相关因素都可以归结为简单的数学方程，没有给不确定性、复杂性或技术进步留下任何空间。也许最重要的是，它们都依赖于精确的计量。

当我在研究生期间学习定量方法时，詹姆斯·亨德森讲述了他在国际货币基金组织工作时对拉丁美洲问题的研究。国际货币基金组织鼓励拉丁美洲国家建立关于本国经济的投入产出模型。这一提议运行得相当不错，但亨德森注意到，根据投入产出模型，拉丁美洲经济体不仅彼此间非常相似，而且与美国经济也相当类似。这一发现令人惊讶，因为拉丁美洲国家比美国穷得多，产业结构也截然不同。亨德森对此进行调查后发现，拉丁美洲国家收集的统计数据不如美国的统计数据详细，对于缺失的数据，它们就使用美国的数据。

计量的质量取决于计量者的品质。正如20世纪初英国著名统计学家乔赛亚·斯坦普指出的，普遍的问题是："政府非常热衷于收集数据。它们收集数据，相加，乘到若干次方，取立方根，然后绘制出精美的图表。但是你千万不要忘记，这每一个数据最初都源于乡村统计调查员，而他们只是按照自己的喜好随便记录。"[7]

主观概率

乔治·伦诺克斯·沙曼·沙克尔推动了凯恩斯和哈耶克关于风险

和不确定性的研究。20世纪30年代，沙克尔在伦敦政治经济学院攻读博士学位，哈耶克是他的导师。然而，在凯恩斯的《通论》出版之后，沙克尔抛弃了哈耶克，以凯恩斯的思想为主题完成了博士论文。但哈耶克并未将此事放在心上，他们仍然是朋友。沙克尔是一位被低估的伟大经济学家。我不记得我读研究生的时候哪里提及过他，直到我在伦敦政治经济学院的同事查尔斯·古德哈特提及沙克尔，我才开始阅读他的作品。沙克尔认为，计算所有结果的概率分布，从而做出理性的经济决策是不可能的。经济数据不具有遍历性。[8]

然而，与奈特和凯恩斯认为风险和不确定性之间有着鲜明的区别不同，沙克尔认为存在中间地带，即对某种结果的概率可以有一定程度的了解。他称之为主观概率，即对未来某一特定事件发生的信心。主观概率包含了判断错误的概率，这意味着经济变量比如价格可能会偏离预期。主观概率预见了之后出现的心理和行为经济学。许多观察家与沙克尔的主观概率观点不谋而合，如沃伦·巴菲特曾提出推理概率的概念："一项投资的风险不是用贝塔值（华尔街评估波动性的术语，通常用于衡量风险）来衡量的，而是用投资者在其预计持有期间购买力遭受损失的概率——推理概率——来衡量的。资产的价格可以大幅波动，但只要有理由确信这项资产在其持有期内能提升购买力，那就不能说它的风险很大。正如我们将看到的，一项价格不怎么波动的资产却很可能充满风险。"[9]

稳定即不稳定

上述四位经济学家的研究中遗漏了一个重要环节：不确定性是如何产生的，以及影响结果的可能性。海曼·明斯基回答了这一问题。他聚焦于金融危机，认为对风险的认知会影响人们的风险承担行为，从而影响金融危机在遥远的未来发生的可能性。明斯基的理论是在20世纪中期，列昂惕夫投入产出模型等经济理论的背景下发展起来的。明斯基不认可这些理论，认为它们过于简单，忽略了投资决策的过程和企业融资方式。明斯基的投资与危机理论基于对融资方式的三种分类。第一类是对冲性融资，是最安全的。企业借款很少，企业收入现金流可以覆盖债务。第二类是投机性融资，风险较高，企业现金流只能满足利息支出，但不足以归还本金。第三类是最危险的庞氏融资，即现金流不足以偿还本金或利息，因此企业寄希望于标的资产升值以偿还债务。英国当前的房地产购买并出租的趋势是庞氏融资的典型例证：人们购买房产是为了出租，依靠租金和房产升值来偿还抵押贷款。

对冲性融资是最稳定的，但另外两种融资方式对投资者来说更有吸引力。此外，当经济增长时，似乎没有理由要放弃利润而谨慎行事。确实，这样做是很难的。假设一个经济体最初很安全，只使用对冲性融资。这建立了信心，激励人们承担更多风险，使用投机性融资。一开始，一切看起来都很好；经济增长加速，使庞氏融资越来越有吸引力。但随着时间的推移，可行的投资都耗尽了，最终一切戛然而止，危机接踵而至。金融危机之所以发生，是因为我们认为好日子会永远持续下去，没有理由不利用庞氏融资。投资者希望承担更多风险，这通常得益于宽松的监管环境和政府的鼓励。最终，这将导致投机泡沫和危机。[10]

因此，当我们认为风险较低时，危机发生的条件已经成熟。这意味着金融危机即将到来的最佳预测时机是，当专家开始谈论当前的繁荣将永远持续下去的时候，比如20世纪20年代的"永久稳定时代"，以及2007年前20年间的"大缓和"时期。经济学家通常会辩称，经济学规律并不适用，因为"我们国家的经济政策太棒了"，或者"我们变得如此聪明,我们学会了如何预防危机,如何优化投资,如何理性行事,会确保永久稳定和高速增长"。当我们开始看到专家用文化原因来解释繁荣时,就意味着是时候逃跑了。

明斯基在生前并未得到太多的认可,这并不奇怪。他没有从事主流经济学研究,他所属的凯恩斯学派也不认可他,这既是因为他强调不确定性,也是因为他对确定性经济模型的批评。然而,他从未被完全遗忘,2008年全球金融危机之后,他成了名人。专业人士通常称危机为明斯基时刻,因为他的理论很好地解释了危机。2017年10月,时任中国人民银行行长周小川表示,如果在经济繁荣时期过于乐观,也会造成矛盾的积累,到一定时候就会出现所谓的明斯基时刻。与此同时,明斯基的批评者和那些回避他的人早已被遗忘。

根据明斯基的不稳定性假说,观察到低风险时就意味着未来的危机已具备了条件。2014年,时任美联储主席珍妮特·耶伦提出:"市场波动率处于较低水平……低水平的波动率可能会导致更多的冒险行为……这是我和货币政策委员会关注的一个问题。"[11]

低波动率与危机之间的关系仍然是推测性的,没有得到实证检验。这让我感到好奇,于是我与马塞拉·巴伦苏埃拉和伊尔克努尔·泽尔合作,探讨这种关系是否存在,并就此主题撰写了论文《从历史中学习:波动率和金融危机》。我们没有早点开展这一研究有两个原因。

首先,我们需要一个非常长的波动率和危机历史,而必要的数据并不容易获得。为此,我们收集了60个国家211年的月度股市观测数据。

其次,如果用统计模型来检验波动率与危机之间的关系,我们发现这种模型并不存在。然而,这并不意味着两者没有关系,只是关系更加复杂。真正起作用的是波动率与人们的预期之间的差异。为验证这一假设,我们首先需要估计预期波动率,然后在统计模型中使用实际波动率与预期波动率之间的偏差。低波动率是指波动率低于预期,反之，高波动率是指波动率超过预期。研究证明，低波动率在统计学意义上能够解释危机的形成。

我们找到了明确的因果关系。未预期到的低波动率发出了警报解除的信号，人们毫不犹豫地承担更多的风险。因此，人们愿意贷款进行高风险投资。从短期来看，一切都很好。但随着时间的推移，部分甚至多数贷款的质量不及预期。也许这些贷款被用于房地产投资，创造了最终破裂的房价泡沫。贷款违约增加，银行陷入困境，危机接踵而至（见图6-2）。未预期到的低波动率预示着信贷快速增长（银行体系杠杆率不断上升），以及在十年后甚至更远的未来发生危机。也许令人惊讶的是，这种因果关系只适用于未预期到的低波动率。高波动率对危机没有预测能力，而只有相关性。换句话说，高波动率与危机同时发生，不能作为危机的预测指标，只能作为危机的判断指标。

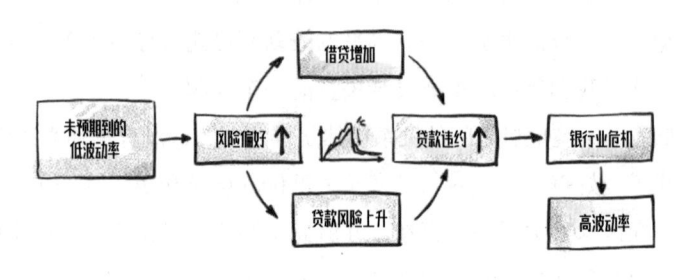

图6-2 波动率和危机

资料来源：图片由卢卡斯·比肖夫/IllustrationX 绘制。

古德哈特定律

在对风险和不确定性的认识的演进过程中，最后一步是分析当政府基于经济指标来调控经济活动时会发生什么。我在伦敦政治经济学院的同事——很荣幸他是我的合著者——查尔斯·古德哈特对此进行了有效的研究。很少有人能像他那样，善于将复杂的政府政策提炼成最基本的要素，并识别哪些政策行之有效，以及解释为什么其他政策注定会失败。

他最著名的古德哈特定律是指，对于任何观察到的统计规律，一旦出于控制目的而对其施加压力，规律往往会崩塌。[12] 这一定律对于监管有着天然的意义。一旦政府试图对某些活动进行监管，它们作为反映经济趋势的指标，将立即变得不可靠。这一观点提出的背景是政府使用货币政策来实现通胀和失业之间的最优权衡。这一切都始于伦敦政治经济学院经济学教授威廉·菲利普斯的一篇论文，该论文暗示失业与通胀之间可能存在长期、稳定的负相关关系。失业率越低，通胀率就越高。随后，多位经济学家建议，中央银行和财政当局——因为当时人们认为财政政策更有效力——可以利用其政策工具在通胀和失业之间做出最优的权衡。

1949 年，菲利普斯结合自己的工程师学习背景，开发了国民收入模拟计算机，利用水力学原理来模拟英国经济的运行。国民收入模拟计算机是一个大型装置，约 2 米高、1.2 米宽、1 米深，由几个透明塑料罐组成，塑料罐通过管道连接。每一个水箱都代表了英国经济的某些方面，而流过管道的彩色水则代表了资金的流动。经济原理决定了水箱之间的水流。计算机操作员通过转动阀门控制储罐之间的流量，设置各种经济参数，如税率和投资率。它的基本原理是通胀和失业之间的负相关性。利用这种关系，如果失业率太高，央行所要做的就是印钞。

机械的国民收入模拟计算机在实际应用中过于笨重，人们很快用当时最新出现的数字计算机来计算其基础数学方程。不出所料，菲利普斯曲线背后的理念对政策制定者相当有吸引力。央行可以简单地通过调整通胀来控制经济活动水平。由此产生的积极货币政策在许多国家非常受欢迎。

在作为经济学家的第一份工作中，我亲身体验了菲利普斯的货币政策理念。1987年夏天，我在冰岛中央银行实习，任务之一是研究最优货币贬值模型。模型基础是选取五个最重要的经济部门，通过一阶拟合的方法，研究如果冰岛克朗贬值，各部门将受到怎样的影响。这相当于菲利普斯的国民收入模拟计算机的20世纪80年代版本，作为其基础的宏观经济模型已经过时25年，并且已经被证明是错误的。我让上级感到不安，不是因为我告诉他们模型是错误的（当然我也确实这么做了），而是因为我用菜单驱动的电子表格对模型进行了编程，只需简单插入一个数字，就可以立即看到美观的图表，展示经济将如何做出反应。他们之所以感到不安，是因为电子表格的简单暴露了该行经济模型的幼稚。你要知道，在我之前，上一版模型是15年前用一种叫作"福传"（Fortran）的艰涩的编程语言编写的，因为没人懂这种语言，所以央行的高层相信分析是严谨的。

菲利普斯模型和那个时代其他宏观模型的问题在于，不可能利用失业和通胀之间的负相关性来实现政策目的。诺贝尔经济学奖得主罗伯特·卢卡斯在《计量经济政策评估：一种批判》一文中清楚地表达了这一点，后被称为"卢卡斯批判"："鉴于计量经济学模型的结构由经济主体的最优决策规则组成，而最优决策规则随着与决策者相关的序列结构的变化而系统地变化，因此政策的任何变化都将系统地改变计量经济学模型的结构。"[13]

经济学家观察到的货币增长、通胀和实际经济活动之间的关系，只有在央行不试图使用货币政策来稳定经济和减少失业的情况下才会成立。一旦央行试图这样做，这种关系就会立即破裂。原因是两者间的因果关系是单向的。通胀率之所以高，是因为经济快速增长，反之则不然。如果央行试图利用这种关系，它可能会成功一次，因为人们会误以为新发的货币是真正的繁荣，但他们不会被央行正在印钞的事实反复愚弄。相反，新印的货币最终只会加剧通胀，因为人们将明白央行是在蒙蔽他们，他们只会要求提高工资，以用更多的钱买到同样的商品，但他们不会更加努力地工作，因此经济不会增长。当央行试图利用失业和通胀之间的关系时，这种关系就会破裂。

虽然古德哈特最初是在货币政策的背景下阐述他的定律的，但他后来将其扩展应用到了金融监管领域。他在《风险、不确定性和金融稳定》一书中指出，按照沙克尔的逻辑，风险测量可能有助于在金融市场控制逐日风险，但对关注低频高损风险——系统性风险或尾部风险——的人来说几乎毫无用处，因为系统性风险分析需要前瞻性。任何基于历史数据的风险测量必然无法充分捕捉未来结果的概率，特别是无法捕捉低频高损事件，即那些包含惊喜或意外元素的事件——预料之外的和不可预料的。

假设某位监管者观察到，从历史上看，高风险指数的银行比低风险指数的银行更容易倒闭。因此，他说服其所在的监管机构推出一项规定，任何具有高风险指数的银行都须接受额外的监管，并且必须持有额外的资本。这样做会让金融体系更加稳定吗？不一定。首先，高风险指数与银行倒闭之间的关系可能具有误导性。其次，银行很可能会针对这些监测指标，在不改变其风险承担行为的前提下，试图让其指数看起来尽可能低。并且，银行不会觉得这很难做到。银行发现，以完全符合监管规定的方式操纵风险计量很容易，而即使监管机构发现了这一点，也可能无能为力。因此，如果金融当局使用一些风险计量方法来控制金融体系，它可能最终会发现这些计量方法不再可靠：这是古德哈特定律的直接应用。

· · ·

　　经济遵循类似物理定律的观点很有诱惑力。我们只需担心风险,可以忽略不确定性。这样,我们就能控制不受约束的经济,以最优方式配置资源,管理风险,防止灾难。若是这样就好了,但经济不同于物理世界。经济基于人类的行为,而许多人都致力于追求自己的目标——无论是否存在规则。认识到这一事实是前述讨论的六位经济学家的天才之处。他们深知,只有在物理世界中,才能精确描述结果和概率之间的关系。在物理世界中,重要的是风险,不确定性无关紧要。在物理世界中,数学囊括了一切。但在人类经济活动中,情况并非如此。

第七章

内生风险

数据驱动的风险管理流程只能捕捉外生风险,不能捕捉内生风险。

图7-1

资料来源:图片由卢卡斯·比肖夫/IllustrationX 绘制。

英国女王伊丽莎白二世于 2000 年 6 月 10 日主持开通的千禧桥,

第七章 内生风险 133

是一个世纪以来伦敦泰晤士河上的第一座新桥。千禧桥开通当天，成千上万的人涌上了千禧桥，这原本应该不成问题，因为千禧桥设计的承载能力可以轻松应对大客流。然而，在千禧桥开通片刻后，它就开始剧烈摇晃，这让其设计单位奥雅纳公司和建筑师诺曼·福斯特非常尴尬。它也因此获得了"摇晃桥"的绰号。这种摇晃令人惊讶，因为奥雅纳公司前期大量的计算机建模和真人测试并没有预测到这样的结果。众所周知，部队过桥时士兵齐步走可能会导致桥梁坍塌，这也是部队过桥时必须改成便步的原因。当士兵齐步走时，会产生相同的振动频率，与桥梁的固有频率产生共振，从而导致桥梁坍塌。如果仔细观察，你经常可以看到桥上有公告牌，提示士兵过桥时要从齐步改成便步。图 7-2 是伦敦阿尔伯特大桥上的公告牌。

图7-2　伦敦阿尔伯特大桥

部队过桥时齐步走会造成的问题众所周知，奥雅纳公司的模型中考虑到了这一点。他们甚至给出了一个精确的数字：只有 167 名士兵在桥上齐步走时，千禧桥才会摇晃。但是，开通当天挤在桥上的人并不是士兵，而是来自各行各业的人，他们大多都不认识彼此。设计师本以为人们自发齐步走的可能性几乎为零，但设计师忽略了一些重要的因素。每座桥都被设计成可以随着天气和环境的变化而晃动，同样，千禧桥也本应随着泰晤士河的微风轻轻摇摆。但就在千禧桥开通后不久，一阵狂风刮来，千禧桥也不出所料地向一边倾斜。行人的自然反应是调整站姿以恢复平衡——朝向桥倾斜的相反方向。问题就出在这里。行人努力把桥往逆风方向推，桥摇晃得更加厉害。随着越来越多的行人努力不摔倒，桥摇晃得越来越剧烈。当至少167名行人在刮风天挤在桥上时，一个反馈回路便出现了（见图7-3）。这个反馈回路一直存在，潜伏在背后，需要特定的诱发条件才能显现。

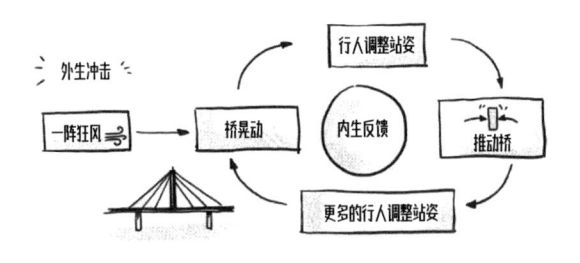

图7-3　千禧桥反馈回路

资料来源：图片由卢卡斯·比肖夫/IllustrationX绘制。

金融体系也是如此。所有严重的金融危机都有一个显著特点：危机从市场参与者自身的内生反应中获得动力，就像热带风暴从其在温暖海洋上逐渐形成的过程中获得能量一样。随着金融状况的恶化，市场承担风险的意愿消失，市场参与者不再独立行事，而是行为趋同。他们不应该这样做，因为与同行相同的业务行为利润微薄且风险很大，但他们可能因形势所迫而不得不为之。

那么，奥雅纳公司为何会忽视了千禧桥摇晃的可能性呢？就像大多数金融规制未能防止系统性风险一样，这两者背后的原因是相通的。虽然奥雅纳公司模拟了人群中个体成员的孤立影响，但要正确地

第七章　内生风险　135

理解千禧桥的风险，就必须研究各方面的共同影响：天气、桥梁力学、行人行为，以及人群集体行动所产生的危险。必须同时研究所有这些因素，用经济学家的话说就是，在均衡状态下的研究。奥雅纳公司的工程师意识到了士兵齐步走过千禧桥的危险，但他们没有考虑到，互不相识的行人也会这样做。显然，在土木工程师的圈子里，这些反馈回路是众所周知的，但相关公司出于保持信息所有权的自然本能，没有公开这些信息。奥雅纳公司花了18个月的时间才弄清楚发生了什么，最终提出了两种不同的解决方案：设置一个阻尼器减轻桥的摆动，或者制造"噪声"——通过产生随机运动来抵消同步摇摆的机制。奥雅纳公司选择了前者，效果不错。不过，从金融体系的角度来看，制造"噪声"的解决方案会更有趣。

这个故事也给我们上了一堂道德课。当出现问题时，我们总是想找人担责或者惩罚。在千禧桥上，人们天生的自我保护本能——预防原则——导致了摇晃。没人做错什么，他们只是不想摔倒。矛盾的是，做正确的事情可能会导致最坏的结果，这种情形在危机中屡见不鲜。市场参与者的自我保护本能导致流动性在紧张时期枯竭，将我们从危机边缘推向危机深渊。千禧桥的摇晃该怪谁？是工程师和建筑师，当然不能责怪行人。金融危机该怪谁？虽然不那么明确，但制定游戏规则的金融当局确实负有责任。如何找到不稳定性的根本原因？研究选美比赛可能会有所帮助。

20世纪30年代，选美比赛在英国报纸上很流行。报纸的几个版面都用于刊登女性照片，读者投票给他们认为最漂亮的人。但其中有个扭曲的激励办法：所选结果与票选冠军一致的读者可以获得一张彩票作为奖品。约翰·梅纳德·凯恩斯在《通论》中论述市场价格是如何形成时，谈到了选美比赛的启发："在这种情况下，每个竞猜者不是在选自己认为最漂亮的（面孔），甚至不是在选一般人真心认为最漂亮的人。我们已经达到了第三层的分析，即运用智力去推测其他竞猜者如何预判一般人的意见。我相信，还有一些人进行了第四层、第五层甚至更多层的分析。"[1] 读者并不是投票给他们认为最漂亮的人，相反，他们的投票策略是最大限度地保证与大多数人的选择一致，从而获得彩票。同样，投机者不是根据公司的基本面来选择股票，而是试图智胜其他投机者。

2002 年，我和时任伦敦政治经济学院教授、现任国际清算银行（央行的央行）经济顾问兼研究主管的申铉松，一起就风险和不确定性主体提出了一个新的研究方向。我们重点关注风险的起源以及人们的行为如何导致高风险结果。在我们看来，风险既可以是内生的，也可以是外生的。

词典对"内生"一词的定义是结果具有内在原因或起源。一种传染病如何在人群中传播取决于这一人群的内在性质。如果我们始终与他人保持安全距离，我们就不会被感染。但如果我们在生活中经常与他人密切接触，则被感染的概率就很高。罹患感冒的概率是内生的，取决于个人行为和周遭人群。这就是乘坐纽约地铁可能不利于健康的原因之一，也是保持社交距离在应对新冠肺炎疫情危机中如此重要的原因。内生的反义词是外生，即结果具有外部原因或起源。6 500 万年前，一颗小行星撞击了墨西哥湾，导致恐龙灭绝，这就是一种外生冲击。恐龙当然没有做任何导致自己灭绝的事情。小行星撞击华尔街的风险是外生的（见图 7-1）。

假设我一早醒来，在 BBC 网站上看到降雨概率为 50%。如果我决定带伞出门，我的行为丝毫不会改变降雨概率。此时风险是外生的。相反，假设我一早醒来，在 BBC 网站上看到一些关于英国经济的负面消息，我的反应是买进英镑的看跌期权——如果英镑贬值，那么我将获利。我的行为使英镑更有可能下跌。请注意，影响不是很

第七章 内生风险

大,非常微小。但微小并不是零——这就是一种内生效应。

我并不是在做什么错事。相反,我谨慎行事,对冲风险,就像千禧桥上的行人试图避免掉进水中一样。一个行人不会让千禧桥摇晃,同样,我一个人购买看跌期权也不会让英镑崩盘。还需要另一个因素,即某个能协调众人行动一致的机制,使人们形成集体行动,此时,综合影响是巨大的。这种情况发生的可能性就是内生风险。要把某种冲击——金融市场的"千禧桥之风"——变成一场危机,只需要有足够多的人与我的思考方式趋同(都想谨慎地保护自己),货币就会崩盘。人类的自我保护本能往往是危机的催化剂。

任何危机都不是完全内生或外生的,它们总是由初始的外生冲击和随后的内生反应共同形成。同样的初始外生冲击可能在某天悄无声息地化为乌有,也可能在另一天演变成一场全球金融危机。当新冠病毒在某地感染第一人时,如果此人采取了有效的措施,那么所有后续事件或许都有可能避免。但当时没有人知道。外生冲击演变为危机的原因是它们抓住了隐性的脆弱性,无人知晓,直到为时已晚。

善意规则的阴暗面

市场价格的双重作用推动了内生风险。第一个观点是我们熟悉的弗里德里希·哈耶克理论的基本观点,即市场价格将经济中的所有相关信息嵌入一个变量——价格。在伦敦政治经济学院本科金融学入门课程常用的一个简单投资示例中,股票的价格由未来股利的现值决定,其中贴现因子包含了未来的不确定性。

第二个观点是人们不太熟悉的,即价格也是行动的必要条件,迫使我们以特定的方式行事,甚至可能违背我们的自身利益。这是因为大多数市场参与者都受到其交易伙伴和其他利益相关方所施加的法规、行为准则和限制的约束。这些约束包括会计规则、法律义务、信息披露、银行资本、风险约束和按市值计价的准则。

假设一家银行持有某项资产，价格下跌幅度较大（见图7-4）。此时，该资产的风险计量值上升，风险权重上升，银行基于风险的资本比率可能会降至接近监管规定的最低水平。为了自保，银行可能别无选择，只能出售这项资产。换言之，价格的变化导致风险计量仪显示更高的风险指数，进而引发强制抛售。这个例子展示了价格如何成为行动的必要条件。这正是2021年1月游戏驿站公司股价动荡时发生的情况，当时投机者相互争斗，一些人做空，另一些人做多。通过罗宾汉平台交易的散户最终无法进行交易，因为平台被迫限制了该股票的交易。该平台通过存款信托和清算公司（DTCC）进行交易清算，在股价波动加剧的情况下，DTCC要求罗宾汉平台提供了30亿美元的抵押。

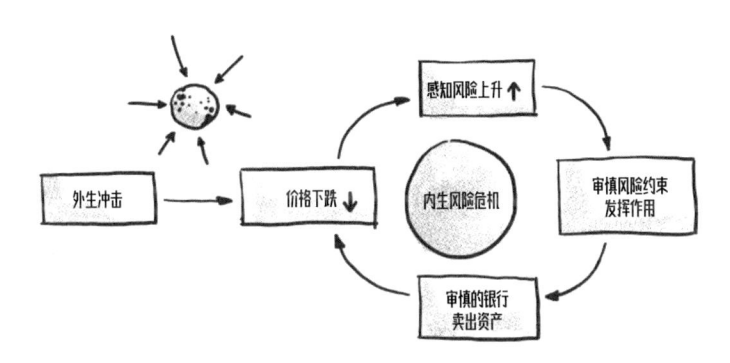

图7-4 审慎的银行和内生反馈

资料来源：图片由卢卡斯·比肖大/IllustrationX绘制。

银行对市场结果做出的反应可能与人们的预期有所不同，因为银行受到的约束决定了其行为模式。如果银行规模较大，其交易活动将对价格产生重大影响。可以说，约束的存在破坏了价格的公允性，使价格偏离了基本价值。在极端情况下，价格可能会变得异常扭曲，产生不受欢迎的极端结果，比如泡沫和崩溃。然而，这些约束并不总是有效的，甚至在大多数情况下都不会产生效果。只有在压力时期，它们才会显著影响市场价格。这一观察结果在很大程度上解释了我们为什么决定使用风险计量仪，以及风险计量仪为什么表现得如此糟糕。风险计量仪很好地描述了风平浪静时的世界，但却没有捕捉到压力时期的行为变化，这也是它们只适用平静时期的原因。

这对监管意味着什么？我们应该取消所有的规则和约束吗？并非如此。这些规则大体上是非常有益的：有助于保持金融体系秩序，保护投资者，防止滥用行为。然而，规则也有其阴暗面。善意的规则可以成为促使市场参与者一致行动的催化剂，就像千禧桥的设计造成了让所有行人像士兵齐步走一样的后果。一个很好的例子就是以保证金购买股票。

股票市场第一次向普通大众开放是在 20 世纪 20 年代的美国，在那之前，购买股票是富人和具有人脉关系的人的特权。第一次世界大战后，任何美国人都可以购买股票。不仅如此，人们还不需要投入太多的资金。例如，一个人自有 100 美元，借入 900 美元，然后买入 1 000 美元股票，杠杆率是 9 倍。这种保证金购买方式变得非常流行。资金大量涌入股市，由于美国是当时唯一一个对公众完全开放股市的国家，所以资金从世界各地流向华尔街。这一过程孕育的股市泡沫最终在 1929 年 9 月破裂，并引发了大萧条。

当泡沫破裂时，保证金规则的阴暗面就显露出来了。假设以每股 100 美元的价格购买 10 股国际商业机器公司（IBM）的股票，总计 1 000 美元。我自己拿出 10% 的资金，即 100 美元，借入 900 美元。为这笔交易提供融资的实体希望获得一些股价下跌情景下的保护机制，这种保险机制被称为保证金。假设保证金为最初的 100 美元，如果 IBM 股价下跌 5% 至 95 美元，则投资现值为 950 美元。我借入了 900 美元，因此净资产（1 000-950 美元）已经降到了 50 美元。然而，保证金必须为原始金额的 10%，即 100 美元，所以我必须补缴 50 美元的差额。这被称为追缴保证金，要求立即补上 50 美元。我有两个选择：卖出股票以偿还借入的资金，或者从别处找来 50 美元。许多投资者别无选择，因为他们无法及时找到 50 美元，所以不得不卖出股票。出现这样一天的可能性有多大？我查看了 IBM 每日股价的历史，得到了 22 696 个观察结果。其中，有 117 天 IBM 的股价下跌达到 5%，因此价格下跌 5% 的可能性约为 0.52%，或者说约每九个半月发生 1 次。如果股价下跌达 10%，我们的资本就损失殆尽；这样的情况发生了 13 次，几乎每 7 年发生 1 次。

投资者可能别无选择，只能出售股票以满足保证金要求。然而，如果大量投资者处于同样的情况，则同一时间的大量抛售会冲击市场。股价进一步下跌，导致更多的追缴保证金要求，更多的投资者别无选择，只能抛售股票，股价再进一步下跌……内生风险的恶性循环逐渐从黑暗中浮现出来（见图 7-5）。

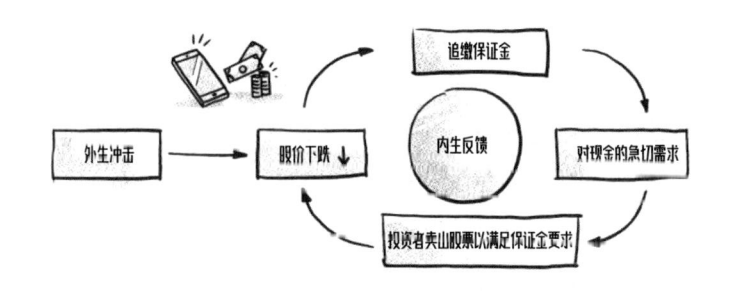

图7-5 内生风险的恶性循环

资料来源：图片由卢卡斯·比肖夫/IllustrationX 绘制。

在这里，保证金就像摇摇晃晃的千禧桥。行人为了不摔倒，努力倾斜身体抵抗桥的摇晃，反而导致桥摇晃得更厉害。就保证金而言，对贷款债权人的自动保护是损害的根源。1929年股市崩盘的一张标志性图片（即使现在被辟谣了），是绝望的投资者从华尔街办公室的窗户跳了出去。人们推测跳楼的原因是保证金。投资者接到了保证金追缴通知，他们的资本已损失殆尽，将在当天交易结束时被宣布破产。

一些规则如保证金，在特定情况下能够约束市场参与者。另一些规则能持续起作用，通过让投资者不断地以意想不到的方式对市场发展做出反应，对价格产生相当惊人的影响。经济学家喜欢的一个例子清晰地说明了价格和数量之间的关系。当橙子价格上涨时，我们买得更少（农民想卖得更多）；当价格下跌时，我们买得更多（农民想卖得更少），这就是供求规律，毫无例外。但在购买某些商品时，我们几乎不考虑成本——这些商品被经济学家称为高度无弹性的商品，比如烟草。我们购买时几乎不考虑价格，但当价格上涨时，我们也不会增加购买。

那么世界上存在价格上涨时我们却会买更多的商品吗？有一种叫作吉芬商品的奇怪资产，以19世纪苏格兰经济学家罗伯特·吉芬的名字命名。这是一种假想的商品，理论上存在但现实中并不存在，有助于说明市场中的奇怪行为。一般商品都表现出价涨量跌的直观特性。但高级时装就是反例，当价格上涨时，其需求可能会上升。这是因为商品的独特性也包含在定价中——如果我想成为街上唯一一个拥有高雅手包的人，那我愿意为此付出更高的价格。

然而，前文讨论的约束条件可能会让投资者在价格上涨时买入更多，而在价格下跌时卖出：供求规律显然被颠倒了。有时，这些约束甚至可以是自我施加的，例如当投资者使用自动交易规则时。关于约束如何导致不幸的结果，我最喜欢的例子是历史上最大的股市崩盘——黑色星期一。1987年10月19日，全球股市下跌23%，其根本原因是我所见过的有关内生风险的最好例子。

这一切始于1976年，当时加州大学伯克利分校的两位教授海恩·利兰和马克·鲁宾斯坦提出了一个聪明的设想——投资组合保险，旨在保护投资者免受股市崩盘的影响。如果投资者有兴趣购买针对股价大幅下跌的保险，他所要做的就是购买一个看跌期权，这让他有权（但没有义务）在未来某个时点以预先约定的（行权）价格出售股票。假设苹果公司现在的股价是200美元，如果购买5年期看跌期权，行权价格为180美元，这就意味着有权在未来5年内随时以180美元的价格出售苹果公司的股票。

如果没有相应的期权，或者相应的期权太贵了怎么办？利兰和鲁宾斯坦的投资组合保险用"金融工程的魔力"解决了这个问题。其标准名称为动态复制，通过这一方法，投资者可以创建一种看起来和用起来都很像期权的金融工具。所以，如果有个东西看起来像鸭子，像鸭子一样游泳，像鸭子一样嘎嘎叫，那它一定是鸭子吗？不一定是。这里有一个关键的区别。在投资组合保险中，投资者必须每天买卖被保险的资产，才能正确地复制期权。如果价格上涨，我们必须买入；如果价格下跌，我们就得卖出。换句话说，这是一种高价买入、低价卖出的策略——我们显然违反了供求规律。

投资组合保险引发危机的条件是，有足够多的人将其用作交易策略。这就是在1987年9月发生的事情。美国政府对1987年股灾的事后分析估计，约有1 000亿美元投入投资组合保险策略，约占股灾前美国股市市值的3%。从1987年10月14日星期三到10月16日星期五，股市下跌了约10%。那些使用投资组合保险策略的人开出的卖单高达120亿美元，但实际成交额仅为40亿美元。这意味着周末积累了大量卖压，导致10月19日星期一标准普尔500指数下跌了23%。

1987年的股市崩盘是一个典型例子，说明机械的交易规则如前文的价跌卖出规则，会产生一致的抛售压力，进而对市场动能产生去稳定化的反馈效应。正如千禧桥的例子，只要交易活动低于某些关键但未知的阈值，潜在的不稳定行为就完全不可见。只有当超过这个阈值时，内生风险才会显现，从而导致市场崩盘。

对危机的一种普遍看法是，危机来自外部，就像即将撞击华尔街的小行星一样。但事实不是这样的。危机的主要驱动因素是内生风险，这源于系统的隐性机制，如价跌卖出规则。不幸的是，人们往往过于关注危机的触发因素，而不是触发机制。问题是机制数量很少，但触发因素几乎无穷无尽。触发因素是可见的，但并不那么重要。有些触发因素甚至是人为的。

安德烈亚斯·乔治奥曾任希腊统计局局长，因犯罪而获刑。他在2009年直接报告了希腊真实的财政赤字规模，而没有让统计局委员会事先投票决定赤字的规模。有人可能会认为，政府任命的委员会不应该决定统计结果。但对安德烈亚斯来说，情况更加严重。他因这一罪行被起诉，并于2018年6月被希腊最高民事和刑事法院定罪，判处缓刑两年。为什么希腊当局会生气？因为安德烈亚斯报告了15.4%这一真实数字，而不是财政部估计的13.6%，从而引发了希腊危机。安德烈亚斯或许是希腊危机的导火索，但他一定不是罪魁祸首，而且即使他按照虚假数据发布，危机也一样会发生，因为危机的触发机制已经到位。希腊危机并不是将危机触发因素与根本原因混为一谈的第一个案例。看看1914年斐迪南大公遇刺后的危机，以及1763年七年战争结束后的危机吧。在这两个案例里，危机都是不可避免的——不是危机是否发生的问题，而是何时发生的问题。

我们不应把重点放在危机的触发因素上，而应关注潜在的脆弱性，即导致危机发生的机制。当我们过于担心触发因素时，就可能患上我的滑雪教练所说的"分析导致瘫痪"。如果一个人思考要不要滑下一千米长的45度斜坡，他可能会得出这样的结论：最好还是乘缆车下来。"分析导致瘫痪"的触发因素也是一样的，因为触发因素太多了。如果你开始寻找所有潜在的触发事件，并试图避免这些事件的发生，那你将什么也做不了。专注于触发因素可能会让政策制定者误入歧途，而最终往往会发展成这样。媒体报道了引发希腊危机的导火索，公众要求问责，于是安德烈亚斯·乔治奥就被起诉了。与此同时，那些真正应该负责任的人，比如希腊政客，却逍遥法外。我们的注意力应该集中在机制上，金融当局和对冲基金经理应该知道这一点，但可悲的是，他们往往并不比希腊检察官好多少。

泡沫知识入门：感知风险和实际风险

危机让几乎每个人都感到意外。这是必然的，因为如果有许多人预见危机，他们就会离开市场，这导致的结果要么是阻止危机，要么是危机立即发生。然而，虽然我们对危机感到意外，但危机也不是随机发生的。危机是多年乃至数十年高风险行为累积的顶点。很少有人像国际清算银行前行长安德鲁·克罗克特那样一语中的："人们普遍认为，风险在经济衰退时上升，在繁荣时下降。相反的观点可能会更有帮助：风险在经济上升中积累，在金融失衡中加剧，在衰退中显现。"[2]

我与申铉松，以及我在伦敦政治经济学院的同事让－皮埃尔·齐格兰德合作了一篇论文，我们将内生风险应用于风险的可计量性研究，将风险分为感知风险和实际风险两类，前者是利用风险计量仪测得的

第七章 内生风险 145

风险，后者是之前未被发现、在危机中突然显现的潜在隐藏风险。由于风险计量仪基于市场价格的波动来推断标的资产的风险，因此风险计量仪只能计量感知风险。如果价格波动较小，风险计量值同样较小。如果市场信心坚定，资产价格上涨，价格波动较小，感知风险就低。使用基于感知风险的风险计量仪是泡沫发生的原因之一。市场价格与实际情况越来越脱节，大幅调整的风险（实际风险）稳步增加。假设一些投资者都购买了某一资产，因此该资产价格略有上涨，这反过来又鼓励更多的人购买，价格再度小幅上涨。其结果是价格呈现一系列的小幅上涨，当转化为价格波动时，计算结果显示波动率正在下降。

如果我们用一种常见的工具来衡量风险调整后的回报，即诺贝尔经济学奖得主威廉·夏普提出的夏普比率，那么该资产看起来会越来越好。[3] 价格稳步上涨，感知风险下降——这是一项极好的投资，在低风险的情况下提供稳定的回报，可谓"不劳而获"，正如20世纪80年代恐怖海峡乐队的一首歌唱的那样。价格上涨与感知风险下降之间的正反馈催生了泡沫。资产价格继续以越来越快的速度上涨，直到某些触发事件导致价格崩盘。此时每个人都想在价格下跌之前卖出资产，所以人们竞相抛售，导致资产价格立刻暴跌。当情况良好时，我们会乐观地买入，以内生的方式推高价格——泡沫会自我膨胀。这种情况最终会逆转，负面消息导致价格下跌，市场螺旋式下跌的速度远超上涨的速度。价格就像乘着自动扶梯上升、乘着厢式电梯下降一样。只有在价格暴跌之后，感知风险才会上升，但为时已晚。

那么，在这整个过程中，实际风险如何变化？随着泡沫的增加而增长。毕竟，实际风险反映了基本风险，即市场崩溃的风险，因此在泡沫破灭时会下降（见图7-6）。我常常希望有人能说服金融监管者，2008年之后的风险比之前低得多，监管应该鼓励风险承担行为，而不是降低金融体系的风险承担。

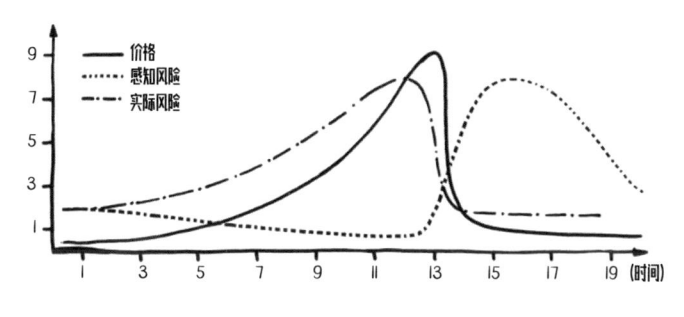

图7-6 实际风险和感知风险

资料来源：图片由卢卡斯·比肖夫/IllustrationX 绘制。

短期管理与完美风暴

1998年夏天，金融市场动荡不安，主要源头为当时最著名的对冲基金长期资本管理公司（LTCM）。[4] LTCM 成立于1994年，合伙人是以布莱克-斯科尔斯期权定价模型而闻名的迈伦·斯科尔斯和罗伯特·默顿，两位都是1997年诺贝尔经济学奖得主。LTCM 设立时资本已超过10亿美元，尽管其收费异常高昂，但经营非常成功。对冲基金的收费一般采用"2和20"的模式，即收取投资者资产的2%作为管理费，外加20%的利润分成。但 LTCM 除了收取2%的管理费和25%的利润分成，还要求投资者承诺3年内不赎回。在前两年，扣除费用后，投资者的回报率分别为43%和41%，1994年投资的1 000万美元在4年后的价值为4 000万美元。1997年9月，LTCM 的净资本达到67亿美元，投资的价值为1 264亿美元，其中的差额为融入的资金。1997年12月，该公司向投资者返还了27亿美元，以专注于用合伙人的自有资金投资。

LTCM 的成功创造了这样一种印象，即通过其他人不具备的技术专长获得非凡的利润——就像魔术一样。斯科尔斯是这样总结这

第七章 内生风险 147

一战略的:"LTCM 就像一台特别的吸尘器,能吸走别人看不到的钱。"LTCM 在融资方面非常强势,获得了非常低的融资利率和特殊的交易安排,因为经纪商不愿意失去 LTCM 的业务。经纪商愿意对 LTCM 的融资利率和抵押要求做出让步。LTCM 的主要交易策略是收敛交易或相对价值交易,即从类似资产间的价格差异中获利。基本原则是两种基本相同的资产应该有相同的价格,否则就会有获利机会,就可以套利。根据 LTCM 的风险管理系统,在 1998 年,只有发生偏离度在 10 个标准差以上的小概率事件(也可称之为十西格玛事件),LTCM 才会在一年内损失其所有的资本。这意味着风险系统预计 LTCM 破产的概率为每 3.3×10^{20} 年一次。[5] 相比之下,宇宙的年龄只有 1.3×10^{10} 年。难怪合伙人会将资金返还给投资者,以专注于自有资金的投资。他们只是没想到自己会失败——他们的风险计量仪也告诉他们不会失败。与此同时,LTCM 面临的交易环境越发波涛汹涌,因为它的成功催生了许多模仿者。越来越多采用类似交易策略的参与者涌入市场,获利机会逐渐消失。为应对这种竞争,LTCM 涉足了新的领域,最引人注目的是标准普尔 500 指数波动率交易,波动率采用的是芝加哥期权交易所的波动率指数。直到 1998 年中,该指数的长期平均水平为 16.8,但 1998 年全年该指数都超过了这一水平。波动率是均值回归的,在波动率远高于平均水平的情况下,通过押注波动率指数下跌本应该是可以赚钱的。

在我写到这里的时候,波动率指数是 35。假设你读到本书时,看到了同样的波动率指数,你想到了一个绝妙的投资计划,你想登录在线经纪网站,买入波动率指数基金的空头——押注它将跌至长期平均水平……请三思而后行。虽然波动率指数几乎肯定会下跌,但维持空头波动率指数基金的成本每年可能超过 35%,因此除非波动率指数很快下跌,否则你肯定会蒙受损失。

这可能会很快发生，问问那些2018年2月不幸投资了野村证券内克斯诺斯标普500波动率指数短期期货反向每日超额回报指数交易所交易票据（ETN）产品的投资者就知道了。2018年2月5日，即野村发行该基金的当日，它就下跌了96%。实际情况是，波动率指数已从2016年初的28降至2018年1月末的13.54，如果遵循动量投资的基本原则，波动率指数一定会进一步下跌。日本时间周一上午，野村以上一周的波动率指数推出了这一只做空波动率指数的基金，并迅速售出320亿日元。不幸的是，加剧的不确定性在同一天袭击了美国市场，因此当美国股市开盘时，波动率指数迅速升至37.32。倒霉的野村投资者一眨眼就损失了320亿日元。

让我们回到LTCM的故事。该公司盯上了波动率指数在1998年全年稳步上升的势头，并决定采取行动。然而，由于做空波动率指数的利润率对LTCM来说太低了，因此LTCM选择借入资金增加杠杆。LTCM在波动率市场上名噪一时，甚至赢得了"波动率央行"的绰号。

然而，在LTCM的大量做空资金涌入市场时，波动率指数却继续上涨。1998年5月和6月，LTCM分别亏损6.42%和10.14%。同年8月，俄罗斯违约引发市场恐慌，波动率指数继续上升至45。9月初，LTCM的自有资本已骤降至6亿美元。由于债务余额不变，头寸价值下降，杠杆率急剧上升至125。LTCM陷入了严重的困境，在收到保证金追缴通知后，由于现金不足，只能被迫平仓。这使波动率指数进一步上涨。一个恶性的反馈循环开始了：波动率指数上升导致追缴保证金，被迫平仓，波动率指数进一步上升，如此反复。

考虑到LTCM破产的灾难性后果，纽约联邦储备银行组织LTCM的主要债权人向LTCM提供了36亿美元的救助，以避免出现更大范围的市场崩溃。作为回报，参与救助的银行获得了LTCM 90%的股份。在救助实施后，市场恐慌情绪有所缓解，当 LTCM 之前持有的头寸最终平仓时，债权人获得了少量利润。相比 10 年后的 2008 年金融危机，如果救助 LTCM 还存在争议，那是相当可笑的。美国政府没有提供任何资金——只有 LTCM 的交易对手提供了资金，但即便如此，这依然被认为是不可接受的。

LTCM 的一位合伙人说："发生在 LTCM 身上的是一场'完美风暴'——一场百年一遇的洪水。"[6] 但这经得起推敲吗？内生风险分析表明情况并非如此。1998 年夏天前所未有的价格波动，并不是时运不济，就像千禧桥不是因为运气不好而摇晃一样。相反，出现一场小规模的外生冲击袭击 LTCM 并导致其失败，只是时间问题。一旦泡沫开始破裂，反馈回路里的内部动力就会加倍显示其威力。由于追缴保证金和危机之间的内生反馈循环，在适当的条件下，危机几乎是必然的。

LTCM 押注于资产价格将围绕其长期均值实现回归。该公司的确创造了利润，但只有那些救助 LTCM 的银行获得了利润。为什么 LTCM 没有盈利？对此有个很好的解释，据说源于凯恩斯的观察，但事实并非如此。据说在 1931 年投资者问及市场状况时，凯恩斯回答："市场保持非理性的时间比你能保持偿付能力的时间更长。"非常高的波动率指数水平，正是 LTCM 自身存在所造成的不确定性导致的。波动率指数要回到其长期均值的一个必要条件是 LTCM 破产。不是"完美风暴"袭击了该基金。LTCM 的失败是必然的。

内生风险与金融体系

内生风险通常不会在金融市场上留下太多足迹。它潜伏在金融体系的黑暗角落，大多数时候我们看到的都是外生风险。当市场似乎有效的时候，价格会随机游走，就像伯顿·G. 马尔基尔在《漫步华尔街》一书中所描绘的那样。但好景不长。当某些触发因素促使人们形成一致行动时，就像千禧桥上的行人一样，内生风险就会显现。价格波动将被放大，出现泡沫和崩溃。

内生风险引发一致抛售螺旋，但这一过程往往受制于市场中固有的稳定力量：套利者、对冲基金、主权财富基金、沃伦·巴菲特和索罗斯们。他们在危机中挺身而出，购买廉价资产，为价格提供了支撑。18 世纪的罗斯柴尔德男爵对此有一个很好的表述，据报道，他曾说，"买入的最佳时机是街上流血的时候，即使血是你自己的"。投机者的利己主义有益于社会，正如亚当·斯密的经典说法，"我们的晚餐不是来自屠夫、酿酒商或面包师的仁慈，而是来自他们对自己利益的关注"。

然而，有一些决定和政策会产生导致市场主体行为一致的效果，进而帮助内生风险摆脱其固有的束缚。规则阻碍人们购买危机中价值被严重低估的资产，市场底部也就难以形成。风险计量仪尤其凸显了内生风险和外生风险的差异。几乎所有度量风险的方法都是基于风险是外生的假设，因为这是应对风险的最简单方法。我们所要做的就是收集每日的历史金融数据，包括市场价格、信用违约互换利差、利率、交易量，并将这些数据输入风险计量仪。如果我们只关心外生风险，也就是短期波动，那这么做无可厚非。

然而，如果我们关心尾部风险、银行倒闭和金融危机，那么我们别无选择，只能寻找某种方法来度量内生风险。这并非易事。巨额损失和危机的源头是众人忽视的风险，因此，要在为时已晚之前识别内生风险就像在草垛里捞针，我们甚至不知道针是什么样子的。只有当我们把手伸进草垛，感受到针尖扎手时，我们才知道针就在那里。危机过后，每个人都知道哪里出了问题，我们阻止同样的情况再次发生：在马跑光后关上马厩的门。但与此同时，下一场危机开始在无人关注的地方积聚力量。

2008年危机充分说明了我们如何忽视了所有的警告信号。虽然我怀疑许多人都认为基于美国房地产市场的金融产品不可靠，并选择不投资此类产品，但有一些人却能从中获利。迈克尔·刘易斯的《大空头》一书（和电影）讲述的就是几个勇敢的玩家从中获利的故事。与此同时，没有任何政府机构对潜伏在它们眼皮底下的危险有所察觉。2008年的教训是，内生风险的积累几乎完全发生在隐秘的角落。最终，这些漏洞触发了隐藏的导火索——在某一天，当市场的风险容忍度极低的时候，风险变得过高——一切都爆发了。

投资者和金融当局面临的挑战是，尽管内生风险始终存在，但无法简单度量。随着内生风险和外生风险朝着相反的方向变动，风险计量仪在各种情形下都会出错，在危机发生前报告的风险太低，在危机发生后报告的风险又太高，就像欧洲央行的系统性风险仪表盘一样。

· · ·

金融体系的结果取决于构成金融体系的机构和个人的相互作用。这就是为什么我和我的同事建议以"内生风险"一词来捕捉由此产生的风险。然而，尽管内生风险提供了对世界的有用描述，但在实践中很难应用。它不能被简单量化，也不能被纳入风险计量仪或风险仪表盘。普遍的做法是假设风险是外生的，即风险来自金融体系之外，影响金融体系但不受其影响，就像小行星撞击华尔街一样。

在实践中，假设大部分风险是外生的，可能完全没有问题。这取决于我们的目标。对于关注逐日风险或高频低损风险的人，关注外生风险就足够了。只有那些关心尾部风险的人才应该关注内生风险，尾部风险会导致重大损失、银行倒闭和金融危机等低频高损的结果。令人担忧的是，基于外生风险的风险计量仪非常容易被操纵。

第八章

如果你不能承担风险,请更换风险计量仪

美是肤浅的。

图8-1

资料来源：图片版权©里卡多·加尔沃。

我们经常遇到街头艺术家，他们只收取少量费用就会为我们画一幅肖像漫画。他们为了喜剧效果而夸大面部特征，可能会突出鼻子而缩小下巴。里卡多·加尔沃为我画的漫画就是如此（见图8-1），本书中的许多插图都是他画的。风险度量就像那些街头漫画。风险计量仪是其设计者的创造，设计者需要做出各种决策，在易用性和准确性之间进行平衡，强调他关心的内容，而忽略其他内容。风险计量仪的设计带有高度的主观性，两位面临相同问题的设计者会创造出两种不同的风险计量仪，使用完全不同的风险计量方法。

风险计量仪之所以具有高度主观性，是因为风险不像价格或温度可以直接测量。它只能通过价格的走势来推断，而要做到这一点，我们需要一个模型。由于每个模型在本质上都是主观的，因此风险计量是基于假设的产物。这意味着风险计量的准确性比人们普遍认为的低得多。相比而言，它的可靠性远不如将风险经理办公室的温度稳定在22℃的恒温器。更重要的是，主观性使风险计量仪很容易被滥用。也许是明目张胆的不诚实，比如有人故意调整模型，告诉我们风险是100万美元，而实际是500万美元。这种情况在实际中并不少见，但我认为智力上的懒惰更加常见。使用风险计量仪来假装风险得到了测量和管理，这样我们就可以证明自己是勤勉的和合规的。我们遵守了所有的监管规定，而实际上我们做了些其他事情。而且，由于很难验证风险计量仪的准确性，监管机构、合规人员和所有其他良好实践的捍卫者对此几乎无能为力。

我的朋友鲁珀特·古德温曾以销售风险系统为业。有一天，他拜访了一家刚接受当地金融监管部门审计的银行。监管人员进来询问风险管理者是否使用了风险计量仪。当风险管理者回答"是"时，监管人员打了个钩就离开了。风险计量仪沦为了一个逐项打钩的过程，这是风险计量仪最明显的误用之处：

1. 是否使用风险模型？ √
2. VaR 是否低于 100 万美元？ √

对于为什么会采用这种打钩式的风险管理,常见的解释是懒惰,我对此表示怀疑。但如果是故意误解风险计量仪能做什么、不能做什么,则更值得探讨。当权者故意选择模棱两可。资深银行家和监管人员通常对统计学理解有限,即使他们有相关知识也可能已经过时,他们并不掌握现代风险计量仪的详细机制。他们必须做决策,因而更愿意选择不知道——故意模棱两可,就像香肠。如果要吃香肠,那你最好不要知道香肠的制作过程。大约20年前我就犯了这样的错误,阅读了艾里克·施洛瑟的《快餐国家:发迹史、黑幕和暴富之路》一书,书中揭露了快餐制作的残酷细节。没有多少书能够改变我的生活方式,但这本书做到了,从那以后我一直努力避免吃快餐。如果我没读过那本书,我会更快乐——无知也是一种幸福。我怀疑大多数资深银行家和监管者都持同样的观点,他们更乐于不知道统治金融世界的风险计量仪是如何运作的。要做到这一点,最简单的方式是选择一种风险计量方法,以某种方式将所有投资组合的复杂性,甚至整个金融机构的风险都映射到一个数字——VaR值。只要VaR值在可接受的范围内,一切都很好。

作为最重要的风险计量仪VaR的创造者,摩根大通银行却在VaR问世30年后因为VaR而遭受重创。当时,该行伦敦办公室一名绰号"伦敦鲸"的员工试图利用银行的VaR值获利,最终造成了58亿美元的损失。这一切始于首席投资办公室的高级交易员布鲁诺·伊克希尔。首席投资办公室的职能是对冲摩根大通银行的信用风险。那一年,该办公室的VaR值超过了9 500万美元,这是个问题,因为整个银行总的目标VaR值仅为1.25亿美元。[1]

有两种方法可以解决这个问题:要么降低投资组合的风险,要么改变风险计量仪。摩根大通银行似乎选择了后者。我们是如何知道这一点的?首席投资办公室负责VaR模型的帕特里克·黑根使用他的雅虎私人邮箱向同事发送了一封主题为"优化监管资本"的电子邮件。该邮件随后被调查损失的参议院委员会公之于众。[2]这揭示了温度计和风险计量仪之间的关键区别。杜鲁门总统最喜欢的一句话是：如果你不能忍受高温，那就离开厨房。当谈到风险时，我们可以套用为：如果你不能承担风险，那就换一个风险计量仪。

事实证明，摩根大通银行的新风险计量仪忽略了首席投资办公室面临的一些关键风险，这些风险很快就导致了58亿美元的损失。用摩根大通银行季度证券备案文件里的话说："事实证明，该投资组合的风险更高，波动性更大，对冲经济走势的有效性也不如公司之前认为的那样好。"显然，如果故意选择一个最能低估风险水平的风险计量仪，投资组合的实际风险必将比我们认为的更高。

风险计量仪的操纵入门

几年前，我为一些资深金融监管官员做过一个小规模讲座，我告诉他们，每当我给伦敦政治经济学院的学生讲授风险预测时，我喜欢讲这样一则趣事："假设我的工作是用VaR值来衡量和预测某些投资组合的风险。有一天，老板把我叫到她的办公室，说'乔恩，风险太高了，你必须把它降下来。然而，我们的交易员干得很出色，我也想保持良好的投资回报。现在用你的电脑去搞定降低风险这件事吧。你不要被抓，确保遵守所有的规定'。"

然后我向学生展示如何实现这一目标。这些高级决策者惊呆了：我竟然有胆量向学生展示如何做这件事，而且这么容易做到。我这么做的原因是这只是很多人都知道的简单伎俩。如果学生以后成为风险管理者，他们就应该学习这些伎俩，以便知道需要注意什么。

操纵风险计量的最简单方法是选择一个显示较低风险数值的风险

计量仪。在我的网站 extremerisk.org 上，我每天用最常用的技术预测几种资产的风险。以标普 500 指数为例，假设有一个 10 亿美元的投资组合，我们通过常用的历史模拟（HS）法，计算出资产组合今天的 VaR 值为 2 200 万美元。历史模拟法只是计算 VaR 值的众多方法之一，也是最常用的方法之一。我使用 6 种最常用的方法进行了计算（见图 8-2）。

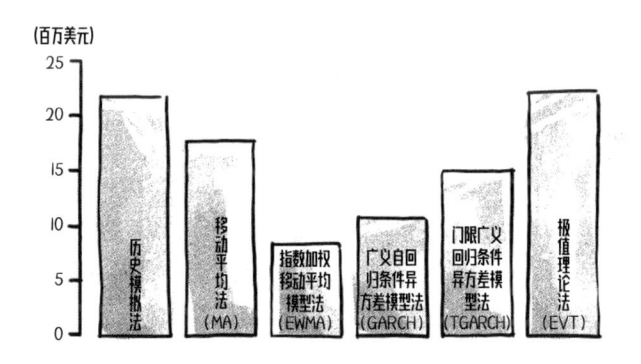

图8-2　2018年1月2日标普500指数10亿美元投资组合的VaR值

资料来源：图片由卢卡斯·比肖夫/IllustrationX 绘制。

如果从历史模拟法转换到指数加权移动平均模型法（该方法是由摩根大通银行在其提出 VaR 概念的同一份报告中提出的），VaR 值就从 2 180 万美元下降到了 850 万美元——在我们不做任何其他改变的情况下就可实现。这个技巧有两个问题。首先，我们无法保证指数加权移动平均法将持续产生最低的 VaR 值。事实上，在某些日子里，通过这个方法算出的 VaR 值将是最高的。其次，它不符合我们想要的不被发现的标准。银行的合规人员和监管人员会注意到风险计量仪的转换，并很可能对这种转换持否定态度，特别是如果银行经常这样做的话。

操纵风险计量仪的更好方法是精心挑选纳入投资组合的资产。选择那些能达到高回报目标但又不会显著增加度量风险的股票。从技术上讲，我们在投资组合优化问题中加入了另一个约束条件：在两个约束条件下实现收益最大化，低报告风险和高真实风险。这是有可能的，因为风险计量仪就像漫画一样，我们寻找能利用风险计量仪弱点的资产：小下巴和大鼻子。任何具有一定量化技能的人都很容易做到这一点，而合规部门和监管机构几乎无法察觉。当我尝试对一个样本投资组合进行优化时，我只花了几分钟就将其 VaR 值降低了 70% 以上，而预期回报没有太大变化。

操纵风险计量仪的一种方式是使用期权。我在《金融风险预测》一书中提到过一个令人震惊的例子。可以围绕实际 VaR 值和期望 VaR 值审慎而明智地买卖期权，从而最大限度地降低风险计量值，又不对其他指标产生显著影响。[3] 这样做是对银行风险管理系统的公然滥用，理应会被风险控制人员发现。然而，如果你实施得更加巧妙，那么它很可能永远不会被发现。

有许多类似的方法可以操纵风险计量仪。有些很容易被发现，有些则只有冒这个险的人才知道。如果你对我的说法持怀疑态度，认为我只是一个编造现实中不存在的极端例子的学者，那么请三思。2008 年瑞银巨亏的原因正是我所描述的操纵现象。

虽然许多银行在 2008 年金融危机中遭遇重创，但其中最引人注目的是一家瑞士银行——瑞银。瑞士联邦银行委员会要求瑞银发布了名为《关于瑞银减记的股东报告》的事后报告。报告相当精彩，清晰而冷静地指出了所有出错的地方：这是一个渴望操纵风险管理过程并最终自欺欺人的极好例子。罪魁祸首是 2007 年瑞银在由美国次级抵押贷款构成的担保债务凭证中损失 190 亿美元。[4]

瑞银使用 VaR 值衡量风险，这显然表明该行没有意识到担保债务凭证的高风险。对于担保债务凭证来说，VaR 值是最糟糕的风险测量方法，因为 VaR 值的构造决定了它无法捕捉具有稳定收入和低频高损特性的资产风险。[5] 瑞银本可以做得更好。瑞银拥有其购买的每一笔抵押贷款的全面信息，没有人阻止瑞银分析这些数据，如果瑞银分析了，就会发现疑点。事实上，瑞银的一些竞争对手确实通过仔细分析数据，避免了在次级抵押贷款上的巨额损失。瑞银的风险管理者选择了一个专门设计的、不捕捉次级抵押贷款风险的风险计量仪，并将其纳入了对银行整体风险的计量中，尽职地报告给了高级管理层、瑞士监管当局和瑞银的审计师——安永会计师事务所。没有人表示担忧。瑞银在以为自己愚弄了监管机构的同时，忘记了这实际上也是在欺骗自己。

操纵风险计量仪的另一种方式是，利用原本旨在保护我们的风险管理技术。利用监管法规来隐藏风险。根据巴塞尔协议的规定，银行应该计量其市场风险，并向监管部门报告风险数值。实现这一点的方法是"红绿灯规则"——风险仪表盘的顾问和设计师所钟爱的技术。"红绿灯规则"规定，一家银行每年可以有 3 天的实际损失超过计算出的 VaR 值。这给了银行一定的回旋余地，只要它们每年突破 VaR 值的次数在 4 次以内，就会留在绿区；如果突破的次数为 5~9 次，则进入琥珀（黄）区；如果超过 9 次，就会进入红区。

处于绿区的银行必须至少持有 VaR 值 3 倍的资本；如果处于琥珀（黄）区，则最低监管资本为 VaR 值的 3~4 倍；如果进入红区，则最低监管资本为 VaR 值的 4 倍，同时可能要接受现场检查。显然，VaR 值越高，银行必须持有的低收益资本就越多，持有的高收益、高风险资产就越少。因此，银行希望将其计量的风险最小化，从而减少其必须持有的昂贵资本。回想一下"伦敦鲸"的例子。

想象一下，假设一家银行知道其真正的 VaR 值，但监管机构只知道银行报告的 VaR 值。同时，假设该银行打算完全遵守法规，遵守"红绿灯规则"，但仍想承担更多风险，那么会发生什么呢？我和周晨在《为什么风险如此难以计量》一文中研究了这一问题。事实证明，即使在银行完全遵守"红绿灯规则"的情况下，少报风险也是很容易的。我们尤其感兴趣的是银行如何应对"红绿灯规则"的控制。银行将改变资产的构成，从价格波动很大（但不过度）的资产转向价格通常保持相对稳定但有时会遭受重大损失的资产。用金融学术语来说，银行倾向于选择波动性较低、尾部风险较高的资产。这类资产的优势是让银行看起来不错，但代价是让银行更有可能倒闭。就像瑞银投资的担保债务凭证一样。

找到这样的资产很容易。由于我们手头有证券价格研究中心（CRSP）数据库，即美国每日股票回报的整个数据库，我们只需搜索同时符合某些盈利标准和风险管理标准，又能让银行保持在绿区的股票。结果证实了理论预测。由于监管的运作方式，绕过监管的最佳方式恰恰是增加监管不希望银行承担的风险。但是，前文的例子仅适用于《巴塞尔协议 II》，目前实施的《巴塞尔协议 III》用预期尾部损失取代了 VaR 值，而预期尾部损失无法以这种方式进行操纵。

资本结构套利

要了解风险计量仪在实践中是如何被滥用的，方法之一是研究所谓的资本结构套利，即操纵资本规则，使资本比率看起来尽可能高，但实际水平却非常低。所有这些操作都不违反法律规定，也不会引起监管部门的注意。资本结构套利之所以可行，是由于银行资本的复杂性。由于银行在资本计算方面存在相当大的容错空间，甚至可以完全操纵资本计算，因此银行非常擅长这种技巧。如果有银行希望看上去拥有较多资本，但实际仅持有较少的资本，那么它们可以通过巧妙的金融工程技巧，使银行资本显示为它们想要的几乎任何数值。有一些咨询公司专门致力于帮助银行实现这一目标。

这种资本结构套利让许多银行在2008年金融危机中陷入困境。我在上一本书《全球金融体系：稳定性与风险》中详细研究了这一点，当时我看到那些看似资本非常充足的银行即将破产。这是不应该发生的，如果它们发放了高风险贷款，相关的风险应该反映在风险权重中，进而影响资本。事实证明，由于银行进行了资本结构优化，资本水平是虚幻的。

资本比率由两个部分组成，分子是资本，分母是风险加权资产。资本结构套利包括分子最大化和分母最小化，从而获得尽可能高的资本比率。分母取决于资产（通常是贷款）价值及其风险权重。由于大多数贷款缺乏流动性，没有市场价格，确定其价值的唯一方法是使用估值模型。计算风险权重更加困难，因为我们必须使用风险计量仪。由于分母计算的两个部分都基于模型，银行有足够的空间选择使分母尽可能小的模型。同样，分子也很容易被操纵，因为资本是由股权和资本工具组成的，结果证明，这些资本工具的属性不是很像权益，特别是混合资本工具。

我可以通过两种计算资本比率的方法来说明这一点：一级资本除以风险加权资产（风险加权资本比率），股本除以总资产（杠杆率）。前者有很大的操纵空间，但后者没有。由于风险权重的关系，杠杆率总是低于风险加权资本比率。图8-3展示了两个比率随时间的变化情况。风险加权资本比率呈上升趋势，表明随着时间的推移，银行资本越来越充足，越来越安全。但杠杆率呈下降趋势，表明银行资本水平降低，风险加大。

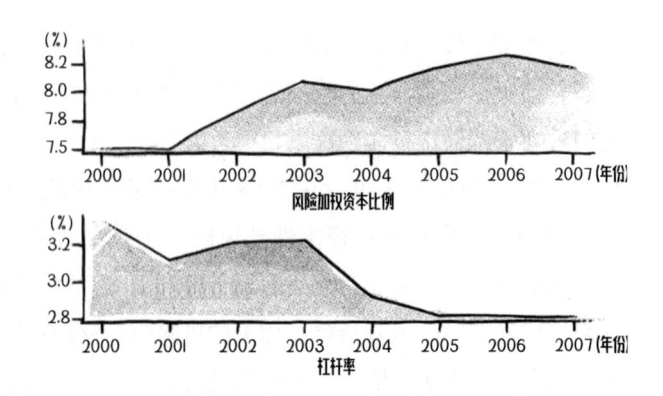

图8-3 2008年金融危机前欧洲银行的风险加权资本比率和杠杆率

资料来源：图片由卢卡斯·比肖夫/IllustrationX 绘制。

量化世界里不可避免的危机

对量化世界来说，这周三是人们在很长一段时间内都会记住的一个日子。模型预测万年一遇的事件连续三天每天都在发生。——《华尔街日报》，2007年6月

2007年6月的量化世界危机预示着全球金融危机的开端，这场危机在14个月后达到顶峰。术语"量化世界"（Quantland）指的是一种特定类型的投资基金活动，它用计算机算法代替了人类的决策。这些基金通常被称为量化基金，是使用量化策略基金的简称。

管理基金的经典方法是，像全球最成功的投资者沃伦·巴菲特的伯克希尔·哈撒韦基金一样，通过公司基本面来分析公司的相对实力。量化基金摒弃了这一做法，转而收集大量的统计信息：可以想到的每一种资产的价格、经济状况，以及它们可以得到的所有其他信息。这些数据

被输入算法,以识别所有这些数据在过去对价格的影响程度,进而使用上述分析结果来预测未来价格走势。然后,将算法投入市场交易,以比任何人都快得多的速度,自动买卖所有类型的资产——股票、债券、衍生品等。人类只是间接地监督算法的决定,以确保它们不会太疯狂。

量化基金的雇员与传统基金不同。他们不是会计师、经济学家或金融专家,更多是来自计算机科学、物理和统计学等技术学科专业,通常拥有全球顶尖大学的博士学位。所有的量化基金都认为自己拥有最好的信息、算法、计算机和人力资本,能够比它们的竞争对手抢得先机,更不用说与速度慢得多的传统基金相比了。

到2007年夏天,量化基金已经非常成功,基金的平均表现比基准水平高2%。有些基金表现更为出色。高盛的旗舰基金——全球阿尔法基金在2005年4月至2006年3月的收益率为48%,然而1996年,即该基金成立第一年140%的收益率更加令人印象深刻。2007年6月,当市场价格开始向计算机预测的反方向波动时,量化基金得到了应有的惩罚。量化基金的算法被程序设定为摆脱亏损的投资,所以当价格下跌时,它们会自动卖出。因为它们出售资产,资产价格下跌,而又因为价格下跌,它们出售更多的资产。所有的量化基金同时出售资产,因此价格走势一致,就像危机中通常的情况一样。图8-4展示了一个典型的内生风险反馈回路。

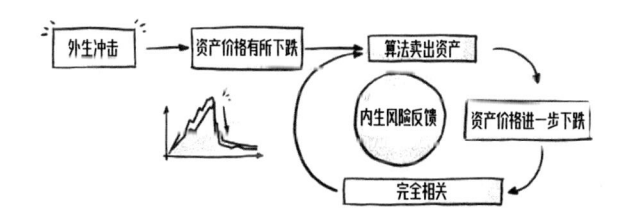

图8-4 2007年量化世界危机

资料来源:图片由卢卡斯·比肖夫/IllustrationX 绘制。

所有风险计量仪和聪明的定价模型都未能预测到这种可能性，因此损失惨重。全球阿尔法基金在2007年7月下跌了7.7%，同年8月又下跌了22.7%。这并非个例，因为大多数量化基金都遭受了类似的损失。相比之下，美国股市在2007年7月下跌了3.3%，在同年8月上涨了1.3%。全球阿尔法基金在遭受了更多的损失之后，最终于2011年秋季终止。事实上，量化基金的掌门人高估了自己的聪明才智。每个人都认为自己的量化基金是最聪明的，使用最先进的独门技术赚取利润。实际上并非如此，因为量化基金本质上都在做同样的事情。在危机发生前风平浪静的"大缓和"时期，什么都没发生，这一点是被忽视的。危机发生所需要的只是一个触发事件。这是典型的内生风险崩溃，就像千禧桥的摇晃一样。

当隐藏的风险因素触及未见的触发事件时，危机就会发生，这里的情况正是如此。其中隐藏的风险因素是所有算法程序都在以同样的方式应对市场动荡。但在出现价格大幅下跌引发算法的自我保护倾向之前，这是不为人知的。时任高盛首席财务官大卫·维尼亚负责向全世界解释全球阿尔法基金的亏损，"我们看到的是连续几天出现了偏离度25个标准差的波动"。在正态分布下，这种说法意味着，发生偏离度25个标准差的损失事件的概率为 10^{137} 天（1后面有137个0）发生一次。相比之下，美国宇航局告诉我们，宇宙的年龄约为140亿年，而地球则年轻得多，约为45亿年。

要么量化基金真的非常倒霉，要么它们远没有自己想象的那么聪明。从内生风险的角度来看，2007年的量化世界危机是不可避免的。这是"大缓和"时期与旨在利用这种安宁状态的激进市场参与者共同作用导致的。毕竟，当我们认为风险很低时，我们的自然反应是什么？当然不是无所作为的保守应对。我们会像明斯基所说的那样——冒更大的风险。一开始对市场没有影响，但最终越来越多的资金涌入市场。一开始利润很丰厚,然后回报率越来越高,因为每个人都进入了市场,而风险计量值仍然很低,这是由于价格稳步上涨但波动性很小的原因。

对垃圾的需求——金融炼金术:担保债务凭证与2008年全球金融危机

在1869年德米特里·门捷列夫发表元素周期表之前,化学元素的概念还没有被很好地理解。人们甚至相信炼金术可以把廉价的贱金属变成黄金。只需找到正确的配方,就会有令人难以置信的财富等待着人们。尽管门捷列夫证明了炼金术在现实世界中不可能实现,但现代金融炼金术的实践仍然很活跃——将不受欢迎的廉价资产变成人人渴望的资产。

金融炼金术是2008年全球金融危机的核心,尤其是担保债务凭证。它之所以得名,是因为其使用各种类型的债务工具如住房抵押按揭贷款、贷款或债券,作为证券化产品发行的担保。自2007年初起,担保债务凭证成为一个越来越令人担忧的问题。当时,我要在伦敦政治经济学院开设一门新课《全球金融体系》,因此开始研究担保债务凭证。我几乎找不到任何关于担保债务凭证的工作机制,特别是相关风险的背景材料。唯一能找到的是关于如何构造担保债务凭证的技术讨论,以及关于该产品优势的营销宣传材料。这就是金融炼金术的一切:将高风险的垃圾资产转化为黄金——安全无风险。

最后,我打电话给在金融业工作的学生,他们很友善地帮我联系了愿意向我介绍担保债务凭证机制的专家。我了解到的情况无疑是可怕的。如果我想了解实时股价,我所要做的就是通过彭博进行查询。对于担保债务凭证来说则没那么简单,因为彭博上没有它的市场价格。相反，我需要通过复杂的模型才能计算出价格，要度量风险，我需要一个更复杂的模型。有很多地方会出问题。不仅如此，用于计算担保债务凭证价格和风险的模型也存在致命缺陷。担保债务凭证的运作方式是银行购买高风险债务，如次级抵押贷款、垃圾债券或任何高风险债务。假设我购买了100笔次级住房抵押按揭贷款，随着时间的推移，一些抵押贷款借款人可能会陷入困境。他们可能会生病或失业，然后违约。然而，这100笔房贷同时违约的可能性很小。

现在金融炼金术上场了。根据还款计划，每个月我应收到100笔房贷还款。于是，我向玛丽承诺，会将前5笔还款给她，无论具体来自哪几笔房贷。伊英随后购买了获得接下来20笔还款的权利。重要的是，如果有95笔次级住房抵押按揭贷款违约，玛丽就会得到她所有的还款，但伊英什么也得不到。摩根大通银行购买了获得接下来65笔还款的权利，保罗买下了获得最后10笔还款的权利。玛丽的投资是最安全的，保罗的风险最大，所以玛丽会为她的权利支付最高的对价，保罗支付的对价最低。这些权利被称为分级。

玛丽获得前5笔付款的权利是非常安全的，信用评级机构给她的评级是AAA级。这一部分通常被称为超级优先级，因为偿付的确定性极高。伊英的这部分债券的安全性较低，仅获得AA级，而摩根大通银行的部分评级更低，为BBB级。中间部分被称为中间层级。保罗是最后获得支付的，他的那部分被称为股权级，或者通俗地说是有毒废物级。我们假设，一个家庭违约对其他家庭的违约概率没有任何影响。通常，这是一个没有恶意的假设，因为每个家庭违约的原因都是特定的，可能是疾病、残疾或死亡。尽管个别家庭很可能违约，但所有家庭都违约的可能性非常低。

这就是金融炼金术。我们已经把高风险资产变成了非常安全的资产。其中有没有忽略什么？有，那就是经济增长放缓的可能性。当经济表现良好时，房贷违约事件大多是相互独立的。但在经济衰退时，工厂倒闭，员工下岗，失业人群不再光顾当地的餐馆、超市和理发店，经济困境蔓延，最终同一社区可能会出现大量家庭房贷违约。

当经济状况良好时，房贷违约是个别事件，但在经济衰退中房贷违约具有传染性。问题是美国上一次经济衰退发生在1992年，而次级住房抵押按揭贷款直到1993年才真正开始发展。用于训练风险计量仪的数据没有包含衰退期的数据，因此风险计量仪不知道工厂关闭和人们失业的可能性。在美国，单家银行通常的做法是，在同一个县广泛开展次级住房抵押按揭贷款业务，这使问题变得更糟，因为生活在同一地区的人可能受雇于相同的雇主。

那么，最初人们为什么会想到把次级住房抵押贷款放入担保债务凭证中呢？原因在于有些层级比其他层级更容易出售。最安全的超级优先级和最不安全的有毒废物级几乎没有买家，而中间层级是最受欢迎的，因此，担保债务凭证的发行人自然尽可能地将中间层级扩大。然而，这意味着底层资产不能是太安全的资产。例如，如果将美国政府债券放入担保债务凭证，最安全层级的规模就会增加。因此，担保债务凭证创造了对垃圾资产的需求。2008年我的朋友在一家银行的司库部门工作，有一天他接到一家大型国际银行的电话，说要拆借给该行一大笔资金。我的朋友对此有点吃惊，他问对方当天是否看过彭博，是否注意到他所在银行的信用违约互换价格非常高。对方说："是的，这就是我打电话给你的原因，我需要一些风险资产构建组合。"我的朋友代表银行接受了对方的贷款，他告诉我，在几个月后当全球金融危机爆发时，这家大型国际银行损失了96%的资产。

没有多少投资者想购买股权级，所以聪明的银行家找到了一种能使这部分债券级别提升的方法，即将它们组成一个新的产品，命名为担保债务凭证平方（CDO-squared）。这个想法非常聪明，但模型风险被进一步放大，因为现在我们既面临初始担保债务凭证的模型风险，又面临着新的担保债务凭证平方的模型风险。真疯狂！市场上甚至出现了担保债务凭证立方（CDO-cubed）。

由于超级优先级和股权级很难出售，银行往往自己持有这部分债券。当然，因为超级优先级都是 AAA 评级，所以没什么问题。股权级虽然风险很高，但模型并不认为它们风险特别高，因此相应的资本占用是有限的。这就是导致 2007 年下半年所有银行业问题的原因。随着担保债务凭证的评级下调，突然之间，银行所持资产的风险上升，资产价值比最初认定的低得多。银行发现自己陷入了严重的困境，快要突破监管资本约束了。这也是瑞银失败的技术原因。

如果高利润的标准之一是最大限度地利用垃圾资产，那么其结局不佳也就不足为奇了。理查德·比特纳在《贪婪、欺诈和无知：美国次贷危机真相》一书中描述了这样的悲惨结局。没有人关心品质。他们需要的是大量风险尽可能高的次级住房抵押按揭贷款。

猫鼠游戏

当我讲授有关风险预测的高管课程时，大多数学生就职于监管机构、风险管理或合规部门，他们希望了解最新的技术。但有一天我遇到了一位交易员学生。我们聊了起来，我问她为何选这门课，她说她的风险经理用的是 VaR 值，她想知道 VaR 值是如何计算的，这样她就可以做她想做的事情，不受讨厌的风控人员的干涉。虽然我们都知道监管机构与银行之间会就银行可以承担多大风险进行争论，但交易员和风险经理之间的争论要激烈得多。前者希望随心所欲地投资，而后者的任务是确保交易员按照公司的要求承担风险，风险不能太低，也不能太高。风险经理和交易员的目标之间存在着永恒的矛盾，经济学家称之为委托代理问题。

因为交易员和风险经理都知道风险计量仪的所有优缺点，于是一场猫鼠游戏就开始了。交易员试图利用这些弱点，而风险经理试图堵住漏洞。风险经理会使用"防火墙"，这个术语可以追溯到大萧条时期，当时美国政府希望针对同一家公司，银行对其开展的研究业务（需要保持客观性）与处理其上市的业务之间的利益冲突最小化。监管部门允许一家银行同时开展这两项业务，但要求设置防火墙，将两个部门隔离。风险经理希望的理想状态是风险计量仪完全屏蔽交易员——建立起一道防火墙。但对任何风险经理而言，试图控制一位精通风险计量仪的交易员都是一场噩梦。更糟糕的情况是，交易员在被提升到交易岗位之前，曾经从事风险管理或合规工作，并了解所有诀窍。法国兴业银行的交易员杰洛米·科维尔给银行造成了69亿美元的损失，他在晋升为交易员之前，曾是一名合规人员。

如果玛丽是一位自营交易员，风险经理应该告诉她，风险是太高、太低，还是恰到好处。风险经理不应该告诉玛丽，VaR值目前是200万美元，目标值是150万美元；甚至不该告诉玛丽，自己正在使用VaR值度量风险；风险经理更不能告诉玛丽，自己是用广义自回归条件异方差模型计算出200万美元的VaR值。交易员越了解风险度量方法，就越容易操纵风险管理流程。这正是我的高管课程班上的交易员学生想要达到的目标。

问题是虽然防火墙在理论上听起来很棒，但在实践中并不好用。毕竟，风险模型无法被隐藏，因为它必须产生结果。与此同时，由于利润受到威胁，有人会批评防火墙没用、不公平、过分谨慎。在由此产生的政治博弈中，风险管理者只有在危机发生后才会胜出，那时人们对刚发生的损失记忆是新鲜的，恐惧仍普遍存在。在正常情况下，创造利润的交易员会比风险管理者拥有更大的政治权力。在利润可观时，高级管理层对交易睁只眼闭只眼。与瑞士信贷银行一样，风险管理部门被噤声，银行在阿齐戈斯资本管理公司上损失了至少 47 亿美元，格林希尔资本管理公司的倒闭又使其客户损失了高达 30 亿美元。这一切都发生在 2021 年初。

正确使用风险计量仪的五个原则

风险来自未来，但我们只知过往。

在我发表关于风险计量仪问题的博客文章《风险与危机》后不久，我收到了一位风险管理者的有趣评论："作为一名风险管理者，我充分认识到所有基于历史数据或根据历史数据校准的模型的缺点。但我需要一些实用的、客观的和可理解的工具来衡量风险，设定和执行限额，在必要的时候鼓励相关人员就头寸进行讨论。旁观者提出批评是很容易的——下次请提供一个替代解决方案。"[6] 他是对的。我们很容易陷入过度虚无主义的陷阱，批评而不提供替代方案。风险计量仪是有用的，我们必须管理风险，如果我们不使用风险计量仪来管理风险，我们就要凭湿手指在迎风一侧更凉爽的感觉来估计风向。因此，作为回应，我和朋友罗伯特·麦克雷合作，写了几篇关于"风险模型的正确运用"的博客文章。我们的基本观点是，风险只能根据我们希望避免的结果来定义，如何最好地评估风险主要取决于我们想要什么。在本书第五章"风险计量仪的迷思"中，我举了保罗、安和玛丽的例子，他们出于不同的目的都投资了谷歌股票。尽管三人持有相同的投资组合，使用相同的技术，但他们测量风险的方式有所不同。因为玛丽关心未来 70 年的风险，安关心未来 6 个月的风险，而保罗关心接下来一周的风险。

罗伯特和我提出了正确使用风险计量仪的五个原则。第一个原则是风险来自未来,但我们只知道过去。风险计量仪所能做的只是将过去映射到未来,而且要想准确预测,许多条件必须保持不变。真实的历史必能反映未来,没有令人讨厌的意外,这是遍历性假设。与此同时,创造风险计量仪的人必须尊重历史,避免数据探测。如果我们认为历史不是未来的可靠指南,就不要使用风险计量仪,去做些别的事情吧。

第二个原则是风险计量仪的意义不在于预测糟糕的结果。它的作用就是告诉我们不好的事情可能会发生。因此,即使所有事情都出错了,或者什么问题都没有,我们也没有足够的理由来批评或赞扬风险计量仪。这是一个经常被违反的原则,例如在对重大损失进行事后分析时。当出现一个糟糕的结果时,每个人都成了专家,批评是很容易的,这就是"事后诸葛亮"。

第三个原则是如何计算风险取决于人们害怕什么。在评估风险时,要不惜一切代价避免"一刀切"的方法,如 VaR 值。我们各自不同,有不同的需求,需要不同的风险计量仪。不幸的是,我们正在朝着"一刀切"的风险计量仪的方向发展。当每个人都使用同一个风险计量仪时,个体的失败会为集体的失败所掩盖。

第四个原则是不要发生概率偏移。建立一个度量短期风险(如 95% 置信区间下的每日 VaR 值)的模型,并使用该模型估计千年一遇的事件是很容易的,就像我之前解释的那样。做起来很简单,但要使数字有意义,我们至少需要两个强假设——遍历性和正确的参数形式——但这两个假设都与现实世界不符。

第五个原则是金融风险是内生的,是由构成金融体系的人相互作用而产生的。内生风险限制了风险计量仪的功能,因为风险预测涉及

第八章　如果你不能承担风险,请更换风险计量仪　175

预测人们的行为。一般来说，当风险计量仪专注于短期和非极端结果，且目标资产被很多人交易时，它的表现最好。对于低流动性资产的长期和极端风险，风险计量仪是无效的，因为其中涉及预测人类行为，这对计算机算法来说要求太高了。

. . .

风险计量仪应该像药物一样带有警告语：如果正确使用，药物会有帮助，但也有副作用甚至导致死亡的风险，所以要小心。虽然药物有致命副作用，但不会成为你不吃药的理由，同样，风险计量仪的副作用并不意味着我们不应该使用它们。不测量风险，就像西谚所言，是把湿手指竖在空中，靠来风一侧更凉爽的感觉来判断风向。虽然风险计量仪并不完美，但它能显示风险，如果使用得当，则会非常有用；如果被滥用，则会造成很大的损害。就像药物一样。优秀的风险管理者告诉我，他们同时使用许多风险计量仪。通过对同一风险头寸进行多次计量，并了解每个风险计量仪的原理，他们可以结合主观判断和风险计量仪的客观输出进行综合决策。

摩根大通银行的"伦敦鲸"和瑞银的例子表明，操纵风险计量仪的可能性是真实存在的，更不用说流氓交易员的存在。无论一家银行多么善良，操纵行为都很难被察觉，直到一切全乱了套。即使高管层打算完全遵守监管规则的精神和条文，奖金和晋升等内部激励措施也会导致交易员利用风险管理系统：滥用风险计量仪。尤其令人担忧的是，监管规则可能会鼓励银行承担最糟糕的一种风险——尾部风险，其反而增加银行倒闭的可能性。原因很简单：人们倾向于使用风险计量仪实现利润最大化，而不是将其作为风险控制的工具——这就是"伦敦鲸"事件的症结所在。

有人在乎吗？尽管 2008 年发生了那么多严重的倒闭事件，风险计量仪仍然被广泛使用，银行和监管者也越来越多地使用它们。一个简单的事实是，若没有风险计量仪，现代金融体系就无法运转。如果我们委托他人管理资金，我们就需要监控他们承担的风险。在实践中，这意味着必须使用风险计量仪。记住，不要对风险计量仪有过多的期待。对于承担金融体系维稳职责的人来说，尤其要关注风险计量仪的缺陷。

第九章
"金发姑娘原则"的挑战

你看到什么？光明。黑暗。两者的平衡更为强大。

——《星球大战：最后的绝地武士》(2017)

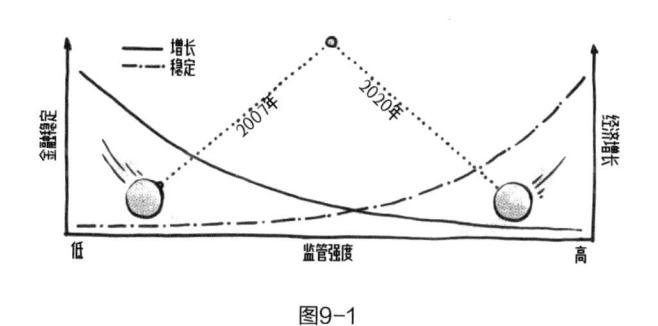

图9-1

资料来源：图片由卢卡斯·比肖夫/IllustrationX 绘制。

当我在伦敦政治经济学院给研究生讲授银行救助案例时，曾让我的学生假设自己是本国财政部长。某天上午，你接见了你们国家最大银行的行长，他说他的银行将在当天下午5点宣布破产，除非你能够

第九章 "金发姑娘原则"的挑战　181

为他提供 500 亿美元的救助资金。如果他的银行破产，就会将整个国家的经济拖下水，引发一场系统性危机。你有两项明确的选择：一是告诉他这是虚张声势，并拒绝他的要求，甘冒金融崩溃的风险；二是为你们国家一些最富裕的人提供 500 亿美元。这可不是一项容易的决定。在那一刻，你的政治立场已不重要，无论是右翼还是左翼。无论你是一位认为政府既不应该监管也不应该解救私营企业的自由派人士，还是一位憎恨右翼金融精英的社会主义者，并主张对他们课以重税，严加监管，使其难以生存。你需要考虑的问题只有一个：这位银行家是否在讲实话？如果你认为他的话属实，那你别无选择，只能妥协。

理由是没有一个政府可以忽视系统性风险。因为后果非常严重，我们必须竭尽全力防止系统性风险发生。实证经验表明，最坏的结果是政府在一场重大危机后下台。你会失去工作，那可不行。在面临 500 亿美元的礼貌请求或强烈要求时，你需要多加了解国家的金融体系状况及相关的银行，信息越多越好。这不仅会帮助你判断是否被利用，而且有助于你找到更好的、成本更低的解决办法。如果你能提前对相关情况了如指掌，或许就可事先防止该银行破产。

19 世纪的美国联邦政府对银行业鲜有监管，基本交由各州负责。当时美国甚至没有中央银行。每当出现危机，私人部门就自己想办法。鉴于美国极易遭受危机冲击，要求建立中央银行并实施金融监管的呼声日益高涨。即便这样，美国的政治层面并不热情。在经历了 1907 年的金融危机之后，私人部门最终克服了政治上的反对，这还得归功于其应对危机的方式。在 1907 年，约翰·皮尔庞特·摩根是美国银行界的泰斗，他曾以自己的名字建立了一家银行，该银行后来因 1935 年的《格拉斯－斯蒂格尔法案》而一分为二，即摩根大通和摩根士丹利。事实上，他扮演了中央银行的角色，既直接提供流动性，又仰仗其他银行提供流动性。他在这一过程中不断使自己及其伙伴腰缠万贯，同时惩罚对手。摩根在应对1907年金融危机的做法上被认为有些出格，因而政治领导层意识到成立中央银行是早晚的事。虽然出于政治原因不能称之为中央银行，但美国联邦储备系统（简称美联储）还是在1913年成立了。

当时，美联储并没有多大权力，也不想要什么权力。在大萧条时期，美联储所做的就是什么都不做。1963年米尔顿·弗里德曼和安娜·施瓦茨的权威研究报告表明，美联储在大萧条时期未能及时增加流动性是造成局面恶化的主要原因。他们的结论决定了为什么我们在2008年金融危机爆发后向市场注入了大量的流动性。各国央行下定决心要避免前辈在大萧条时期所犯的错误。我曾经与一位央行行长聊天，他告诉我，他应对2008年金融危机的动力，来自会议大厅墙上一幅大萧条时期前辈的画像。他盯着那幅画像对自己说："你都做了些什么？我要反其道而行之。"直到罗斯福总统上任后，美国政府才赋予美联储应对危机的使命和义务。

当危机发生时，政府没有做好充分计划就被迫出手干预，这是最糟糕的情景，阿根廷人在1994年就曾为此付出代价。数年前，阿根廷政府宣称它绝不救助任何一家银行，但未料到1994年墨西哥爆发"龙舌兰酒危机"，因此只好尴尬地收回先前的誓言。为终究会到来的危机做好准备，远远胜过一切。

在一场糟糕的事件来临之际，要确保中央银行充分了解金融体系并能够随时进行干预，但仅此是不够的。央行所做的决定本身也会产生间接后果，因此需要采取进一步的监管等措施。央行一旦迈出第一步，就需要走完全程。这就像一场婚姻，我不能仅想从配偶那里挑我所爱，弃之其余，婚姻是一揽子交易。金融监管也同理。当然，我们的期望值不应太高。管理当局永远不会有百分之百的把握，管理者也会犯错，甚至是巨大、昂贵、愚蠢的错误。做"事后诸葛亮"去批评别人很容易，但金融监管绝非易事。泡沫总是令人感到温暖，因此要想任何金融当局去阻止可能会引发一场危机的过度风险承担都是非常困难的，甚至完全不可能。鉴于公众只看到好处，政客自然选择跟从。还有银行大亨，即使他们应该知道泡沫有多危险。

技术官僚应当是知情的。然而，如果他们提醒公众，就有被谴责的风险，可能会失去收入，甚至会被起诉。希腊统计局原局长安德烈亚斯·乔治奥的教训便是一例。在我的祖国冰岛，当潜在的危机在2008年春季已显而易见时，政府部长仍在指责那些警告这场危机会使大家泪流满面的人，有的官员甚至呼吁银行增加风险。从最终来看，要听取美联储前主席小威廉·迈克切斯内·马丁的忠告，是一项艰难的选择。他曾说，美联储最重要的工作是"当聚会渐入佳境时拿走大酒杯"。金融当局面临"金发姑娘原则"的挑战：不能像美国在19世纪那样撒手不管，也不能像今天的古巴或朝鲜那样什么都管。要恰如其分。

1866年的教训

19世纪伊始，各国还谈不上金融监管。每当想到银行，政府关心的仅是强迫它们购买政府债券。当时属于金融犯罪的只有盗窃，有时会被处以死刑。这种惩罚只适用于为能弄口饭吃的穷人，而不是那些从商业伙伴、客户、政府或者公众身上抢钱的银行家。那时没有信息披露的规定，在公共场合撒谎完全合法，在道德上也可被接受。当奥弗伦格尼（O&G）公司破产并引发1866年危机后，这样的日子便不复存在。O&G公司是伦敦一家值得信赖的金融机构，是当时全球最大的提供商业贷款的银行。1866年9月30日，就在O&G公司破产的第二天，这家银行被称为"王国最伟大的信贷工具"。[1]

英国能够成为当时世界上最大的工业化国家，商业信贷市场的发展是主要原因之一。处于萌芽期的英国资本家，发现他们比世界其他地区的同行更容易筹措资金——时下的风险资本主义。当时，航运是风险大但获利高的风险投资之一，而建造新船和开发新航线在19世纪中叶属于高技术产业。在O&G公司运营的绝大多数时期，它并没有参与这种高风险的放贷业务，但它的合伙人最终还是渴望增加他们已经非常庞大的财富，于是决定将钱投向航运技术。但他们将赌注押在了错误的技术上，不久便面临破产。在O&G公司实际破产之后，合伙人为了保全自己，决定实行股份公司制，将公司股份面向公众出售，并对潜在的股东说银行非常安全，没有坏账。这在当时是合法的，任何公司均无义务公布账目，披露实际财务状况，或者实话实说。

在O&G公司破产之后，当时的《经济学人》杂志编辑白芝浩曾写道，那些合伙人做生意的方式"是如此的鲁莽和愚蠢，哪怕是一个孩子在伦敦城放贷，也要比他们好得多"。这些人以为英格兰银行会出手相救，因为英格兰银行派出了三位银行专家查看O&G公司的账目。没过多久，这三位专家就意识到O&G公司已经资不抵债。英格兰银行面临一项棘手的决策：如果O&G公司垮塌，则将会引起市场恐慌；如果O&G公司获救，那么在这场游戏中的其他公司也会期待被救助。英格兰银行最终选择让O&G公司破产。人们不清楚英格兰银行为何做出那样的决定。担心助长道德风险是一个明显的理由，但也不排除其他因素。英格兰银行是一家私营机构，与其他类似于O&G公司的银行是竞争关系，它未来的利润很可能会得益于一个强大竞争者的失败。由于英格兰银行既没有帮助O&G公司摆脱困境，也没有给出任何形式的支持，甚至拒绝提供政府债券抵押贷款，因此恐慌在整个银行体系中蔓延。就连原本安全的资产，如政府债券（也被称为金边证券），同样出现了市场枯竭。

除英格兰银行之外，19世纪的金融机构流行合伙人制度。这意味着O&G公司的合伙人本应承担所有损失，若不是他们在最后一刻完成了股份制改革。第三大资深合伙人来自巴克莱家族。几年之后，他创建了一家以自己姓氏命名的银行，这位最后的奥弗伦格尼合伙人成为最大股东。O&G公司的合伙人最终只是面临私诉，因为政府并不认为这些人做错了什么，拒绝对其提起公诉。他们能够被起诉的罪名仅是偷窃。在私诉中，合伙人聘请了最资深的政府律师为其辩护，因此这位律师既是被告的辩护人，也是庭审法官的老板。合伙人被宣判无罪。

当时并没有既定程序来处理大型银行破产问题。鉴于O&G公司1866年危机最终成为19世纪较为严重的危机之一，英国政府不得不采取一些措施，并责成英格兰银行委任白芝浩着手研究如何应对以后的危机。白芝浩于1873年发表了一份白皮书，确立了将英格兰银行的职责定位为最后贷款人的三项原则：

1. 中央银行应当自由放贷。
2. 按惩罚利率收取利息。
3. 以优质银行证券作为抵押。

白芝浩的建议被证明是可行的。英格兰银行遵照他的原则，成功化解了1878年和1890年的两次银行恐慌。相比之下，1847年、1857年及1866年的恐慌则导致了严重的金融危机。白芝浩对1866年金融危机的分析，以及为政府如何解决金融危机所提的建议，成为现代金融稳定研究和政策应对措施的创始文献。自那以后，白芝浩的分析建议对世界各国的决策产生了巨大影响。美联储拒绝参考白芝浩原则，在很大程度上导致了1929—1933年的大萧条。时至今日，我们仍然能看到白芝浩原则的影响力。2008年金融危机爆发时，人们反复援引他的观点。

泡沫和我们自欺欺人的惊人能力

泡沫是"金发姑娘原则"挑战中棘手的问题之一。泡沫不过是投机搞砸了的结果，将其捅破不就可以了？或者说，价格的快速增长反映了真实情况，人们应感到欣慰，并加以培育，而不是将其扑灭？日本和中国给出了两个完全相反的答案。

东京日本皇宫的占地面积不大，上次在东京我用不到一个小时就围着它走了一圈。在1989年，那块地皮的价值超过了整个加州。日本的购房者需要用几代人的贷款来购置住房。那时正好赶上二战之后经济奇迹般上升的尾巴，并于1992年随着一场有史以来最大的金融危机而宣告结束。在1992年的前30年，日本经济的年均增长率为5.1%。之后下降到0.7%。股票市场的情况甚至更糟。之前的年收益率为9.9%，之后仅约0.5%。[2] 日本的泡沫是典型的金融泡沫。最初，日本经济的快速发展得益于良好的基础、高质量的人力资源以及战后的重建。然而，经济增长如此之快，无论是日本商界还是日本政府，似乎都不会出错，这种认知掩盖了潜在的弱点。当日本不再有具有价值的产业投资项目时，房地产便顺理成章地成为投资目标，这也解释了为什么1989年日本皇宫脚下出现天文数字的地价。

房地产泡沫往往是在一场金融危机来临之前最后一个登场的。芝加哥大学罗伯特·阿利伯教授是一位著名的金融危机专家，他曾与查尔斯·P.金德尔伯格合著《疯狂、惊恐和崩溃：金融危机史》一书。

2008年春天他访问冰岛，在电视采访中引发了一场风波。事情的经过是这样的，罗伯特数了数雷克雅未克建筑工地上的起重机数量，并用得到的数据预测会发生一场金融危机。大家都说他错了。4个月之后，冰岛金融危机爆发，在当年的全球金融危机中最为严重。

日本人看不到泡沫，而是找各种理由解释日本为何与众不同。预测金融危机的最佳参考因素之一是人们将其文化奉为权威。日本经济模式独特，拒绝效仿欧美过时的短期资本主义，并建立起一个独一无二的、可持续的日本经济体系。日本的企业家变成了日本人喜欢称呼的经济家，他们能力超群，工作在一个优越的体系之中。然而现实却找上门来，经济规律没有例外。

泡沫的形成是一个潜移默化的过程。我们最初只是冒一点小风险，结果似乎还不错。于是我们开始不断增加风险，步子越迈越大，直到彻底崩溃。泡沫总会有的。20世纪90年代后期的互联网股票，2008年金融危机前的次级抵押贷款和结构性信贷产品，"喧嚣的20年代"，20世纪70年代初期的"漂亮50"股票，21世纪前10年的西班牙房地产……我们可以追溯到更远的历史。17世纪前10年的荷兰"郁金香泡沫"是有文献记载的最早泡沫事件，相信之前还有许多。新冠肺炎疫情防控期间金融市场的繁荣是否只是注定会破灭的泡沫？对于中国是否存在泡沫、情况是否在恶化，学者也有争论。

谁是对的？泡沫破灭之后，人们很容易自作聪明地行事，并说，"泡沫这么大，为什么投机者如此愚蠢，为什么当局不采取任何措施？我们只要收紧信贷即可。就这么简单"。然而，泡沫还是在不断发生。问题在于泡沫的存在仅在破灭之后才能证实——我们需要"事后诸葛亮"。在泡沫破灭之前，我们永远无法确定。错误地将某种现象称作泡沫——也就是统计学家所说的第一类误差，即错误地否定一项真实的假设——其成本是非常高的。

假设中国当局在 1995 年做出决定说，"不好，中国经济正在过度扩张，我们已处于泡沫之中，必须将增速降下来"，那么中国就不会有此后几十年 470% 的经济增长。我们很容易被这样的增速弄得眼花缭乱。中国或许会在将来某一天停止经济增长，届时人们会发现市场中的泡沫。但是，"狼来了"的游戏注定会失败。可能明天就会发生，也可能是在 20 年后发生。

就一些看起来非常明显的泡沫而言，例如 20 世纪 90 年代的互联网公司泡沫，可能不一定是坏事。泡沫造成价格崩盘，但也释放出大量的资金用于风险较高的投资，有的资金成为未来领头公司的种子资金。当今的网络巨头公司，如亚马逊和谷歌，就是在网络公司的泡沫中诞生的。英特尔和其他许多半导体公司在 20 世纪 70 年代初期的"漂亮 50"泡沫中脱颖而出，而像可口可乐等许多公司也是在"喧嚣的 20 年代"挂牌上市的。我们甚至不知道是否应该将这些事件称为泡沫。有效市场理论之父、诺贝尔经济学奖得主法玛[①]是最不相信泡沫之说的。他最近争辩道：对于泡沫，我希望有一个系统性的甄别方法。泡沫只是一个简单的假设。你必须能够预测它终将结束。人们为此而尝试的所有假设检验毫无效果。从统计学的角度看，人们目前尚未找到识别泡沫的办法。

金融管理当局很难应对泡沫造成的"金发姑娘原则"挑战。政治经济总是支持容许泡沫的扩大。打算捅破泡沫的当局面临双重风险。如果它们捅破泡沫，则将被指责搞垮了经济。如果它们任其发展，最后泡沫破裂，就会被指责为无能甚至受到更严厉的批评。

---

① 英文原文为 Fama French，系作者笔误。Fama 和 French（1993）提出的三因素、四因素资产定价模型对股票预期收益的变化具有较强的解释能力，是这一方面的代表性研究。——译者注

冰岛在应对"金发姑娘原则"挑战上失败的原因

规制设计者面临的首要问题之一是采用基于规则的监管还是基于原则的监管。基于规则的监管着重防止不良行为,就像防止我们超速的限速规定。基于原则的监管更注重结果,强调我们应当以一种不会造成交通事故的方式驾车,并综合考虑天气、路况、交通情况,以及所驾车辆的质量等因素。没有一种监管方式令人满意,需要将二者结合起来。如果固守一种方式,那我们很可能陷入麻烦。2008年的冰岛金融危机便是上述难题的例证。

2008年10月冰岛银行体系崩溃之后,其银行监管当局负责人在电视采访中被问及监管者的工作是什么。他回答说:"确保银行不违反法律。"对律师来说,这个回答没错。但对于经济学家来说,记者提的问题不对。问题应该是"监管的目标是什么",并需要一个直截了当的答案。监管的目标不是确保银行遵守法律,而是确保银行能够有效服务经济且成本合理,同时防范对社会造成危害的行为方式。冰岛的银行没有违反法律,但违反了监管的所有目标,而且没有受到任何惩罚。

如果法律足够宽泛,容许监管者实施法律的精神,那么强调遵守法律或许问题不大。冰岛的问题是法律体制尤其强调法律条文的字面意义,不愿考虑法律的目的。在绝大多数国家,监管当局往往要确定法律的精神,并颁布实现法律精神的条令。冰岛很难做到这一点,这导致了一些令人不解的结果。在金融危机发生数年前,银行监管者要求一家银行(银行A)增加股本——发行并出售新的股份——但这家银行不愿照办,因为担心这样做会稀释现有股东的股份。最直接的规避办法是银行发行新股,然后全部购回。但这是一种虚假交易,是不被容许的。

冰岛的银行找到了一种巧妙的规避方法。银行 A 将新发行的股票出售给银行 B，银行 B 将新发行的股票出售给银行 A。这可能意味着银行之间出现风险敞口，它们为此签订了一项盈亏合同，出现亏损相互补偿，出现盈利相互支付。如果银行 A 的股价下跌，银行 A 将补偿银行 B 的损失。反之，如果银行 A 的股价上涨，银行 B 则将其盈利支付给银行 A。对于冰岛监管当局及其严格遵照条文的法律观念来说，这是没有问题的。当然，整个过程都是虚假的，虽然符合法律，但没有提供任何保护。更糟糕的是，这形成了表面上的保护，会鼓励市场主体以为这些银行很安全，从而与其进行合作。危机之后，我与其他国家监管机构的一些熟人提及此事，他们听得目瞪口呆，都说这种交易在他们国家是不被容许的。即使没有明令禁止，但被认为是有违监管精神的。

但是，如果说危机前的监管过于放松，那么在危机后就有走向另一个极端的危险。冰岛监管当局的做法再次胜过其他绝大多数同行。2008 年金融危机之后，冰岛监管当局的主要工作就是推行本可防止危机的各项规定，在马匹跑光之后才想起关马厩的大门。冰岛的多项银行资本要求在世界上属于最高水平，同时，冰岛对金融体系的业务范围进行了广泛的限制。这造成的后果是，冰岛的金融服务在欧洲最为昂贵，很难开展未来增长所必需的风险投资。作为替代，冰岛将其财富来源押在不需要大量资本投入的旅游业上，结果却在 2020 年的新冠肺炎疫情冲击下垮塌。

冰岛监管当局未能成功应对"金发姑娘原则"挑战并不是个案，即使它们的失败尤其惨烈。所有国家或地区都会发生这种情况，并呈现出一种特别的顺周期性形式。经济上行时期，监管不断放松，放大了繁荣；危机之后，监管极度收紧，加剧了颓势。到了 2020 年，要求放松监管的呼声日渐高涨，而随着新冠肺炎疫情肆虐，金融稳定便退居经济繁荣之后。许多国家已经放宽了资本标准，而且多数迹象表明这种放宽力度还会进一步加大。不幸的是，上一次的危机经历总会对我们如何看待下一次危机产生不利的影响。决策者往往有患上"成功将军综合征"的风险，就像20世纪30年代的法国军队一样。

马其诺防线：为过去做准备

一战之后，当法国军队为德国再次入侵做准备时，法国人认为最佳方式是沿着法德边境构筑一条防御屏障。他们称之为"马其诺防线"。这里只有一个问题：当法国人以战壕和大炮准备另一场世界大战时，德国人亮出了闪电战。他们绕道阿登森林——法国人认为凭德军的技术无法从此穿越——完全避开了马其诺防线，最终从背后将法国攻陷。法国人患上了"成功将军综合征"——当敌人着眼于下一次较量的时候，自己却在为上一场战争做准备。

金融管理当局很难避免"成功将军综合征"。上一次危机占据了各大媒体头条，并被广泛研究。因此，避免历史重演必然会成为未来监管的重点。问题是危机虽会再次出现，但下次肯定会发生在不同的领域，一个人们从未关注的领域，例如新冠肺炎疫情。

那正是2008年之前几年乃至几十年间发生过的情形，那时人们认为传统的金融危机已经成为历史，各国央行真正关心的是通胀。央行这样考虑是可以理解的。高通胀率成为20世纪70年代和80年代初的"流行病"，似乎找不到解药。人人都为通胀所困扰。就我所知，仅一位美国总统在公开讲话中提到"三阶导数"——变化率的变化率的变化率——理查德·尼克松在1972年曾说："通胀的增长率正在下降。"滞胀——经济停滞与通胀同时发生——成为20世纪70年代的流行词。各国央行使出浑身解数，最终制服了通胀。到2007年，各国央行祝贺自己解决了主要问题。它们将货币政策降级为一个工程技术问题：只要微调利率，就能帮助它们实现目标通胀率。结果表明，它们并没有将通胀控制得很好：它们在之后的十多年里没能实现2%的通胀目标。

绝大多数央行认为，它们的使命不能被诸如金融稳定等其他次要目标影响。我记得在21世纪前10年的中期参加央行会议期间，央行的高级官员讨论金融稳定是否属于他们的职权范围，大多数代表认为不属于。毕竟，金融稳定作为他们前辈的主要问题，已经得到解决了；危机目前也仅出现在发展中国家，不在美国，不在欧洲。就像重演法国军队在20世纪30年代以过去的思维准备下一场战争的做法一样，绝大多数央行在20世纪90年代至21世纪前10年缩减了负责金融稳定部门的规模。英格兰银行是其中最为激进的一家，裁减或调离与宏观经济无关的人员，这也是该行在2007年措手不及的原因。央行官员这样做，显然已经忘记了以往危机的教训。宏观经济学发展到20世纪下半叶，仿佛金融部门已不复存在。当年在研究生院学习时，我的宏观经济学课程完全忽略了金融体系。宏观经济学鼻祖约翰·梅纳德·凯恩斯一定会从他的坟墓中翻身而起，因为他的代表作《通论》明确强调了金融体系在宏观经济中的重要性。当2008年金融危机来临时，央行官员和宏观经济学家纷纷冲进图书馆，掸掉历史书籍和半个世纪前的经济学教科书上面的浮尘。他们并不比20世纪30年代那些患上"成功将军综合征"的法国将军强多少。

鉴于我们在金融稳定方面所掌握的信息都与过往的事件有关，因此很容易患上"成功将军综合征"。负责出台透明度规则的官僚机构会发现，制定预防历史再现的规则比制定预测未来的规则容易得多。央行往往比较僵化、官僚、拘谨，适合不怎么变化的精准程序，而不善于跳出框架想问题。人们或许可尝试用基于原则的监管来解决这种思维状态。一家银行的经营之道应是满足金融监管的总体目标,不冒太多风险,为至关重要的中小企业提供融资,同时避免资不抵债。这是知易行难的众多原则之一。因为很难确定目标是什么,而且实际上几乎无法判定某一家银行是否遵守这些目标。

基于原则的监管需要创新,当局如果试图在监管设计中追求过多创新,就会冒在众目睽睽之下监管失败的风险。这并不意味着金融监管领域的创新是一个坏主意,就像基于原则的监管、轻松监管、沙箱监管等诸如此类的时髦术语。其他的替代方案可能更糟,就像冰岛监管当局那套沉迷于条条框框的做法。因此,若想应对"金发姑娘原则"的挑战,我们需要在条条框框和基于原则的抽象方法之间寻求某种平衡。

2008年金融危机之后,在英国以及其他一些国家,"行为"成为一个重点词。英国甚至成立了金融行为监管局,其理念是金融机构应当规范行为,做事不能出格。这意味着强调单个银行的行为,尤其注重合规。在2008年金融危机,以及在伦敦银行间拆借利率、外汇交易、恐怖融资等领域的一系列丑闻之后,金融机构加强了它们的合规职能。2014年,汇丰银行有10%的员工从事风险和合规工作。所有银行均加强了对其员工的监督。电脑和高管随意阅读员工的电子邮件和短信,电话被录音,银行为确保职工行为得当下了很大力气。许多高管必须查阅由人工智能引擎挑选的下属的日常邮件和短信。凯文·罗杰斯在他2016年出版的《他们为何不喊叫?》一书中,提到曾在德意志银行为他工作的一位俄罗斯金融量化工程师的一些逸事。那位工程师说,"真够可以的!过去我因为年纪太小,在共产主义制度下不曾被监视,现在却在资本主义制度下有机会得到这种体验。我猜你会说这是一种进步"。即使是这样,银行也很难防止一些员工胡来,滥用职权难以完全避免。当再次出现丑闻时,我们愿意进一步强化对银行雇员的监督吗？从金融和公民自由的角度看，这样做的代价可被接受吗？即使能接受，能防止以后出现丑闻吗？14世纪在巴塞罗那被斩首的银行家弗朗西斯·喀斯特洛或许认为不能防止。即使在原则和规则之间寻求平衡，也无法应对"金发姑娘原则"的挑战。因为仅关注被监管一方的行为和激励措施远远不够，我们还应看监管者的动机。他们是否成了监管俘获对象？或者就像中国的塔台空管人员那样过度规避风险？

多年来，得益于经济快速增长，中国的航班空域变得特别拥挤。除了军事管控，我对中国塔台空管更感兴趣的一个原因是中国对空管人员的激励措施。他们的工作高度紧张，须长时间集中精力，与众多航班飞机玩空中杂技，高效地管理着有限的空域。

问题是事故在所难免，而要想完全避免，唯一的办法就是天上没有飞机——就像避免金融危机的唯一途径就是没有金融体系一样。当然，这是不可行的，但是对任何希望将事故风险降到最低的空管人员来说，他们的本能是将航班之间的距离最大化，从而避免相撞。如果走向极端，空中航线将会变得非常低效。为解决这一特别的"金发姑娘原则"挑战，美国和欧洲的空管人员得到相应激励去提高空管效率，在将航线飞机数量最大化的同时，保持可接受的安全水平。出现差错的空管人员如果及时向上级汇报，就会得到宽恕。航空当局培育了非常有效的风险文化。中国则不同。他们的空管人员如果出错，就会受到处罚；但如果空中交通非常顺畅，也得不到奖励。因此他们喜欢将航线飞机距离保持在10~16千米，而不是美国的5千米。

银行监管不断向中国的空中交通管制模式靠拢。当银行体系运转良好、没有丑闻时，监管者不但得不到表扬，我们反而对其监管成本喋喋不休；而当出了问题时，我们就责怪监管者。监管机构的负责人会被媒体折磨，并被传唤到参议院对着电视直播镜头出席听证会。负责人会被问这样的问题:"你掌握所有的信息,拥有所有的权力,那你为什么还让银行剥削公众?"

危险在于,这种激励机制最后会使监管者不惜一切代价防止失败,从而变得过于厌恶风险。换句话说,监管者的动机与银行的动机正相反,因此引入一种避免监管者过度厌恶风险的机制很有必要。一种办法是通过监管成本效益分析,但是设想容易,实践中难。另一种相反的情况也经常发生,即监管俘获,在这种情况下,原本为社会大众服务的监管机构转向为监管对象的利益服务了。最近的一个最好例证就是美国联邦航空管理局(FAA)与麻烦不断的波音 737 MAX。FAA 将对 737 MAX 机型的监督几乎全部外包给了波音公司。当外国监管机构开始禁止 737 MAX 飞行时,FAA 表示反对。这是一个典型的监管俘获案例。监管俘获可谓司空见惯。在英国,最近发生了一起马肉丑闻,一些食品加工企业挂起牛头卖马肉,居然逃脱了惩罚。尽管多次检查,英国食品标准局不仅没有发现牛肉被替换为马肉,而且既不想惩罚违规者,也不愿改变其做法。

银行都是超级说客,旨在使银行监管措施在对它们有利的同时,也防止他人进入银行体系。这不仅使银行利润得到保护,还能确保得到救助。如果监管者不愿意接球,那就直接去找领导监管者的政客。如果这还不够,政府除了保持金融体系高效运转,还有其他理由进行监管。绝大多数政府都希望有"国家冠军"——我们有系统重要性金融机构(SIFIs)的原因——这种政治欲望给予银行比监管机构更多的权力。政府或许有长远的惠民动机,例如要求银行为社会弱势部门提供难以盈利的银行服务。查尔斯·凯罗米里斯和史蒂芬·哈伯在《人为制造的脆弱性:银行业危机和信贷稀缺的政治根源》一书中指出,在美国向低收入家庭提供住房的政治动机,导致支持穷人的左翼人士与银行结成一种不正常的联盟,他们竭力阻止有效监管,为

2008年的金融危机提供了沃土。他们进一步强调，一些国家屡遭危机冲击，正是由于银行家和政客联手打造了一个金融体系，袒护关系密切的利益集团，却使整个社会受损。

为什么救助银行而不是汽车制造商

在本章开篇的例子里，当财政部长被要求提供500亿美元时（见前述案例），银行是在寻求救助。政府面临的主要问题是妥协会导致道德风险。即使是最微小的救助可能性也会导致道德风险。当我们从冒险中获利，却由他人承担风险成本时，这就是道德风险。保险是一个典型的范例。当某人购买了保险，出了问题后应由保险公司赔偿。道德风险就是保险的保护会引诱我们作弊。有一个人的笔记本电脑太老了，在休假的时候非常"凑巧地"丢失了，保险公司经常面临这种道德风险。它们清楚这一点，并将这种风险体现在保费中。这是关键所在：风险已计入价格。

为什么首先会想到救助银行？2008年金融危机爆发时，我记得曾收听BBC的时事节目频道《今日新闻》关于汽车产业举步维艰的报道。汽车制造商协会的发言人强调，汽车制造业对英国具有战略重要性，如果面临破产，政府应出手相救。我们在2020年新冠肺炎疫情防控期间看到许多这样的请求。所有那些受疫情冲击而请求救助的无辜企业往往都能得到帮助。新冠肺炎疫情最糟糕的遗留问题之一是当形势恶化时，私营企业持续地期待能够得到国家的支持。

或许除了银行，我认为我们不应该救助汽车制造商或其他私营公司。理由是银行与汽车制造商有着本质的不同。即使是最大的汽车公司倒闭，也不可能成为至关重要的公众所关注的问题。股东、债权人以及公司雇员会受到影响，但其他汽车产业竞争者会获益。这对整个经济没有太大损害，而如果破产能带来更多的创新，反而会有利于经济。政府的作用应当限于管理破产程序。但这并没有阻止政府进行干预，它们照常出手救助企业，就像2009年美国政府耗资110亿美元挽救通用汽车公司一样。或许有很好的政治理由来救助汽车制造商，但在经济上却几乎毫无意义。失败是资本主义经济的一个基本组成部分。没有效率的公司退出舞台，由其他更好的企业填补空缺——这就是约瑟夫·熊彼特的创造性破坏理论。

国家在经济上可以应对甚至是最大一家公司的倒闭，但对于银行就不一定了。若没有不间断的银行服务，现代社会就无法运转。我们依靠信用卡支付每天的午餐费用，公司需要在周五给员工发工资并给供应商付款。这些都要通过银行来完成，任何银行服务的不顺畅都会给整个社会带来不便。将问题公司的控制权转移给债权人相对比较直接，但对银行就不是同一回事了，因为银行的业务是运作资金。在破产的情况下，公司必须非常明确资金的所有权和责任。确定债权可能需要较长时间。雷曼兄弟公司在破产15年之后仍未完成诉讼。

情况只会更糟。银行倒闭会引起连锁反应。银行之所以能够保持经营，是因为客户相信其具备偿付能力并永久不会破产。如果客户失去那种信任，就会立即取出所有存款或者解除业务关系，从而发生银行挤兑。银行倒闭造成的社会成本远远超出破产造成的资金损失，因为银行服务的中断会直接影响到每一个人。其结果是经济学家所说的外部效应。个体的成本或收益由社会总体成本或收益支配。

对银行救助也会引来道德风险。每当银行出现问题时政府就出面相助，这会使银行愿意冒更多本来不敢冒的风险。不幸的是，对银行救助引发的道德风险与保险业务的道德风险不同，因为通常不可能对享受救助的特权收取费用。毕竟银行已经破产了，我们只能给它钱：在它跌倒之后再踢它一脚毫无意义。那么为什么不向银行收取保险费用？这样可为政府不得不出手解救提供保护。理论上容易，实践中很难。理由是保险费用应当反映银行的风险，但是既然银行的风险如此之大，为什么不首先采取防范措施呢？再者，要先确定银行的风险也非易事。如果我们收取一笔固定的保险费用，那只是在惩罚谨慎的银行。

在应对"金发姑娘原则"的挑战中，救助是最难做出正确决策的。救助银行意味着首先奖励那些陷入麻烦的主体，袖手旁观则会带来代价更高的危机。但是并非走投无路，还是能找到正确的解救办法。救助是一部分人群向另一部分人群的转移——某些人付出，另一些人受益。如何界定赢家和输家是一个政治问题，这也是为什么要由政府而不是官僚来做出救助决定。决定之后，应由谁来实施？是央行还是财政部？央行或许比较理想，因为可以根据需要印钞票，不会发生缺钱问题。然而，世上从来没有免费的午餐。将救助货币化的后果是通胀。成本将由依靠固定收入的人群承担，例如领退休金的人。这似乎有点儿像学术讨论，央行显然可以随意印钞而不承担任何后果。但是核心问题仍然存在：即使央行的印钞机开足马力，每天 24 小时不间断运转，似乎也没有受益方。我们是用新印出的钞票修建一所医院或学校，还是支持降税？或是实施救助？

为寻求解决救助问题的办法，我在自己的《全球金融体系》一书中对救助进行了分类。有的救助应由财政部实施，有的则应由央行负责。央行应针对流动性危机，正如 1907 年、1914 年和 1866 年的危机，当时人人都急切地将流动资产转换为现金。在一场流动性危机中，即使最安全的资产也会失去市场，就如在 2007 年秋季当投资者开始罢工的时候。一家有形资产雄厚、具有清偿能力的银行也可能倒闭，仅是因为这家银行无法以合理的价格出售其资产，以满足即刻的现金需求。

假设危机不仅涉及流动性问题，还涉及偿债能力问题，就像 2008 年那样。银行做出错误决策，它们的一些贷款变得一钱不值，并濒临破产。银行的困境是它们的不当行为造成的，所以它们不仅是受害者。注入流动性还远远不够。为避免整个经济形势恶化，政府需要向银行提供直接支持。这最好由财政部来操作，而不是央行，因为使用纳税人的钱来解救一家私人企业，需要政治上的合法性。

如果其他银行无法收购濒临破产的银行，那么财政部的最佳解救办法是什么？有以下5种方案可供选择：

1. 为银行的债务提供担保。
2. 接管（收购）银行的坏账。
3. 向银行提供贷款。
4. 购买银行的优先股。
5. 要求银行调整资本结构，发行新股并以名义价格出售给政府；如果情况特别糟糕，直接将其国有化。

对于纳税人来说，方案5最好，其次是方案4，依次倒推到最差的方案1。因为如果形势好转，就会对纳税人有利。当然，银行可不这样看。它们希望纳税人消化所有的损失，并游说政府提供债务担保，不然就由政府将坏账承担下来。银行最不愿看到的是股本被稀释或发行优先股。那么最终会是哪种结果呢？这就要看银行的权力了。如果银行能迫使政府接受方案1，它就会尽力而为，无论是通过游说、制造恐慌或者行贿。或许拥有银行的人和管理政府的人来自同一家族？历史上发生过这种事。

在2008年金融危机中，欧洲的银行迫使各国政府选择最差的方案1和方案2，总体上比较成功。原因在于制造恐慌以及当局经验不足。银行清楚发生了什么，但各国政府没有准备，因此银行设法使政府做出有利于它们的选择。冰岛政府做了最差的决定，为银行债务提供担保，因此陷入主权违约的麻烦。此后欧洲便开始寻求对纳税人更有利的结果。西班牙政府在 2017 年夏天非常聪明地实施了方案 5，化解了大众银行的危机，并以 1 欧元的价格将其出售给了桑坦德银行。这样高的效率并不容易，例如近年来银行破产数量最多的欧洲国家意大利。2017 年意大利在对世界上历史最悠久的西雅那银行处置的过程中，其政治因素成为拦路虎。该银行的经营状况缓慢恶化，任何关注意大利银行业的人都知道这家银行的倒闭只是时间问题。为意大利的纳税人感到不幸的是，成本不断增加，意大利政府却犹豫不定，最终政府决定以 54 亿欧元的代价出手解救该银行。

西雅那银行的案例和意大利等地的许多问题银行，都说明了纳税人多么容易被利用。我的伦敦政治经济学院同事、政治学学者杰夫·奇威尔罗思和澳大利亚学者安德鲁·沃尔特合著了《财富效应：中产阶级的远大期望如何改变银行危机的政治》一书，对其原因进行了阐述。他们提出，救助有利于中产阶级。救助银行使中产阶级受益，因此他们为政府出手救助进行游说，这也是为什么意大利人要用他们宝贵的钱来解救银行。

在一切都平安无事的时候，金融当局很容易采取坚持原则的立场，强调它们将保护纳税人的利益，并最大限度地减少道德风险。当紧要关头来临时，就很难坚持原则了，正如阿根廷人在 1993 年和意大利人目前所经历的情况。政治压力是空前的。或许投资者是养老基金，或是在意大利的祖母，让这些投资者遭受损失的经济和政治后果会很严重。妥协的诱惑总是占据上风：纳税人肯定能够承受。

・・・

金发姑娘来到小熊的家中，品尝了熊爸爸、熊妈妈和熊宝宝熬的稀粥。她发现熊爸爸的稀粥太烫，熊妈妈的稀粥太凉，熊宝宝的稀粥温度正好。"金发姑娘原则"挑战就是要在太烫和太凉之间寻求平衡。监管者最重要和最具挑战性的工作就是应对"金发姑娘原则"问题。监管太多，经济不增长；监管太少，危机搞破坏。我们需要恰好的监管强度。

这绝非易事。在我们试图监管的所有人类活动中，金融体系是最难控制的。监管机构和银行的动机与社会公众的利益并不一致。使命的复杂性意味着监管者可能难免陷入两个极端——或是过度厌恶风险，或者被监管对象俘获。监管者始终处于说客、专家和政客的压力之下，他们都要求行动，全然不顾采取综合性监管措施的必要性。与此同时，那些监管对象的反应不可预测，有时将其风险承担行为匿于影子之中，抑或承担了不该承担的风险。

第十章

风险表演

> 过去十年,
> 二十国集团的金融改革修复了造成全球金融危机的断裂带。
>
> ——马克·卡尼(2017)

图10-1

资料来源:图片版权 © 里卡多·加尔沃。

在影片《少数派报告》中，一个预防犯罪的特别警察小组在犯罪发生之前就可预测凶手，并在凶手行凶之前就将其逮捕。因此，有预谋的凶杀不会发生。只有冲动型犯罪，因事先没有计划，所以很难预防。2008年之前，几乎所有人——政策制定者、政客、银行家、记者、权威人士和学者等——都认为金融危机问题已经得到解决，至少在发达国家是如此。我们现在聪明多了。金融当局得到最高政治领导层的坚定授权："抓一下金融，上级给你们资源、权力和政治支持，将其落实到位。"作为响应，我们建立了一个全新的预防犯罪的——宏观审慎的——金融监管团队，负责制定和实施宏观审慎政策，在有预谋的违规行为发生之前，防患于未然。

一项庞大的监管议题就此诞生。作为全球二十个最大经济体政府和央行的论坛，二十国集团成为领路人。其将应对金融问题的任务交给了金融稳定理事会和巴塞尔委员会。几乎所有国家都成立了自己的金融稳定理事会，并责成各自的央行负责宏观审慎监管政策。宏观审慎监管仍处于起步阶段，但下一代金融政策的框架已经开始显现。监管当局新老交织，职能扩大。它们拥有更多的数据、资源和权力。金融部门仍有强大的游说能量，但仅能阻止部分监管的推进。那监管成效如何？一部分非常成功，一部分是浪费资源，另一部分是在搞破坏。我们看到的是大量的"风险表演"（risk theater）。我借用了布鲁斯·施奈尔创造的"安全表演"（security theater）一词，原意是指本想用一整套措施来消除安全隐患，实际上却收效甚微。想象一个引人注目的安检场景：检查入口、安保人员、监控镜头、违禁物品。这限制了人们的行为、隐私和自由。但是，当有限的资源用于表面的安全时，真正的安全却被忽略了。

将银行变为沃尔沃汽车也无济于事

世界上最安全的汽车制造商是沃尔沃汽车公司。沃尔沃发明了座椅安全带，并在20世纪50年代将该专利向全球免费提供。沃尔沃XC90在英国被誉为最安全的汽车，自2002年推出以来从未发生过司机或乘客死亡事故。沃尔沃的目标是零死亡率。然而，具有讽刺意味的是，2018年有一位名叫伊莱恩·赫茨伯格的女士在一辆自动驾驶的沃尔沃XC90中丧生，但这不是沃尔沃的过错。优步公司在测试沃尔沃XC90自动驾驶的过程中关闭了该汽车的自动刹车功能。沃尔沃知道汽车会自动刹车，但优步的软件阻止了此项操作。

假设金融当局设法使每一家金融机构都审慎运作，就像沃尔沃一样安全。没有人做出疯狂的投资举动。每家银行都按章行事，正确度量风险，都很审慎。那么可以肯定，没有银行会倒闭，没有金融危机会发生，正像如果人人都按限速要求行驶，开车不发短信，拒绝酒驾，遵守所有交通规则，都买沃尔沃汽车，那将很少会有事故发生。

监管可以防止金融危机吗？战后布雷顿森林体系时期（1944—1972年）的证据显示，从表面上看是这样的。当时的金融体系受到严格监管，虽然也有银行倒闭，但在那一时期，全球范围内有记录的银行危机仅有两次。不过那时的金融体系几乎完全是国内层面的，很少有跨境银行交易，而且金融服务价格昂贵。或许对那个时期是合适的，但在21世纪就行不通了。世界变了。在1972年布雷顿森林体系瓦解之后，"华盛顿共识"出现，银行进入全球化时代。监管也随之跟进。但新的监管方式与布雷顿森林体系时代不同。重点已不再是严密控制；取而代之的是，我们将目标对准控制风险，确保银行审慎运作，就像沃尔沃那样。

刚开始平安无事，但是到了2008年，银行开始倒闭，完全是出于意想不到的原因。既然沃尔沃很安全，那么这本不应该发生。问题是当时盛行的监管思维倾向于孤立地看待每一家银行的行为。监管当局忽略了整体的重要性。一个完全由谨小慎微的银行组成的金融体系有其内生的不稳定性。我们现在明白当时存在许多鲜为人知的风险，尤其是流动性风险，这是2008年金融危机的根本所在。金融体系不是单个银行的简单组合。但金融监管仍然孤立地把重心放在单个银行身上，将风险计量仪当作主要工具。

2015年1月15日周四上午发生的一件事，为我们了解上述情况的实践意义提供了有趣的案例。那天瑞士央行，即瑞士国家银行做了一件非同寻常或是不可避免的事情，对其如何判断取决于人们如何看待风险。瑞士人决定允许瑞士法郎自由浮动。在那之前的若干年，瑞士央行将瑞士法郎与欧元的汇率固定在1欧元兑1.2瑞士法郎。固定汇率放开之后，瑞士法郎立刻升值了16%。

其实人们不必对瑞士国家银行的决定感到惊讶。那些关注瑞士经济和当地政治的人——尤其是那些知道谁是瑞士国家银行股东的人——已经预测到固定汇率会被取消。这已经不是取不取消的问题，而是何时取消的问题。当瑞士经济开始好于欧元区邻居时，取消固定汇率的决定便在酝酿之中。在2007年全球金融危机爆发之前，欧元相当成功，是投资者希望持有的稳定货币。金融危机让有这种想法的人付出了代价：持有流动资金并希望避险的投资者开始寻求新的投资目的地。但是全球业绩良好的稳定国家已所剩无几，瑞士是少数国家之一。很自然，资金涌入瑞士，正如在任何市场，当买家多于卖家时价格会上升。

1999年1月瑞士法郎与欧元首次交易时，1欧元等于1.6瑞士法郎，而到了2007年6月全球金融危机爆发时，汇率几乎就在同一水平。从那天开始，欧元持续下跌，2011年8月达到1欧元兑1.05瑞士法郎的低点。虽然这样有利于瑞士的消费者，但对瑞士的出口商而言却不是好消息,因而瑞士国家银行采取了许多央行此时都想要采取的行动:将汇率锁定在 1 欧元兑 1.2 瑞士法郎。

要想防止某一货币升值并不难,至少在理论上是如此。只要开机印钞,并用这些钱在公开市场购入外汇。但问题来了,当瑞士印钞购入欧元时,货币供给的扩张会引起通胀。为应对通胀压力,央行采取对冲机制,通过出售债券来回收新印的钞票。这一方法非常奏效,因为如果央行通过印制 1 200 瑞士法郎来购入价值 1 000 欧元的外汇,然后出售价值 1 200 瑞士法郎的债券,货币的流通量并未发生变化。目前一切顺利。但是,央行最终会没有多余的债券可售,因而无法继续进行对冲操作。与此同时,央行的账目亏损不断增加。央行不仅失去了原来所持债券的利息收入,而且如果瑞士法郎汇率最终转为浮动,央行所持的外汇将会遭受巨额亏损。

中央银行很少是由公司架构组成的,但瑞士国家银行除外。其 60% 的股份由诸如地方行政区或州政府等公共机构持有,40% 的股份在公开市场上交易。各州都指望从瑞士国家银行分红,自然不愿看到央行持有巨额亏损头寸。因此,即使瑞士国家银行按道理应当独立于股东运作,在实践中也并非如此。瑞士国家银行必须同时实现两个目标:在为股东赚钱的同时支持经济。与欧元挂钩使这两个目标相互排斥。在宣布实行浮动汇率的前一天,瑞士国家银行持有的外汇相当于 4 710 亿瑞士法郎。瑞士的 GDP 规模为 5 650 亿瑞士法郎。2015 年 1 月 16 日,瑞士国家银行损失了 780 亿瑞士法郎。如果再晚几天宣布放弃与欧元挂钩,最终的亏损就会更大。那么,这与巴塞尔协议或者风险表演有什么关系呢?假设我们在 2015 年 1 月 14 日去睡觉了,同时让巴塞尔协议认可的几个风险计量仪预测了瑞士法郎升值 16% 的可能性(见表 10-1)。[1]

前两个风险计量仪,即 EWMA 和 GARCH,发现升值 16% 的可能性极小，计算机无法计算。第三个风险计量仪，即 MA，可能性在每个宇宙生命中低于一次。第四个风险计量仪，即 TGARCH，可能性是每 1 400 万年发生一次。第五个风险计量仪，即 EVT，每 109 年发生一次。这些风险计量仪的结果很不一致。如果在这 5 个风险计量仪内输入已经发生升值的情况，那么所做的风险预测会更好吗？其中 TGARCH 预测再次升值 16% 的可能性增加了 104 倍，而 EVT 预测的可能性仅增加了 14%。这两个哪一个对呢？两个都不可能对。在升值 16% 之后，很难再以同样的幅度升值。这就像大坝决堤，我们暂时不会看到大坝再次决堤。风险会降低，而不是风险计量仪所预测的上升。这不是因为我专门挑选很差的风险计量仪，恰恰相反，这 5 个风险计量仪都是最先进的，是当局推荐且行业常用的。TGARCH 和 EVT 尤其因为它们预测尾部风险的能力较强而广受赞誉。

表 10-1　风险计量仪与瑞士法郎升值的可能性

风险计量仪	平均发生间隔年数	参照背景
EWMA	无	极小，计算机无法计算
GARCH	无	极小，计算机无法计算
MA	2.7×10^{217}	宇宙的年龄为 1.4×10^{10} 年
TGARCH	1.4×10^{7}	地球的年龄为 4.5×10^{9} 年
EVT	109	一生中的危机少于一次

资料来源：作者的计算。

我在撰写关于风险计量仪和瑞士央行决定的博客时，先将草稿发给了一位管理对冲基金的朋友罗伯特·麦克雷，请他提建议。他答复说我的研究结果没那么有意思，因为对货币交易员来说，使用这样的风险计量仪来确定风险，没有比这更天真的了。任何市场参与者都会采用综合方式，将使用风险计量仪和详细研究瑞士经济结合起来。我曾多次听到，仅因为未能预测到瑞士法郎会升值而批评风险计量仪，这是不公平的。然而，罗伯特管理的是自己的基金，当局无权干涉他如何管理风险，所以他可自主决定使用任何风险计量仪。一家被监管的银行没有那样的奢望。监管当局迫使银行使用特定的风险计量仪，而不是任意一种：银行只能在少数之中选择一种，而且随着时间的推移，它们不断被告知如何衡量风险。

我多次在私人部门和公共部门讲解瑞士法郎升值的案例。那些私人部门的听众一般会说，"那又怎样？这些我们已经知道了"。换句话说，他们知道那些用来监管银行的风险衡量指标是非常不可靠的。从银行风险部门经理那里听到这些，我感到特别有意思，正是他们负责向监管当局汇报本行遵守巴塞尔协议的情况。即使他们并不相信那些官方认证的风险计量仪，也不得不选用它们。

来自监管者的反应更有意思。他们经常回答说，你举的例子是对的，但不具相关性。《巴塞尔协议Ⅲ》的风险计量仪旨在用于微观审慎监管，主要针对日常风险管理，而不是用于预测极端的结果，因此用瑞士法郎升值的案例来测试这些风险计量仪是不公平的。监管者是在描述一种细微差异，其他人一般并不关注。毕竟，除了市场的日常波动，微观审慎监管还有其他更多的事情要做；判定银行倒闭的可能性是他们职责的重要部分，而他们偏爱的风险计量仪无法捕捉这种风险。

在监管中使用风险计量仪会产生不寻常的后果。BBC《全景》栏目在 2014 年播出了一档令人深思的纪录片，题目是"是银行毁了我的企业吗？"，讲述了被政府救助过的苏格兰皇家银行和劳埃德银行是如何不公平地摧毁小公司的。BBC 没有说明为什么这两家银行做出如此行为。它们只是按照 2008 年金融危机后的巴塞尔监管要求来做它们应该做的——去风险（derisk）。《全景》栏目认为，摧毁小公司的罪魁祸首是风险表演，而不是反复无常的银行。

这是因为 2008 年全球金融危机表明，当时执行的全球金融监管，即《巴塞尔协议Ⅱ》，无法实现其初衷。银行很容易利用资本结构套利操纵资本。巴塞尔委员会不失时机地出台了《巴塞尔协议Ⅲ》，现在绝大多数条款已经开始执行。这是闪电般的速度，仅用了 10 年时间——按照国际监管标准，10 年时间属于极快的。这种匆忙行动意味着巴塞尔委员会没有时间进行任何根本性的改革。《巴塞尔协议Ⅲ》只是在《巴塞尔协议Ⅱ》基础上的渐进式改进，拿掉了一些表面上的明显缺陷，保留了最根本的理念——你可以认为是加强版的《巴塞尔协议Ⅱ》。目前有许多关于出台《巴塞尔协议Ⅳ》以解决所有困难问题的言论，但我怀疑监管疲劳（regulatory fatigue）会出来挡道。[2]《巴塞尔协议Ⅲ》的绝大部分内容仍然属于微观审慎监管，将负责系统稳定性的任务留给了新建立的宏观审慎监管部门。

与第一版和第二版巴塞尔协议相同，《巴塞尔协议Ⅲ》的重点是资本。2008 年金融危机表明，资本的计算方法有问题，因为许多被认为资本水平较高的银行倒闭了。《巴塞尔协议Ⅲ》的着力点是提高对银行最低资本的数量和质量要求：这也是 BBC 在其《全景》栏目中讨论银行如何毁灭小企业时提到的原因。因为银行必须为其高风险贷款持有更多的资本，其不可避免的后果是，银行能够提供给中小企业的贷款急剧减少，同时这些贷款的利率显著增加。

监管机构为自己的创造感到骄傲。银行现在拥有更多资本，有更稳定的资金来源，也有更健全的风险管理体系，预示未来的银行体系更具韧性，更能刺激经济增长。所有这些改革使银行能够更好地抵御 2020 年的新冠肺炎疫情冲击。银行虽然抱怨，但令人惊讶的是，它们抱怨得并不多，而且对《巴塞尔协议Ⅲ》的满意度比想象中要高。与那些保险公司和资产管理公司对其被定位为系统重要性机构而大声抗议相比，银行似乎彻底安静了。其中的缘由令人担忧。

《巴塞尔协议Ⅲ》有许多令人欣喜之处，但我还是持保留意见。首先，《巴塞尔协议Ⅲ》仍坚持认为，如果每一家银行都像沃尔沃汽车一样安全，就可确保整个金融体系的稳定。其次，《巴塞尔协议Ⅲ》不仅没有充分解决顺周期问题，还使问题变得更糟。那好吧，标准的答复是："《巴塞尔协议Ⅲ》引入了一种新的资本缓冲机制，根据金融周期进行逆周期调节。"不尽然，鉴于缓冲调节规模较小，暂时的放松不会促使银行扩大放贷。新冠肺炎疫情防控期间对资本充足率的下调，并没有刺激贷款增加。更重要的是，《巴塞尔协议Ⅲ》的实施力度强于《巴塞尔协议Ⅰ》和《巴塞尔协议Ⅱ》，但并没有触及核心问题：我们需要从金融监管中得到什么？《巴塞尔协议Ⅲ》确实在解决金融稳定和金融服务提供等问题，但它还是没有根据我们对金融体系和监管的需求，给自己一个恰当的定位。所以还是那句话：风险表演。或许最糟糕的是，它在大多数时候忽略了系统重要性金融机构。

　　系统重要性金融机构的失败会造成系统性危机。2008年之前，没有人担心系统重要性金融机构，当时主流的看法认为这些机构是最安全的。多样化的金融业务分散在全球，一个地区的金融机构出现亏损，可以用其他地区的盈利进行弥补。然而结果却不是这样的。最大的银行也会倒闭。更糟的是，它们的倒闭将引发灾难性后果，就如当时世界上最大的苏格兰皇家银行－荷兰银行，更不要提雷曼兄弟了。

　　人们或许会问，为什么允许这么危险的金融机构存在？答案很简单：政治。即使金融当局不偏爱系统重要性金融机构，但政客说了算。换句话说，系统重要性金融机构之所以存在，是因为政客希望它们存在。为什么政客喜欢？最直接的原因是它们会带来巨大好处。一家金融机构如果能为你们国家在世界任何地方的公司提供金融服务，则是非常有益的。如果一家总部在杜赛尔多夫的德国公司在美国、巴西和韩国有业务，那么在这些国家有一家单独的德国银行为这

第十章　风险表演　213

家德国公司提供服务，帮助是很大的。另一个系统重要性金融机构存在的原因是声誉。如果你的银行以你的国家冠名——想一想德意志银行——你当然希望你的银行规模大、能力强。而且，在你所辖的区域内拥有全球性银行，这有助于投射权力。奥地利通过引进地区性的系统重要性金融机构，增强了自身的实力和声誉，这也是为什么在那些并不安全的中等欧洲国家，有这么多的系统重要性金融机构。

那么，系统重要性金融机构究竟有多危险呢？要回答这一问题，让我先说说银行资本。数据表明，系统重要性金融机构问题对小国来说更加严重。美国最大的银行摩根大通的全部资产仅为美国GDP的13%，而瑞银的总资产达到瑞士GDP的136%（见图10-2）。人们可从不同角度来观察这些系统重要性银行究竟有多脆弱。最明显的是杠杆率，即银行资本与总资产的比率。德意志银行的比率最低，仅为4%，摩根大通银行超过了6%，而中国工商银行几乎达到8%。难怪德意志银行总是上新闻，而且负面消息居多。权威人士认为，下一个倒下的将是系统重要性银行。

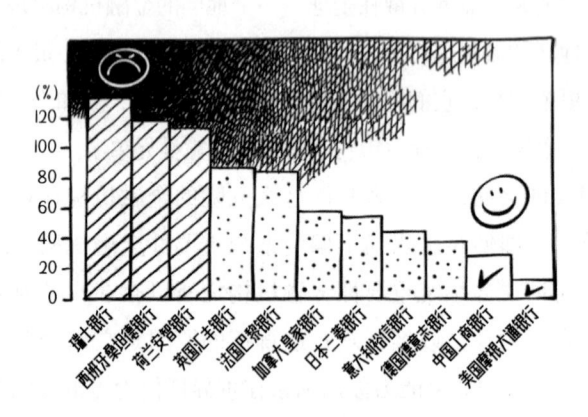

图10-2　系统重要性银行的规模与各国GDP比率

资料来源：图片版权 © 里卡多·加尔沃。

《巴塞尔协议Ⅲ》的金融监管规则规定，一家银行的杠杆率不能低于3%。因此，将一家银行的杠杆率减去3%，然后用得数乘以该银行的总资产，我们就可以看到该银行在被迫破产前能够承受的最大损失，即与违约之间的距离（见图10-3）。仅140亿美元的损失就会迫使加拿大皇家银行关门，荷兰安智银行需要的是150亿美元。相比之下，扳倒摩根大通银行需要890亿美元的损失，中国工商银行则要超过2 000亿美元。

任何一家银行的资产如果与GDP的比率较大，那么一旦破产将非常棘手。就这些银行来说，摩根大通银行即使出现最大亏损，美国也很容易将其吸收。如果中国工商银行发生违约，中国也不难处理。而对其他国家就有挑战性了，尤其是瑞士、荷兰、西班牙等国，这些国家最大银行的资产均超过了本国的GDP。控制最大银行的规模是防止破产的较好办法。

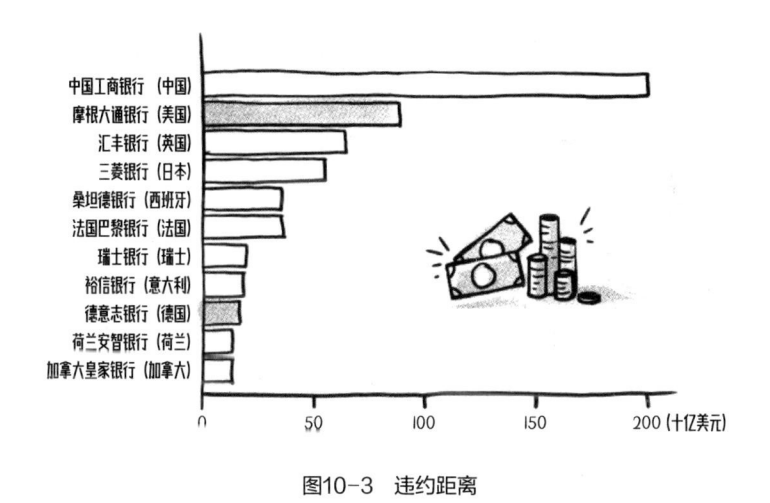

图10-3 违约距离

资料来源：图片由卢卡斯·比肖夫/IllustrationX 绘制。

预防犯罪的宏观审慎监管出手相助

>我们现在都是宏观审慎监管的倡导者。——克劳迪奥·博里奥

巴塞尔协议属于微观审慎监管，主要针对单个银行的行为，系统性风险则交由宏观审慎监管当局负责：金融世界的预防犯罪警察。虽然宏观审慎监管这一标签是新的，但它始终是政府金融政策的四大中心板块之一，现在仅是镶了一个新名称而已。

我怀疑白芝浩以及他19世纪和20世纪初的同行会对2008年金融危机的爆发感到惊讶。这与他们知道的金融危机没有根本不同，就如发生在1763年、1866年、1907年和1914年的那些金融危机。但令他们震惊的是，他们的21世纪后继者变得如此自满和束手无策。许多发展中国家经历了1998年亚洲金融危机和多次拉美危机，这些国家的决策者看到2008年的一幕幕事件展现在眼前，或许会流露出苦涩的厌倦——如果不是幸灾乐祸的话。多少年来，发达国家一直在给他们上课，现在这只鞋穿在了老师的脚上。当然，应该表扬的是，金融监管当局在2008年迅速拂去历史书上的浮尘，运用过去的经验恰当应对金融危机。令人印象深刻的是，曾导致1929年大萧条的政策错误被避免了。必要的流动性得到保障，贸易未受限制，银行活了下来，但是也付出了高昂的代价。此后绝不能再次发生。应对2008年危机的成本如此之高，必须采取措施加强金融体系的韧性。作为应对手段，我们制定了宏观审慎监管原则。中央银行成立了金融稳定处室。人员队伍、大量的资源、相当的权力，统统赋予了预防犯罪的宏观审慎监管当局。宏观审慎监管是正确的前进方向，这已被广泛接受，正如克劳迪奥·博里奥的前述引言所说。

那么宏观审慎监管的目标是什么？没有唯一的定义。过滤各种不同的概念后，我选择了两项目标。一是防止金融体系中过度风险的积累，二是一旦发生危机，以尽可能有效的方式将其控制。这些目标如果还不全面的话，尚属合理，当然，其属于层级较高的目标，还需要转化为具体政策。这也正是尚未达成共识之所在：在两个国家之间，在一国内部，甚至在特定的决策部门之中都未达成共识。我觉得这尤其不可思议，一国的央行可以就宏观审慎监管拿出不同甚至相互矛盾的意见，也不担心前后不一致，或者更糟的是甚至没有察觉。建立有效的宏观审慎监管绝非易事，而我们仍然在摸索正确的道路。我经常听到这样的言论，意思是说目前的宏观审慎监管就如1950年的货币政策——给它50年时间，定会变得同样成熟。50年的时间会搞砸很多事情，那些了解货币政策历史的人会回忆起20世纪70年代的滞胀，其中很大一部分要归因于那个时代的错误货币政策。2008年以来，未能实现通胀目标就说明一个问题——货币政策还远远不够完美。

宏观审慎监管当局有多条道路可选。绝大多数是被动的，将注意力放在固定的规则上，贯穿整个金融周期。许多这样的宏观审慎监管规则在预防危机上是成功的——我喜欢的一项是美国在1934年禁止用保证金账户购买股票。（我应该为自己有喜欢的宏观审慎监管规则感到担心吗？）替代方案是积极的宏观审慎监管，以自行裁量的方式逆风操作。如果风险逐步加大，就收紧资本和流动性。如果风险和经济增长较低，则采取资本放松政策，正如我们应对新冠肺炎疫情的做法。如果市场出现风险过度厌恶，则按照凯恩斯的理论鼓励市场勇于承担更多风险。这种自行裁量的宏观审慎监管政策出于逆周期的设计，用于抑制金融周期。与被动的宏观审慎监管相比，积极的宏观审慎监管对金融当局的要求更高。他们需要对系统性风险及其对实体经济的影响做出预估，从早期的压力积累征兆到危机后的经济和金融处

第十章　风险表演

置。为应对风险变化，他们需要实施有效补救政策的工具。同时，当局还需要有合法性、公正的声誉和政治支持。

系统性风险需要进行衡量，这不是一件易事。有许多系统性风险计量指标，例如欧洲央行的系统压力综合指标（CISS）。绝大多数指标容易出现统计学家所谓的第一类和第二类错误：或是误以为发现了并不存在的风险，或是没有发现存在的风险。容易解决的问题都不是问题。系统性风险并不经常出现，平均而言超过43年发生一次，统计学家可用于研究的数据很少。使问题更加复杂的是，在一场危机和下一场危机的这两个时点，金融体系结构差别很大。在确定了系统性风险在不断增加之后，当局必须利用现有的一种工具进行应对。在宏观审慎监管的工具箱里有许多工具。有的用来限制顺周期波动——逆风操作，有的用来保护实体经济，还有的是用来应对迫在眉睫的威胁。有的工具非常精确具体，例如贷款价值比率，目的在于限制购房贷款数额。有些工具显得粗钝——像大锤——例如银行资本充足率，会影响银行的所有业务活动。粗钝的工具会置人于死地，而精确的工具又不起作用。

使宏观审慎监管设计师感到沮丧的是金融体系不断地发生演变。过去的经验为制定工具提供了信息，但威胁来自将来，就像盯着后视镜开车一样。与此同时，人们对工具的影响和副作用了解甚少。最为明显的宏观审慎监管问题，政治上也是最重要的，就是房地产问题——金融危机的共同原因。宏观审慎监管决策者始终关注房地产泡沫。很简单，泡沫。我们从银行贷款买房，价格随之上涨，经济出现繁荣，鼓励更多的人去贷款买房。短期内大家都兴高采烈，但随着时间的推移，市场开始出现断层，崩盘的可能性不断增加。泡沫本身以及最终的破灭都会造成问题。房价上涨直接导致不平等问题。房产拥有者变得富有，其他人被甩在后面，造成政治后果。政府会被迫实施进一步刺激房价的政策——就如各种帮助首次购房者和高风险借款人的政策。在美国,帮助贫困家庭获得房产的政治欲望是催生次级抵押贷款市场的主要推手。次级抵押贷款是造成 2008 年金融危机的主要原因。房地产是造成银行危机的普通原因之一,这是基本常识,必须加以解决。

因此,宏观审慎监管当局将房地产作为重点对象。那他们要做什么呢?当前常用的主要工具之一是贷款价值比率。根据贷款价值比率的规定,借款人能够获取的贷款仅为房屋价值的固定百分比(比如 80%)。然而,虽然房地产毫无疑问是宏观审慎监管所担心的,但补救措施却是治标不治本。住房价格直接受经济增长及政府各种政策的影响,包括分区规划、购房援助计划、抵押贷款利息税款抵扣、超低利率、高风险抵押贷款补贴等。宏观审慎监管对这些都毫无影响,宏观审慎监管当局所能做的就是收拾其他政策领域留下的烂摊子。与此同时,仅采用宏观审慎监管工具会使当局处于公众的对立面。更糟的是,如果当局是央行的话,为宏观审慎监管承担责任,可能会损害其有效实施货币政策的能力。房地产让我们看到宏观审慎监管有多难。政府的其他部门捅了娄子,所有的宏观审慎监管当局能做的就是收拾残局。然而,它们面临的最大挑战却是政治。

新冠肺炎疫情以及当局如何应对新冠肺炎疫情,也展示了宏观审慎监管的顺周期性。当局在 2020 年 3 月和 4 月决定放宽对银行的资本约束,希望它们能够为受疫情影响的中小企业提供贷款。但银行总体上没有按照当局的意图做出反应。它们不想放贷,一方面是因为它们认为这些公司资信很差;另一方面是出于防备,不知道这场疫情导致的经济危机将如何结束。但是这些资本放松政策依然有效。如果这场疫情导致的经济危机是 V 型或 K 型,银行或许最终会利用对资本的放松来刺激经济,不过是在经济已经被过度刺激之时。这是顺周期宏观审慎监管的又一例证。

政治阻碍

本希望货币政策的信誉能够佐助宏观审慎政策，然而更可能发生的是，金融稳定的模糊概念加上政治压力的相互作用，反而将削弱货币政策。——杰夫·奇威尔罗思和乔恩·丹尼尔森

世界上权力最大的官僚就数美联储主席，目前由杰罗姆·鲍威尔担任。他的权力超过了美国参谋长联席会议主席约瑟夫·邓福德将军，尽管后者手里提着核武器箱子。理由是邓福德将军需要向总统汇报，而鲍威尔主席不用向任何人汇报。英格兰银行前副行长保罗·塔克在他的《未经选举的权力》一书中，对民主社会给予像鲍威尔这样的官僚如此大的权力提出了质疑。

根源是货币政策。学者数十年的研究，包括众多诺贝尔经济学奖得主的成果，支撑了关于央行独立性的共识。将利率的事情交给政客无法让人放心，为此我们需要一个独立的专业机构。在过去那些糟糕的年代，当政客管理货币政策的时候，他们通常利用利率来给选举前景增光。在选举前几个月通过下调利率来刺激经济。有的国家仍在这样做，例如土耳其。政客不愿将他们的权力交给央行：看看特朗普总统对美联储的批评，以及土耳其央行行长反复被埃尔多安总统"炒鱿鱼"。

将货币政策交给独立的央行比较容易，因为这些政策非常明确。有一条毫无歧义的衡量标准（通胀），目标清楚（如2%的通胀率），另加两项工具（价格和货币量）。如果央行没有做好自己的工作，大

家都能看到。人们可以接受一个独立的央行，如果它的行动和结果都在清晰的监督之下。

过去，有些国家及央行将独立性和货币政策带向了极端。使命的重要性意味着纯洁，因此金融监管和金融稳定应属于其他部门。这就是英国在 1997 年成立金融服务监管局，许多国家也纷纷效仿的主要原因。现在钟摆又摆向了另一边，我们想要将金融稳定交给央行。有两个原因：一是希望央行作为货币监护人的声誉和权力能够对金融稳定产生积极影响；二是因为央行是唯一能够根据需求创造货币的机构，因此必须将其置于抵御金融危机的中心。

这能按希望的那样奏效吗？答案是否定的。负责金融稳定的中央银行面临一个复杂的、不清晰的政策领域，无论是针对问题还是目标，都没有明确的共识。他们能用的指标不是欠精确，就是相互矛盾的。精确的工具不起作用，强有力的工具太粗钝。比货币政策更糟的是，宏观审慎政策将赢家和输家分得很清楚，使政策当局受制于频繁的游说和较大的政治压力。任何最终决定，如果以一种直接和个人的方式对经济政策产生影响就应该受到政治监督，否则就不是民主社会了。

政治与独立监管之间的冲突，在宏观审慎监管当局的房地产政策中体现得更加明显。2013 年，当挪威监管机构计划下调贷款价值比率时，国会议员曾威胁要收回该机构的这项权力。同样的事情也发生在其他许多国家。道理很明显，如果我们不能贷款买房，就无法享受财富创造的好处，也无法获得拥有房产带来的安全感。这项政策造成了明显的输家。这也是为什么民主程度稍低的国家和地区，如马来西亚、新加坡、泰国等，比较容易实施宏观审慎调控政策。例如，有些地区对首次购房者实行 60% 抵押资产价值比的限制，并规定第二套房屋购买者的供款与收入比率最高不能超过 40%。新加坡也是一个很好的例子，说明在没有太多民主阻碍时当局能做什么，该国多次对房地产实施干预，而不用考虑太多政治因素。对欧美国家来说，尤其是美国，部署这种干涉性很强的宏观审慎监管工具是难以想象的。民主的反对之声加上行业部门的游说将会产生阻碍。

的确，宏观审慎监管政策制定者的最大问题是，他们不得不忽略政治风险。正如我在与罗伯特·麦克雷合写的博客文章中所讨论的："宏观审慎监管的致命缺陷是忽略了政治风险。"几乎没有完全是由过度承担风险引起的重大压力事件，而过度的风险承担正是宏观审慎监管的靶子。绝大多数重大压力事件的主要起因是政治。战争或者政治体制转轨，如1919年的俄罗斯，1923年的德国，1945年的日本，以及1949年的中国。为穷人提供住房，如2008年的美国。2020年的新冠肺炎疫情。今天，政治是委内瑞拉和津巴布韦严重金融和经济危机的唯一根源。

说说英国脱欧。在公投造势期间，英格兰银行曾对英国脱欧会造成的严重后果提出警告，将该行推向一场激烈政治辩论的输方一边。最终，英格兰银行遭到来自新任政治领袖的反复攻击，英格兰银行不得不重申其独立性，并以我们过去不常见的方式请求新政府的支持。英格兰银行的新行长现在高调表明支持政府的脱欧政策。英格兰银行在脱欧后的政治化，凸显了当央行加入政治考虑时所面临的危险，政治驱动系统性风险。作为一名在欧洲央行工作的公务员，能以何种程度支持或者是否应该冒险支持民粹主义？特朗普总统的当选，预示了美国经济重点将发生巨大变化，但我们很难看见美联储会做出怎样的反应。

在实际操作中，无论怎样标榜独立性，金融当局的授权和合法性都来自政治领导层，并在其控制之下。政治领导层给予的授权要求中央银行专注于金融风险和经济风险，而不是来自政客本身的风险。让金融当局将政治风险作为系统性风险的一个决定因素,尽管很重要,但本身会冒很大风险。

因此,尽管政治风险一直是造成系统性风险的主要原因,但在宏观审慎监管的辩论中极少被谈及。公开预测政治原因将引发危机,不仅从机构角度看极具挑战性,而且这样的危机一旦发生,金融当局将很难遏制危机。这就是为什么我认为那些希望货币政策的质量能够帮助宏观审慎监管的人被误导了。独立的货币政策之所以可行,是因为它的使命很清晰。宏观审慎监管的混乱和政治化,更有可能损害央行的合法性和它们处事公正的声誉,使其在实施棘手政策时更难获得各方支持。

锤子和钉子之间

几年前,我应欧洲一家保险监管机构的邀请,参加了一场关于风险计量标准对保险监管效力影响的会议。这家保险监管机构邀请我,并不是因为我是保险监管专家——我也不是,而是因为多年前我与他人合作在博客上写了三篇关于欧盟偿付能力监管 II 的文章,重点讨论了按市场价值对保险公司准备金进行估值所引起的系统性风险。[3] 会议的潜台词是金融稳定理事会担心保险公司和资产管理公司造成的系统性后果。金融稳定理事会是按照二十国集团授意运作的政策机构。金融稳定理事会之所以如此担心,是因为美国国际集团在 2008 年全球金融危机中扮演的关键角色。当时美国国际集团是世界上最为活跃的信用违约互换卖家,通过它在伦敦设立但由法国监管的银行进行交易,其中的风险未被纽约州的监管当局察觉。

金融当局目前将重心放在保险公司和资产管理公司可能造成的系统性威胁上。这些机构控制着数万亿美元的资产,监督相对较少,但却可以做出威胁全球金融稳定的决策,正如美国国际集团的案例所示。这两个产业呈碎片化状态,没有类似于银行业的全球协调一致的监管,直到 2008 年,人们才想到它们具有系统重要性。[4] 虽说保险公司和资产管理公司可能会造成系统性威胁,但人们对这种威胁的本质了解甚少,至今都没有对这两个产业与其他金融机构的相互作用,及其对全球稳定构成的威胁开展过研究。我们跟踪了一个多世纪的银行系统脆弱性,而对保险公司和资产管理公司却没有可以比较的研究。当你手中只有锤子的时候,任何事物看起来都像钉子,而当金融稳定委员会开始关注金融体系中非银行系统性风险的时候,手头有的都是对银行业稳定的分析。我在本书中大量讨论的就是这种工作:银行挤兑、降价出售、流动性枯竭,以及最重要的资本。

这才是他们邀请我出席保险监管机构会议的原因。金融稳定理事会过去选择通过银行脆弱性,即从资本视角来分析保险公司的脆弱性。但二者的风险差别很大。造成保险公司倒闭的原因是它们收取的保费太低,以至于无法支撑最终的偿付义务。这与系统性毫无关系,因为绝大多数保险偿付与系统性金融危机没有关联。美国国际集团出现危机是因为该公司决定变成一家银行,而相关当局也没有给予关注。资产管理公司既不使用太多杠杆,也不大量涉足金融衍生品交易。它们是资产管理公司的系统性后果,涉及交易所交易的基金,这些基金持有小公司债券之类的低流动性资产。这与资本没有关系。

因此,当金融当局将银行脆弱性分析运用到资产管理公司和保险公司时,到头来只是让它们承担一些没有必要的负担,最终还得由客户(我们)买单。我们或许会得到一点安全感,但并不是真正的安全,都是风险表演。根本的危险是,如果我们不断地围绕巴塞尔模式理念来协调监管,对象不仅包括银行,还包括保险、资产管理、非银行机构的银行活动等金融体系内的其他活动,那我们就是在搞一元化。

我最近在一场英国央行举办的会议上做演讲，脱口说了一句"宏观审慎调控也会是顺周期的"，其意思是可能会事与愿违地增强而不是遏制金融周期。在听众看来，这可是异端邪说，一些高级官员对我的说法表示很生气。毕竟，宏观审慎监管的根本承诺是逆周期的，是抑制金融体系的自然周期。那么，宏观审慎调控可能会成为顺周期的吗？我说是的。我最终与他人合写了一篇博客《为什么宏观审慎监管最后可能成为顺周期的》，认为自行裁量的宏观审慎监管——逆风而行——为增强金融周期留出了较大余地。假设宏观审慎监管当局成功地消除了金融周期，市场参与者是否会感激地说"央行干得漂亮"？不会。市场会将低风险的结果看作承担更多风险的邀请：明斯基效应。我们看到过以前的很多例子，比如格林斯潘看跌期权。

宏观审慎调控可能成为顺周期的另一个原因是测量风险的难度——风险计量仪并不一定是可靠的。图10-4描述了风险在一年之内假设的时间轨迹。风险目标是3。在第一个月，风险目标处在5，非常高，但人们没有察觉到。两三个月后，风险计量仪发现风险过度，向当局发出警报，当局开始制订应对计划，几个月之后决定采取行动。最后，在第12个月，应对措施开始进入实施。与此同时，风险持续下降，到了年中已经低于风险目标。当政策干预时，风险已经很低了。这种做法不但没有刺破泡沫，反而加快了已经发生的去风险化进程，使风险直线下降到1，远远低于3的风险目标水平。对风险指标采取应对措施有时间滞后，而风险计量本身也有时间滞后，叠加起来造成的问题是：政策措施可能来得太晚并成为顺周期的政策。

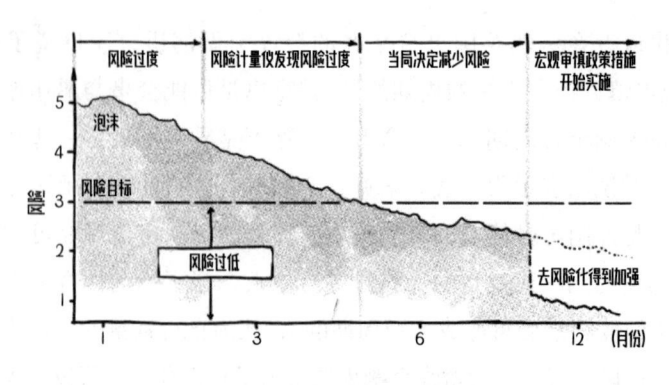

图10-4　顺周期的宏观审慎

资料来源：图片由卢卡斯·比肖夫/IllustrationX 绘制。

到了年底，恰当的政策措施本该是增加风险以刺激经济活动，而不是降低风险。这样的顺周期政策比较普遍。一个较新的例子是2007年的日本，正当外国贷款人从日本市场撤资时，日本当局颁布了限制银行向房地产开发商提供贷款的指引，从而导致了严重的信贷紧缩。我们面临一个真正的风险，那就是新冠肺炎疫情防控期间出台的刺激政策，或许最终会直接导致疫情后的泡沫。政治压力和游说进一步增强了政策的顺周期性。我们有时听到一些抱怨，比如"银行快不行了，因为它们的信贷已经过度扩张""帮助华尔街增加贷款导致了更大的道德风险""宏观审慎政策已经信誉扫地，因为它本应该一开始就防止此次信贷事件的发生——还有什么理由认为这次应该做得更好"。这些反对之声都是在呼吁顺周期政策措施。

我不认为顺周期性宏观审慎监管的潜在可能性会使弗里德里希·哈耶克感到惊讶。他反对中央计划经济，认为经济信息来自地方——是由农民、机械工人以及所有构成经济体的企业提供的。随着做出政策决定的层级越来越高，决策者有必要将信息进行整合。不幸的是，当我们收集海量的地方信息并将其浓缩为一些宏观审慎指标时，在这个过程中会有大量的信息遗失。最好是让农民而不是农业部部长来决定他们应该种什么作物，以及什么时候种。宏观审慎监管当局拥有很多权力，就像苏联时期的计划部部长。但在获得想要的结果方面，宏观审慎监管当局不一定比得过那些计划部部长。

* * *

马克·卡尼信心十足地宣告（见本章的开篇词），危机问题已得到解决，这听起来令人充满希望，但在实践中却很难核实。金融危机并不经常发生。经合组织成员发生危机的频率是超过43年一次。在我们得以证实马克·卡尼这段讲话的时候，他恐怕早已退休了。我没有这样乐观。新金融规制中有许多好的措施，诸如对杠杆率和风险加权资本充足率的双重要求，以及强调对资本类型的要求，使资本难以操纵。2008年金融危机之前，资本充足率过低，银行过于依靠短期融资。然而，新金融规制的某些方面不但没有用处，甚至还很危险，例如，持续强调对单个银行的审慎监管，以及依赖风险计量仪，最糟的是反对多样性和忽略系统的重要性。对央行的研究为我们提供了很多资料，证明多样性和整个系统对金融稳定的重要性。不幸的是，前述研究很少反映在实际政策中。金融政策的总体着力点正驶向错误的方向，风险表演的成分居多。我倒希望将金融规制的重点放在促进多样性方面。

第十一章
一致、效率和稳定的三难困境

> 共同信念和共同行动是金融稳定的敌人。
>
> 实现稳定的最好方式是促进多样性，
>
> 无论是监管还是金融机构都应如此。

19 世纪最受欢迎的香蕉是大米七香蕉（Gros Michel）。它的味道很好，成束生长，并且表皮抗瘀伤，非常适合出口。但是大米七香蕉有一个弱点。每根大米七香蕉都是其他香蕉的克隆体，基因完全相同。当尖孢镰刀菌在 19 世纪末降临时（因为在巴拿马有大量的香蕉种植园，所以又被称为巴拿马病），毁灭了几乎所有的大米七香蕉。因为大米七香蕉是克隆的，所以进化并没有为它提供抵抗力。只要一根香蕉是脆弱的，那么每根香蕉都是脆弱的。遗传多样性可以产生保护作用。1918 年西班牙大流感暴发时，数千万人死亡，但我们的基因多样性保护了我们。如果人类都是克隆的，那我们可能早已灭绝了。

大米七香蕉的例子说明了单一栽培的最大优势和最大劣势。单一栽培减少了不确定性，让种植者可以优化种植园，达到效率最大化。但这是以牺牲稳定性为代价的，比如香蕉容易受到疾病感染。当在稳定、效率和一致三者之间进行选择时，我们只能选择两个（见图11-1）。但这和金融有什么关系？毕竟，金融体系中的个体不互为克隆体，银行也不是大米七香蕉，尽管一些银行的管理者并不比猴子聪明多少。创造性破坏的力量一如既往地强劲，大量的新想法和新业务催生多样性，而非一致性。令人遗憾的是，多样性受到了强大力量的抵制。决策者倾向于选择效率和一致性，而拒绝稳定。当然，他们不会这么说，而且我相信我指出这一点会让很多人生气。所有人都说他们想要稳定，并崇尚多样性而非一致性。但这些都是说说而已，事实恰好相反。

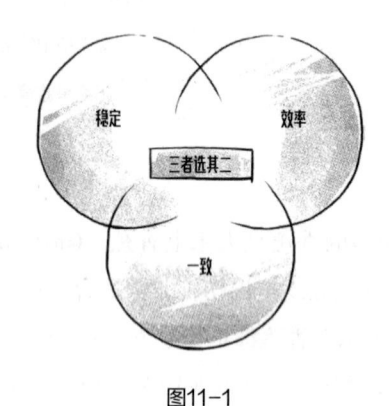

图11-1

资料来源：图片由卢卡斯·比肖夫/IllustrationX 绘制。

选择一致和效率所造成的结果是较低的波动性和较大的肥尾效应，日常的价格波动被熨平了，代价却是未来的大崩溃，即尾部风险（见图11-2）。图11-2中浅灰色线显示一些假设收益的自然波动。黑色的那一条显示短期风险被成功挤出，但是在2028年一场危机最终爆发。

金融体系中的私营机构日趋相似，其背后的原因很微妙。没有多少人呼吁减少多样性，至少没有明确地呼吁。但是他们会间接表现出反多样性偏好。提倡最佳实践就是一个例子。反对最佳实践很难。毕竟，如果有了最佳实践，为什么还有人想要使用次佳实践呢？但是最佳实践只能有一个，所以如果所有人都选择最佳实践，那么最终他们的实践都相同，结果就是单一栽培。追求公平和公平的竞争环境也会推动一致性，因为实现这些目标要求每个人遵守相同的规则。如果这些规则适用于特定行为，就像微观审慎监管者关注的所有微观风险一样，最终的结果就是行为的一致性。金融业也在推行单一栽培。几乎所有的金融机构都有相同的目标：在约束条件下实现利润最大化。这使各机构的最优资产组合日益趋同，导致拥挤交易和顺周期性。

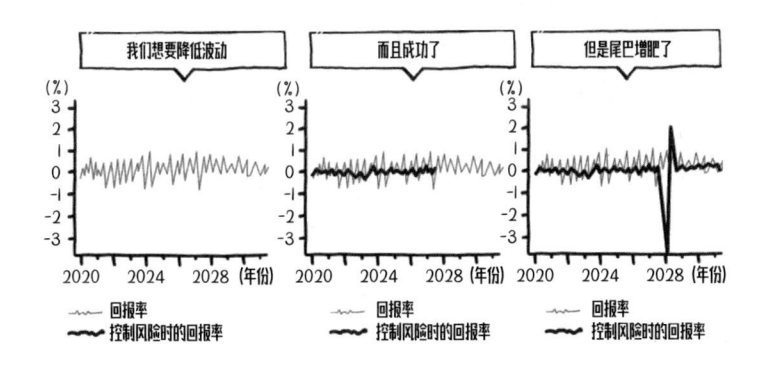

图11-2　降低波动性和肥尾效应增强

资料来源：图片由卢卡斯·比肖夫/IllustrationX 绘制。

虽然没有多少衡量多样性的可靠标准，但有一项指标表明金融体系的多样性呈下降趋势：银行数量正在持续减少。半个世纪前，我们有各种各样的金融机构。每个国家都有自己的金融法规，且各不相同。每个国家都有类型多样的银行，监管和运营方式互不相同，都在推动多样性和稳定性。美国是最具多样性的国家，曾经允许各州自行制定银行监管制度。当然，各州的银行监管制度并不相同。比如，阿肯色州的银行监管制度不同于纽约州的制度，从而产生了"群体免疫"。而且当时《格拉斯-斯蒂格尔法案》不允许银行跨州经营。后来美国政府放松了这些规定，银行可以跨州经营，监管逐渐向联邦层面转移，各州的监管也由此得到协调。这些变化导致的后果之一就是银行的数量急剧下降。圣路易斯联邦储备银行从1984年开始收集美国银行数量的数据。1984—2020年，美国商业银行数量从14 400家降至4 404家，平均每年减少3.3%。[1]

1975年，芝加哥大学经济学教授萨姆·佩尔兹曼提出了一个激进的想法：风险补偿。为提高安全性而颁布法规，有时会造成意想不到的后果，即导致更多风险。以美式橄榄球为例。20世纪初，橄榄球运动员被要求戴头盔以防止受伤。起初，头盔减少了运动员受伤。但慢慢地，随着头盔的质量越来越好，比赛本身发生了变化。球员开始把自己的头当作武器，径直向对手冲过去。由于头盔不断改良，头盔撞击头部所产生的冲击也就越来越大，场上受伤情况更加严重了。也就是说，球员得到了更好的保护，但因此反而承担了更多风险。更好的头盔、更具攻击性的比赛和受伤增加之间形成了负反馈。要求球员戴头盔本来是为了保护他们，但这一值得赞扬的目标最终却很荒诞地对他们造成了伤害。相比之下，在英式橄榄球中，球员头部没有保护装备，但是因为他们不把头部当作武器横冲直撞，所以头部受伤的情况比美式橄榄球少得多。

金融体系中的风险补偿尤其有害，背后受到共同信念的驱动，也就是说，每个人用同样的方式观察世界。问题在于风险计量仪。如果每个人使用相同的风险计量仪，那么我们看待世界的方式最终都是一样的。显然，金融机构并不都使用相同的风险计量仪，因为拥有更好的风险计量仪是金融机构脱颖而出的秘密武器之一。然而，风险计量仪之间的差异也是有限度的，银行业尤其如此。行业趋势直接影响各家银行，甚至是最大的银行。各家银行的建模师都是在相同的大学接受教育，阅读过的学术论文也是一样的。他们参加同样的会议，在银行之间自由流转。各家银行面临的监管条例也是一样的，这也使行业的风险管理实践更加同质化。所有这些因素都使银行的风险建模方式日益趋同，进而使它们越来越以同样的方式看待这个世界。

共同信念只是问题的一半，另一半是共同行动，这也是使用相同风险计量仪的结果。半个世纪前，在统计数据、风险管理、监管法规和最佳实践得到广泛应用之前，每家金融机构都可以放手去做自己想做的事。大多数机构采取合伙人制度，可以自行做决定，就算这些决定是愚蠢的。但现在情况不同了。监管机构、媒体、股东、会计师、利益相关者和政客都在对这些金融机构施加控制，想要限制它们的行为。这些力量都推动着各机构应对冲击方式的趋同。

共同信念和共同行动是金融稳定的敌人。当我们作为一个群体行动时，多样性的缺乏会造成不稳定。就像当所有行人都行动一致时，千禧桥开始摇晃一样。当所有人都看似智慧、实则疯狂地告诉我们风险很低时，我们就会觉得承担更多的风险理所应当：明斯基时刻再次降临。每个人（风险承担者、风险控制者、监管者、记者、学者和专家）都告诉我们风险很低，于是我们大量购买同样的风险资产。然后一个冲击突然出现，可能是我之前讨论过的任何一种，比如1914年斐迪南大公遇刺，或者2008年大家都意识到充斥着次级贷款的抵押债务凭证并不像我们想象的那么精妙，或者是新冠病毒。一切急转直下。当时说风险很低的那些人现在转而告诉我们风险太高，必须降下来。信念和行动的统一具有顺周期效应，会放大繁荣和萧条周期的上下波动。实现金融买卖交易的协调一致其实并不难。

图 11-3 的《经济学人》漫画是现实的真实写照，尽管让人难以接受。

图11-3 《经济学人》描述顺周期性

资料来源：Kevin KAL Kallaugher, *Baltimore Sun*, Kaltoons.com。

金融界的"改善"革命

纽约食品银行是美国最大的反饥饿慈善机构，每年为 150 万人提供食物。纽约食品银行靠捐赠维持运营，其中大部分捐赠的是资金或食物。但是当该机构与丰田公司接洽并寻求捐赠时，得到的是日本人的"改善"（Kaizen）法，意为"持续提高"，这是丰田公司成功的关键。[2]"改善"法为纽约食品银行创造了奇迹。在哈莱姆区一个提供免费食物的场所，丰田工程师把排队等待晚餐的时间从 90 分钟缩减到了 18 分钟。为飓风桑迪的受灾群众打包物资的志愿者运用"改善"法，将打包一个盒子的时间从 3 分钟缩短到了 11 秒。

金融业也经历了"改善"革命，分为三个阶段。第一个阶段始于 1950 年，那一年哈里·马科维茨在芝加哥大学完成了经济学博士论文答辩，这篇论文后来以"投资组合选择"为题发表。他的重要洞见是投资者应该关注两个变量：预期收益和资产收益的方差，这就是所谓的均值-方差模型。马科维茨的论文从一开始就备受争议，他差一点儿没能毕业。米尔顿·弗里德曼认为，均值-方差模型过于依赖统计数据，没有足够的经济学理论作为支撑，因此没有达到被授予经济学博士学位的水准。即便如此，马科维茨凭借这篇论文获得了 1990 年的诺贝尔经济学奖，因为那时他的研究已经成为金融经济学的基石。

马科维茨对一个古老的观点进行了正式的表达，即我们承担的风险越大，要求的回报就越高。他的洞察在于将一个复杂的决策问题转化为两个变量之间的简单选择，并在此过程中回避了以下四个复杂问题。第一，现实世界中，每个人都有不同的目标，用经济学的语言来说，有不同的效用函数。我在之前的章节讲过，保罗、安和玛丽拥有相同的投资组合和技术，但是需要不同的风险度量。然而按照马科维茨的理论，这三个人是一样的，因此倾向于使用相同的风险度量。第二，通过直接忽略不确定性，他不必再区分风险和不确定性。他假设我们知道资产收益的方差（方差就是风险），而且不确定性不存在。第三，他假设遍历性，即金融市场的统计规律不随着时间的变化而变化。实践中，这意味着预期回报和方差都不会改变，所以一旦掌握了这些数据，就拥有了投资决策所需的一切。第四，他认为每个市场参与者都是微小的（原子型的）单位，不影响价格的演变。这意味着所有的风险都是外生的。原子型市场参与者的隐含假设至关重要，否则交易活动会改变价格，削弱他的其他假设。

尽管投资决策背后的技术在马科维茨之后已经历了漫长的演进，但我认为相当多的基金经理仍在使用他的技术，且大部分是原封不动地照搬。即使有些人对他的模型进行了扩充，大多数的改进仍然是基于相同的四个假设：投资者的相同性，不存在不确定性，遍历性，风险的外生性。

马科维茨的均值–方差模型框架是理论性的——假设我们已经知道重要的统计数据。但现实世界的我们并不知道这些数据，因此必须进行估计，这也是"改善"革命第二阶段向我们提出的智力测验。在解决这一问题的过程中，许多研究人员和机构都做出了贡献，其中值得特别提及的两个贡献分别是：1982年罗伯特·恩格尔的ARCH模型和1994年摩根大通的VaR法。然而直到1996年，当巴塞尔委员会更新《巴塞尔协议Ⅰ》，将市场风险条款纳入资本协定的修订版时，改善计划第二阶段才算获得了官方的正式认可。这预示着科学化金融风险管理的诞生。在那之前，监管机构一直对风险进行分类管理，认为对政府的贷款是无风险的，大多数给企业的贷款都是低风险的，而那些给热狗小摊的贷款是高风险的。1996年的协定修订颠覆了这一切，引入了基于内部评级的风险管理方法。根据内部评级的风险管理方法，最成熟的银行可以使用风险计量仪来确定其每项活动的风险，包括确定银行资本金的合理水平。这也是摩根大通两年前提出VaR时想要达到的目的。而这个修订在1996年发生并非巧合。

实际情况是当时所有金融机构都开始效仿。学者开始撰写大量风险管理论文，大学开设风险管理和风险预测课程，每家金融机构都在招聘风险咨询师。一股乐观的浪潮席卷金融风险管理界。看起来好像金融风险已经被简化为一个工程学问题（"改善"法可以解决的问题），金融风险管理变成了一门科学。就像结构工程师设计安全的桥梁一样，金融工程师开始创造安全的银行和金融体系。

我也不算"清白"。我靠着讲授有关 VaR 技术的高管教育课程在伦敦买了座房子。我还写了一本叫作《金融风险预测》的书。我在伦敦政治经济学院开设的一门硕士课程《金融和风险分析的定量方法》，讲的都是如何实施我在那本书中谈到的技术。

金融工程的第一阶段注重理论，第二阶段是统计，但还有一个重大问题未得到解决。风险计量仪非常复杂，需要输入大量复杂的金融数据。尽管金融领域的数据很多，但不容易处理。数据库存在出入，充斥着错误，大部分数据极其复杂。数据使用中还存在令人费解、前后矛盾的既有规范。同一事物可以有多种衡量方式。迄今为止，还没有找到一种在金融数据的海洋中能百分之百锁定某个特定金融机构的方法。假设两个金融机构互相交易，即使二者都向当局报告了交易，由于缺乏统一的交易标识，当局也可能无法匹配这些交易。

我们需要一个中央数据库，以便金融机构能够按需获取经过梳理且同步的数据。它们可以输入自己的仓位，运行现成的数据模型，如果能让人工智能来操作就更好了。这可以被看作是亚马逊云服务（AWS）的金融系统版本。我非常喜欢 AWS。在用它之前，我总是寻找计算资源，在办公室装配昂贵的机器，并在高性能计算机上注册账户。然后我发现了 AWS，一切便再也不同。很多困难的事情不必在内部完成，也不必自己成为硬件、系统操作和高性能软件方面的专家，一切都可以外包出去。复杂性和成本降低了，效率提高了。我每天都使用 AWS。

AWS 也有金融系统版本——阿拉丁系统和风险计量系统，它们分别是贝莱德和明晟公司的产品。还有其他云服务供应商，但由于云计算是一项规模效益不断增加的业务，所以这两家公司占主导地位，尤其是阿拉丁系统。但是我偏爱风险计量系统，这是摩根大通1994年提出通过EWMA模型估计VaR值时，对EWMA模型推荐的名称。摩根大通随后意识到"风险计量系统"这个名称太有价值，不能仅用于称呼一个统计模型，于是用它来命名自己的风险管理部门，但最终将该部门分离了出去。直到现在，还有一些人把EWMA模型称为风险计量系统。虽然我理解摩根大通将这一名称转作他用是一个明智的商业决定，但我仍然希望能把这个系统叫作风险计量系统，而不是拗口的EWMA模型。阿拉丁系统和风险计量系统都承诺，有了它们，用户不必再购买和维护昂贵的、不一致的数据库，也不必招聘一大批系统工程师、程序员和金融工程师来运行模型。用户可以将这些工作都外包给云计算，让人工智能处理所有耗费心血的细节。

那么"改善"革命会如何影响风险呢？

金融工程的三个阶段——马科维茨理论、罗伯特·恩格尔和摩根大通的实证模型，以及云端风险计量仪——使管理金融风险变得容易得多。那就万事大吉了吗？并非如此。这些技术都没有解决风险计量仪的可靠性和不一致性等更根本的问题。

证明风险计量仪之间的差异很容易，第十章中讨论的瑞士货币升值就是一例。假设我采用一种常见的风险概念，比如《巴塞尔协议Ⅲ》中的预期尾部损失，用它来分析标普500指数和亚马逊股价的回报率。然后，我使用5种最常用的技术估计预期尾部损失，结果如表11–1所示。最高风险读数是最低风险读数的3倍多。分析其他时间交易的其他资产也会得到类似的结果。（如果想要了解更多的例子，可以访问我的网站extremerisk.org，我每天都在这个网站上发布风险评估。）

表 11-1　1 000 美元投资组合的预期尾部损失（2020 年 9 月 1 日）

资产	HS	EWMA	GARCH	TGARCH	EVT
标普 500 指数	64.7 美元	20.2 美元	18.4 美元	34.2 美元	67.8 美元
亚马逊	66.2 美元	53 美元	43.8 美元	107 美元	70.9 美元

资料来源：作者的计算。

风险计量仪如此不一致有关系吗？理论上应该没有。一个好的风险管理者知道风险计量仪是不精确的。他们知道每种风险计量仪的优缺点，把它们作为一种不同方法的组合，根据手头的问题挑选最合适的风险计量仪。例如，在表 11-1 中的 5 种方法中，EWMA 模型非常简单，在执行时不会出错，对不断变化的信息反应迅速。然而，就像一个过度积极的青少年一样，它有时也会过度反应。而 HS 法则恰恰相反，它冷静而稳定，就像一个经验丰富的官僚，从来不会感到恐慌。你更喜欢哪一种？这要看情况。HS 法的保守性意味着它适合日常运营。但当冲击来临时，你需要快速反应，那 EWMA 模型就可以显示出巨大的价值。还有黑马级别的风险计量仪——EVT。它就像一个智者，对日常的事件不加评论，但当一切都出问题的时候，它就会告诉我们需要知道的极端情况。

所有的风险计量仪都有好的一面，一个好的风险管理者相信直觉和经验的引导。当看到 EWMA 读数为 20.2 美元，GARCH 的计算结果为 18.4 美元，HS 读数为 64.7 美元时，他应该意识到短期风险不仅最近有所下降，而且以历史标准衡量也是相对较低的。EVT 数值表示，新冠肺炎疫情对长期风险影响不大。风险管理者知道每个数字代表情况的不同部分，当综合使用这些数字时，他能了解到更加完整的情况。

问题是这种主观判断可能是不被接受的。专业的风险管理者从不

第十一章　一致、效率和稳定的三难困境　241

同的测量方法中得到重要信息，但外行却认为这是一个问题。同样的资产，为什么不同的方法会测出如此不同的风险？衡量的可都是同一个真实存在的过程——风险。如果结果不一样，其中一个必须是准确的，其余的是错误的。这正是巴塞尔委员会和欧洲银行管理局在发现风险计量不一致时得出的结论。为了解决这个问题，那就应该选择单一的风险计量仪（当然是最好的）并强制推行。这重要吗？是的，如果每家银行都必须使用相同的风险计量仪，它们就会总是以相同的方式看待风险，这意味着它们的信念会统一。监管者会说，银行可以选择自己想要的风险计量仪。这在某种程度上是正确的，但它们的自由选择空间实在太小。

若要求所有银行使用相同的风险计量仪，那会产生一个有趣的结果。根据现行的金融法规，银行必须对自营交易的风险进行97.5%置信区间下的预期尾部损失估计。简言之，风险就是指银行在每两个月最糟糕的一天预计亏损的金额。因此，如果一家银行持有价值100万美元的亚马逊股票，并使用EWMA风险计量仪，那么在我进行测量的当天，预期尾部损失为53 000美元，也就是说，银行预计每两个月有一天要损失53 000美元。

进行97.5%的预期尾部损失度量是国家法规的要求。这重要吗？有以下两个问题需要我们考虑。第一，97.5%的预期尾部损失是不是我们应该计量的正确风险。毕竟，它记录的是每两个月中最糟糕的一天，很少考虑其他类型的事件。在前文中我举了玛丽、安和保罗的例子，他们都投资了谷歌股票，但投资目标不同。保罗担心短期的波动，安担心未来半年的巨额亏损，玛丽担心半个世纪后开始领取的养老基金。97.5%的预期尾部损失的风险度量对于玛丽和她的养老基金问题不提供任何有价值的信息，对于保罗和安也没有提供什么有价值的信息。如果玛丽生活在一个强制规定对养老基金使用预期尾部损失进行风险度量的国家,那对她来说将是非常不幸的。第二,97.5%的预期尾部损失度量会对市场产生什么影响。

想象一下,风险的总量是一个气球,这个气球涵盖了所有可能的结果。我们在一个地方挤压气球(见图11-4)。显而易见,我们挤压的地方越来越窄,但风险会在其他地方鼓起来。在图11-4中的右下方,三只手挤在不同的地方,所以风险得到更加一致的管理而且永远不会过度膨胀。因为我们瞄准同一个风险指标——97.5%的预期尾部损失,这种类型的风险就会下降。但就像气球,风险最终会在其他地方冒出来。其中一个会冒出来的就是极端左尾风险,即那些会导致银行崩溃并引发银行业危机的重大恶性事件。所以很荒唐的是,金融当局强制实施97.5%的预期尾部损失度量,反而增加了最危险的风险类型。这是典型的意外后果,也是波动性降低但肥尾效应增强的又一个例子。

图11-4 挤压风险

资料来源:图片由卢卡斯·比肖夫/IllustrationX 绘制。

当巴塞尔委员会和欧洲银行管理局承认风险计量仪的测量结果非常不一致时,它们如何看待这个问题以及提出的建议很有意思。它们本可以说："好吧，这是一个已知问题，我们希望将风险管理的最佳实践纳入监管过程。"这意味着使用多个风险计量仪对同一资产进行风险度量，利用每个风险计量仪的优势来达到监管目标。但事实上，它们并没有这么说。它们表达了担忧，并认为这意味着一些银行正在使用低质量的风险计量仪，因此必须要求银行只使用最好的测量仪。换句话说，我们需要找到最好的风险计量仪，并迫使所有银行使用它，且只使用它。为什么当局会得出这样的结论呢？不是因为它们不了解情况。在与许多监管者交谈过后，我的结论是当局的思路出现了问题。如果监管是基于风险的，我们就必须准确地衡量风险，这意味着各种模型应该对特定敞口的风险给出相同的评估。否则，基于风险的监管法规如巴塞尔协议，在根本上是不健全的。监管者认为，他们的使命有赖于一个真正的模型，即使很少有人承认这一点。

在银行的游说下，这种风险监管思路产生了有趣的后果。如果我们使监管对风险特别敏感，即像巴塞尔协议一样为银行设定风险目标并明确具体的方法论路径，那么风险计量仪提供的结果将对银行产生重大影响。假设有两家银行，银行 A 和银行 B，它们拥有相同的资产组合，比如均持有 100 万美元亚马逊股票。如果银行 A 使用 TGARCH，银行 B 使用 GARCH，则银行 A 的风险读数为 107 000 美元，银行 B 的风险读数仅为 43 800 美元。因为对最低资本的要求是风险值的 3 倍，所以银行 A 肯定会歇斯底里，并尽其所能地更换风险计量仪。

这将引起竞次，因为每家银行都希望使用能给出最低风险读数的风险计量仪。防止这种情况发生的唯一办法是由当局决定哪些风险计量仪可以接受。然后，银行希望尽可能降低风险读数，监管机构不断降低银行在风险度量方面的自由，这样的过程会反复发生。由此造成的风险监管思路和银行利益之间的博弈只能以一种方式结束：监管者最终决定银行应该如何度量风险，因此趋同于"一个真正的模型"。

我想很多人对此的反应会是："那又怎样！"我们采用的是最佳实践，最佳的风险计量仪，这意味着我们会尽可能以最佳方式测量风险。如果我们孤立地看待每家银行，而且都是小型银行，那么这种说法可能正确。然而，对于规模较大的银行，尤其是对于整个金融体系而言，至少存在三个严重的后果：顺周期性、责任转移和僵化。

第一，顺周期性。我在本书中对这方面已经写了很多，所以这里就简要提及。如果每个人最终都使用相似或相同的风险计量仪，信念和行动就会统一。每个人对冲击采取一样的反应，所有人都买卖相同的资产，放大周期，从而导致顺周期性和系统性风险。

第二，责任转移。我们越是把责任转移给金融当局，它们就越有义务确保一切进展顺利。假设当局负责如何衡量风险，那么如果下一次危机爆发，批评者就会说："当局为什么选择这样一种愚蠢的方式来衡量风险？"银行会说："我们没有做错什么，我们遵循了当局的指引。你们得给我们提供危机纾困措施。"因此，由于监管机构成为银行体系的最后风险建模者，它们也对银行体系的正常运转负有责任。如果出现巨额亏损，它们就会被怪罪。

第三，即便监管机构成功挑选出最好的风险计量仪（一个不会失败的风险计量仪），最终也会僵化。其中涉及的技术问题是制定法规的速度和过程。金融法规尤其是全球性规则，变化非常缓慢。《巴塞尔协议Ⅰ》于 1992 年生效。《巴塞尔协议Ⅱ》的设计过程始于 20 世纪 90 年代中期，直到 2007 年才部分实施。至于后危机时代的规定，《巴塞尔协议Ⅲ》从 2008 年就开始讨论。全球银行业规制的每一次迭代都经历了 15 年的时间。整个过程中，监管者受到行业和政府游说的狂轰滥炸。它们必须是公平和透明的，同时规则需要尽可能地降低技术难度。

即使金融监管的设计者能够挑选出今天最好的风险计量仪，它也要等到数年后才能付诸实践，并在未来数十年内继续使用。在此期间，这个风险计量仪会变得越来越过时（僵化），捕捉到不相关的风险，却忽略重要的风险，这就给了银行充分的操纵空间。监管者强制使用的某些风险计量仪，要比在竞争环境中银行"改善"式内部开发的风险计量仪更有可能停滞不前。

在我阅读巴塞尔委员会和欧洲银行管理局关于风险的报告后，写了一篇关于其影响的博客文章《通向一个更加顺周期的金融体系》，文中认为各监管当局不可避免地会统一采取同样的风险计量仪。几个星期后，我在央行的活动上做了一个演讲，一些人批评了我，大意是说："我们并不愚蠢。每个人都知道统一风险计量仪助长顺周期性。你引用的报告里的结论纯粹是出于政治原因，我们并不是真的这么想的。"好吧，我参与过类似报告的起草，知道起草过程被严重政治化。很多人和实体都想影响结果，所以每一句话都是艰难谈判的结果。也许巴塞尔委员会和欧洲银行管理局都无意暗示它们倾向于统一风险计量仪。也许是它们太想掩盖分歧而造成了误解。但我有更多证据可以证明，统一风险计量仪正是当局的实践操作。

金融与科学社会主义

我发现金融界有一点非常吸引人，那就是尽管金融体系的许多从业人员宣称自己相信自由市场（实际上许多人将自己视作自由主义者），但却以一种非常社会主义的方式行事，并且察觉不到其中的矛盾。危机纾困就是一个典型的例子：利润私有化，损失社会化。2008年，美国几乎所有的银行都得到了纾困。

与我们讨论更相关的是，我们衡量和管理风险的方式源于一种叫作科学社会主义的旧观念,这是弗里德里希·恩格斯在《社会主义从空想到科学的发展》一书中提出的概念。我们现在很少听到有关科学社会主义的说法,但它曾经是相当流行的。科学社会主义认为,我们可以通过科学地创造一个更好的社会主义社会来避免资本主义最坏的方面。科学社会主义给了我们基于经验观察的可验证的理论。当现实并没有像理论预测的那样发生时,我们会加入一些特别的假设,使理论符合事实。

理论可被用来适应事实的观点,是卡尔·波普尔在《开放社会及其敌人》一书中将科学社会主义描述为伪科学的原因。理论可以与所有的观察不相容,但仍然是科学的,反之则不亦然。如果一个理论与所有可能的结果都相容,恰恰是因为它被修改来适应特定的观察,那么这个理论是不科学的。波普尔认为,科学是建立在基于经验观察的可检验的理论基础上的。理论基于实际结果被接受、修改或驳斥。因为没有人可以检验科学社会主义的主张,因此不能对它进行证明或证伪,因而它是伪科学的。

这与金融风险管理有什么关系?实际上,关系很大。因为风险是潜在的,所以没有一种风险度量方法能够得到正确的验证。风险是不能被直接观察到的,所以风险预测没有什么具体参照可以比对。我们只能将其与某个其他模型的输出结果进行比较,而这个模型有自己的一套不可检验的假设,有自己一系列重要的原则,其中大多数是相互矛盾的。套用卡尔·波普尔的话来说,因为我们不能对风险预测进行证伪,所以风险预测是不科学的。

风险计量仪是伪科学。它是衡量风险的客观科学的方法。通过使用风险计量仪,我们想必可以远离主观、无能甚至腐败。但是我们没有。我们控制金融体系的基础(风险计量仪),并不比科学社会主义更科学。

···

　　术语"三难困境"的定义是,当面临三种选择时,我们只能选择其中两种。金融体系是有风险的,在管理金融体系时,我们有三个选项:一致、效率和稳定。我们会选择其中哪两个?到目前为止,金融体系中的掌权者、私营机构和监管者都倾向于选择一致和效率。商业机构这样选择是因为这可以减少竞争,增加利润,而监管者是因为这样做会使他们的工作更容易。我们从中可以意识到我们有两条路:要么需要更好的技术,要么需要做些不同的事情。

第十二章
鲍勃的故事：机器人和未来风险

戴夫，对不起。恕我不能从命。

——《2001 太空漫游》

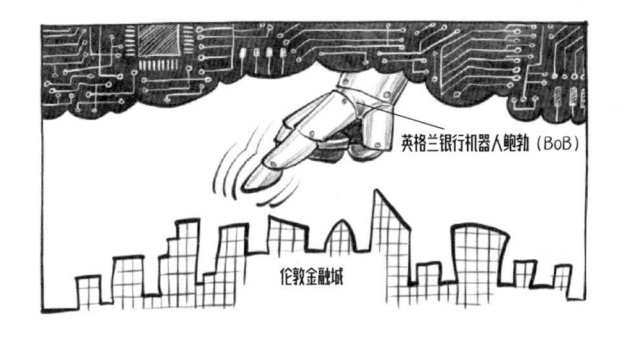

图12-1

资料来源：图片版权 © 里卡多·加尔沃。

我最近参加了一个关于金融监管的会议，其中一位发言人阐述了人工智能（AI）将如何让世界变得更好。我和他展开了一场辩论。

第十二章　鲍勃的故事：机器人和未来风险　251

我基于那场辩论和其他相似的讨论编写了以下虚构的谈话。

演讲者（兴奋的技术爱好者）：人工智能正在改变世界。计算机的运行速度每 18 个月就翻一番。我们现在有自动驾驶汽车、机器人顾问，以及各种正在迅速改善社会的神奇技术。人工智能将带来金融体系的革命，并为我们提供出色的金融监管。

我（老顽固/无知的怀疑论者）：那人工智能最近的失败案例怎么说呢，比如脸书和优兔无法防止网络上的诈骗、仇恨言论、反疫苗宣传和假冒产品的广告？

演讲者：再给 AI 一点时间。十年前，没有人认为汽车可以自动驾驶。但是摩尔定律发挥了作用。

我：那么，有没有什么事你觉得计算机不会比人类做得更好呢？

演讲者：现在 AI 有很多事情不能做，但是技术在快速发展，AI 每天都可以学会新的东西。没有什么是 AI 做不到的，这一切都棒极了。你要保持心态开放。

我：但金融体系非常复杂，可以肯定地说，任何计算机算法都无法将其控制。

演讲者：并非如此。这正是 AI 的价值所在。如果让它掌控一切，它将能应付人类无法应付的所有复杂性。金融危机将成为历史，金融体系会变得极其高效。你就等着这一切成为现实吧。

我好奇而又怀疑地走开了。然后我坐下来，研究对方说的是否正确，最后写了关于这个主题的一系列文章。

我们可能认为金融体系是人工智能的理想应用场景。毕竟，它可以生成几乎无限的数据，足以供 AI 训练。每个极小的决定都被记录下来，每个交易发生的时间精确到微秒。电子邮件、信息和通话都有记录。但数据不等同于信息，而且理解所有这些数据流就像从消防水带喝水一样，让人招架不住。更糟糕的是，有关下一次危机事件的信息甚至可能不在这海量数据中。我认为，那个演讲者的观点多半是错的。

AI 是什么

计算机说不。——卡萝尔·比尔

关于 AI 的文章已经有很多，这里没有必要重复介绍。我强烈推荐斯图尔特·罗素的《AI 新生：破解人机共存密码——人类最后一个大问题》这本书。但我想阐述一下我的立场，所以请耐心听我说。AI 背后的理念是计算机通过了解世界的种种来独立决策。它能做像玩游戏一样简单的事情，也能完成像开车一样复杂的事情，它甚至可以监管金融体系。对 AI 进行描述并不简单，甚至连专家也无法达成共识。先从机器学习开始说，机器学习是一种计算机算法，使用可用数据来了解产生这些数据的世界。这种算法研究所有规律和复杂的因果关系。神奇的是，它可以在没有人为干预的情况下做到这一点，即无监督学习。这与我们通常从事科学研究的方式不同。一般的做法是，我们首先对世界运行的可能方式提出一些想法（某种理论），然后看看数据是否与该理论相容。

一家超市可以用机器学习算法来确定店内销售可口可乐的最佳位置，以实现销量最大化。数据科学家通常需要收集可口可乐的销量、天气和人口统计等历史数据。他用机器学习算法处理这些数据，然后告知超市货架上销售可口可乐的最佳位置。这将涉及大量的数据。对于像沃尔玛这样的连锁零售商来说，这通常意味着千万亿条数据，即所谓的大数据。最关键的是，机器学习算法不需要了解关于可口可乐或超市的任何信息，而只需要获取销售相关数据并发现规律即可。

但天下没有免费的午餐，有得就有失。机器学习需要大量的数据，远远超过大多数统计应用。它需要大数据，因为它对世界一无所知，所以必须从数据中学习一切。相比之下，人类了解世界，可以用先前掌握的信息，包括文化、经济、历史等来解决问题，因此需要的数据要少得多。我们了解理论，所以小数据集就可以满足传统统计工具的需求。

机器学习为的是从数据集中提取信息，而AI的目标是基于这些数据做出决策。如今，AI已经被用来做很多决策。在21世纪初的一部英国喜剧《小不列颠》中，有一幕反复出现——银行信贷职员卡萝尔·比尔每次面对客户的问询，他都在电脑上打字，然后回答："计算机说不。"即使是对最合理的要求也是如此。

不过，AI这个词有点用词不当。当下AI的智能和人类的聪明不一样。它只知道很多假设性的指令。比如，如果交通信号灯红灯闪烁，司机就停下来；如果绿灯闪烁，司机就看看交通状况再走。AI在某种程度上想要复制人类的大脑。人类大脑平均有860亿个神经元，它们通过突触相互连接，形成神经网络。理论上，一台拥有足够多人工神经元的计算机，若以同样的方式连接起来，就可以变得智能。但我们还没到那个阶段。现在AI的智能还只停留在普通昆虫的水平，比如蟑螂。它们是较聪明的昆虫之一，能够学习和适应环境，甚至还被认为是唯一一种能在核战争中幸存的物种。它们不是最具社会性的动物，但确实表现出复杂的社会行为。AI还没有赶上蟑螂。用理论物理学家加来道雄的话来说，"目前，我们最先进的机器人加起来的智能和智慧与一只蟑螂相当，还是大脑迟钝的蟑螂，一只被切除额叶的智障蟑螂"。[1]

以英特尔联合创始人戈登·摩尔的名字命名的摩尔定律指出，一个芯片中的晶体管数量每 18 个月会翻一番。这个定律有用吗？与我辩论的那位技术爱好者所提倡的就是这个定律。我读博士时，曾在一台 2 700 万美元的 Cray Y–MP 超级计算机上运行过计算机代码。当时我们要排队使用这台计算机，一个经济学博士生的需求也不会得到优先满足。但我了解到周日排队的人不多，所以我周日早上 4 点起床去办公室，就可以独享这台计算机一段时间了。我经常这样做。我最近在巴黎的时候，在科学博物馆看到了一台 Cray Y–MP 超级计算机。我口袋里苹果手机的运行速度是这台计算机的很多倍。从我出生前到现在，计算速度一直呈指数级增长，而且没有放缓的迹象。

摩尔定律能帮助 AI 赶上人类智力吗？简短的回答是否定的。摩尔定律是有关计算速度的增长，但 AI 追赶人类的问题不在于速度，而在于概念。不管计算机有多快，现在的 AI 算法的质量根本无法帮助我们走得很远。然而，突破可能会在一夜之间发生，有人可能已经想出了一种全新的算法，让 AI 超越人类。但这一切可能永远也不会发生。

专家称这种可能性为技术奇点，一些人认为这并不遥远。谷歌的工程总监雷·库兹韦尔表示："2029 年是我一直预测的年份，届时 AI 将通过有效的图灵测试，从而达到人类的智能水平。我把 2045 年定为'奇点'年份，到那时，通过与我们创造的智能相结合，我们的有效智能可以实现 10 亿倍的增长。"[2]

然而，我们并不需要到达奇点才能让 AI 发挥作用。AI 不需要达到人类智能的水平，甚至不需要达到蟑螂或蚂蚁智能的水平才能有用。问题越具体，AI 的表现就越好。所以，AI 擅长玩规则已知且目标明确的游戏。最近一个著名的 AI 应用是谷歌的阿尔法元，它只接受了关于围棋游戏规则的指导，就能在三天的时间里学会如何战胜它的前身阿尔法狗，后者早些时候击败了围棋世界冠军。

擅长玩复杂的游戏就意味着擅长做其他事情吗？很多人都这么认为。苏联人很尊敬本国的棋手，认为如果一个人能够掌握国际象棋的复杂策略，就应该能够管理中央计划经济或在战争中取胜。列宁是一个厉害的棋手，斯大林更是如此。然而，擅长下棋的 AI 更像一个白痴神童，就像电影《雨人》中的主角一样。擅长下棋并不能说明它是否有做其他事情的能力，比如监管金融体系或驾驶汽车。在像国际象棋这样的游戏中，玩家可以采取的行动数量事先是确定的，并且所有关于游戏状态的信息对玩家来说都是可见的。用博弈论的语言来说：信息是完全的，行为空间是有限的。

这也是 AI 可以（在一定程度上）驾驶汽车的原因：有很多信息可供 AI 学习，规则易于理解而且不会有太大变化。即便如此，AI 也只能在高速公路上行驶，而且天气不能太糟糕。AI 是不可能在城市里开车的，更不用说在大雪天所有交通标志都看不清楚的时候驾驶。也许对驾驶汽车的 AI 来说，最大的挑战是人类。人类是不可预测的，我们的行为方式可能会让自动驾驶汽车感到不安。所以，一些 AI 设计师提议对人类行为进行重新规范。[3]

当 AI 面对的不再是棋盘游戏和高速公路驾驶这样具体的任务时，它的表现就会变差。它不擅长玩那些信息不完全、行为空间不明确的游戏。我认为它不会在我最喜欢的游戏《外交》中有很好的表现。我曾经和几个朋友在网上玩《外交》，其中一位是政客。他毫不费力地击败了我们，表现出其他选手所没有的狡猾和策略。我觉得人工智能在短时间内不可能打败他。如果规则在游戏过程中发生变化，那么 AI 面临的挑战就更大了，但大多数人类活动都会出现规则的变化。

我自己有一个检验机器人和 AI 的测试。我可以付给一个从未来过我家的人100美元来帮我洗衣服。他来到我的大学办公室，我给他钱、钥匙和我家地址。他找到我家，进去找到我的洗衣篮和洗衣机，弄清楚如何操作机器，在哪里可以找到洗涤剂。他洗好衣服，放进衣柜，离开，把钥匙从我家门上塞邮件的缝里塞进去。在做这一切的过程中，他都不需要任何解释或指示。这种技术存在的时间比我的年龄还长。要是AI有一天可以做到这一点，那我将相当钦佩。

英格兰银行的机器人：鲍勃

几年前，英格兰银行首席经济学家安迪·霍尔丹设想了一种控制金融体系的新方法，监管者将"近乎实时地（想象一下他们坐在《星际迷航》中的椅子上，使用一组监视器）跟踪全球资金流动，就像监控全球天气系统和全球互联网流量一样。他们关注的是全球金融流动图"。[4]我们就把这个监管者称为鲍勃，全称英格兰银行机器人（见图12-1）。鲍勃是监管英国金融体系的未来AI。鲍勃将收集所有的数据和人类行为，并用它们来识别所有的突发事件，识别脆弱性、低效和系统性风险。进一步假设，其他主要金融中心也开发了自己版本的鲍勃，比如弗兰和伊迪斯，而且所有AI都展开友好合作。各个金融机构也将有自己的AI，比如格斯、玛丽和贝蒂等。这是一个注定要失败的不切实际的未来愿景，就像20世纪70年代的飞行汽车那样？不。虽然鲍勃和它的其他AI朋友还不存在，但是创造它们的技术已经存在了，大部分都存在了，我们缺乏的只是意愿。

微观审慎监管机构已有机器人监管者。监管科技（RegTech）——其英文为监管（Regulation）和技术（Technology）两个单词的缩写——成了备受关注的流行词。其主要支持者英国金融行为监管局将监管科技定义为"使用新技术来促进监管要求的实施"。在过去的几年里，我参与了英国金融行为监管局、我所在的研究中心和其他感兴趣的各方进行的一个联合监管科技研究项目。

一切从规则手册开始。如果把所有监管规则和法规打印出来，打印出来的纸张会有两米高。英国金融行为监管局已将规则输入AI引擎，以检查规则是否存在矛盾之处，并提供更快、更好的建议。与英国金融行为监管局机器人通信的金融机构发现，它的回答比人类同事好得多。AI也正在彻底改变银行的风险管理。建立风险管理AI的第一步是开发和管理风险测量方法，这对AI来说是一项简单的任务。它可以快速学习所有已批准的模型，数据可以很容易获得，并且设计风险测量方法也很容易。如今，许多金融机构的AI引擎正是这样做的。然后，AI需要了解一家银行的所有投资，以及做出这些投资的个人。这样，我们就有了一个可以正常运行的风险管理AI。必要的信息已经储存在银行的信息技术基础设施中，风险管理过程中也不存在不可逾越的技术障碍。如果有，就使用阿拉丁系统或风险计量系统来克服。这样做将节省巨大的成本。银行可以用AI取代大多数风险建模师、风控官和合规官。技术已经存在了，剩下要做的就是将银行的高层目标告知AI。然后，AI就可以自动管理风险，建议谁被解雇或获得奖金，并就如何投资提出建议。

风险管理和微观审慎监管是AI的理想用途——利用大量结构化数据确保明确的规则和流程得到遵守。它们可以接触到有关人类行为的监测数据，得到精确的高层目标的指导，并产生可以直接观察到的结果。就像玩游戏的应用场景一样，监管场景中的信息大多是完整的，而行动空间是有限的。虽然还有一定差距，但技术进步的轨迹让我们深信AI有一天可以完全实现当前的许多功能。我们面临的主要障碍不是技术，而是在法律、政治和社会方面的考虑。

但是宏观审慎监管是一个不同领域的问题，因为AI在该领域实现良好表现的所有先决条件都不存在。数据是稀缺的，宏观审慎监管涉及的事件大多是独特且偶发的。毕竟，经合组织成员平均超过43年才会遭遇一次系统性危机，所以可供 AI 训练的数据很少。更糟糕的是，监管当局和私人机构从过去的危机中吸取教训，往往不会重复犯错，但是会制造出新的错误，使 AI 无法应对。在最近的一篇论文《人工智能和系统性风险》（本章其余部分基于该研究）中，我与两位合作者罗伯特·麦克雷和安德烈亚斯·乌特曼一起研究了 AI 执行宏观审慎政策所面临的主要问题。我们认为有四个方面需要特别关注：顺周期性、未知的未知因素、缺乏信任，以及反系统的优化。

银行业本质上是顺周期的。银行在经济景气时自由放贷，刺激了繁荣；而当形势恶化时，它们反过来又收缩放贷，导致信贷紧缩。现代金融法规和风险管理实践对风险计量仪和风险仪表盘的依赖，进一步加剧了顺周期性。风险计量仪查看近期的历史价格数据，如果数据看起来稳定，那么风险计量仪的风险读数就低。问题在于，价格数据在上涨时往往比在下跌时更稳定，任何回顾式的、数据驱动的过程，包括 AI 背后的机器学习过程，都将认为在市场平静时期风险较低，在危机之后较高，所以测量风险过程本身就是顺周期的。我们对风险计量仪输出结果的使用也是顺周期的。这些结果会影响风险控制系统和监管，因此那些负责风险投资决策的业务经理、信贷员及交易员也会放大金融周期。当然，这并非源于 AI 本身的问题。但我认为，由于 AI 以特殊的方式与风险测量和管理产生相互作用，这个问题变得更加严重。

金融机构和监管机构的 AI 引擎都可以使用相同的数据和机器学习技术，都拥有重要的计算资源。各种 AI 引擎将不可避免地以比人类风险建模者更快的速度选择同一个风险计量仪，从而实现知识的统一。AI 还将统一行动，协调金融机构对新信息的反应。它比人类更能理解最佳实践，知道应该做什么，不该做什么。AI将推动银行以同样的方式管理风险。

所有这些都是顺周期的，因为它们与银行的客观功能相互作用，在已有限制下实现利润最大化。各家银行获得的信息越相似，它们的解决方案就越接近。这意味着出现拥挤交易，金融周期被放大。归根结底，AI之所以具有顺周期属性，是因为它倾向于单一栽培。由于AI比人类风险管理人员拥有更多的信息，因此从整个行业来看，它推荐的解决方案会变得越来越相似。但即便如此，如果没有所有外部约束（最重要的是监管法规），AI也不一定是顺周期的。监管法规和AI之间的相互反馈，是单一栽培和系统性风险最危险的驱动因素。

如果我们要求AI管理金融稳定，那它会去哪里寻找危险？从事后来看，2008年金融危机有很多预警信号，许多人批评人类监管者错过了所有这些信号。AI能做得更好吗？不太可能。对于基于次级抵押贷款开发结构性信贷产品并为其提供隐性流动性担保的做法，如果没有对其在多个行政辖区、不同类别机构和国家产生的后果进行观察和总结，那么AI就无法进行学习。可以想象，在2008年，一个设计良好的AI引擎可能已经注意到房价、抵押贷款违约和违约相关性（决定CDOs价格的几个因素）之间的联系。它还可能意识到流动性蒸发时结构性信贷产品的脆弱性。但是，即使AI识别出了每一个单独的元素，它将所有元素组合在一起的可能性也相当低，而这是发现体系的一系列脆弱性所必需的。这对AI、银行和各国金融当局都提出了很高的要求，各国金融当局必须允许数据驱动式的国际监管深度介入各国的数据和监管。

能否成功发现金融体系中的系统性风险，取决于脆弱性在哪里。有充分经济理论支撑的日常因素会驱动金融危机出现。然而，每个危机事件的底层细节通常都是独特的。每次危机过后，监管者和金融机构都会吸取教训，调整流程，避免再犯同样的错误。

我怀疑英格兰银行机器人鲍勃会专注于最不重要的风险类型，即容易计量的外生风险，而忽略更危险的内生风险。它将自动采用并强化错误的假设，这些假设是已发生过的危机中的核心因素。这样做会使"自满"问题更加严重。换句话说，鲍勃将成为哈耶克在他的文章《知识在社会中的运用》中警告我们要提防的苏联中央计划者。其中的问题在于信息聚合。鲍勃将拥有所有信息片段，但不知道如何将它们联系在一起。鲍勃掌握金融机构运作的所有微小细节，从而了解所有风险。然后，将结果汇总起来，它不仅量化单个机构的风险，还量化系统性风险。数以万亿计的微小风险最终被归纳为简单的衡量指标，比如各家银行的风险加权资产和欧洲中央银行的系统性风险仪表盘。这样做的效果就像苏联国家计划委员会一样，几乎所有重要信息都丢失了。你可能会反驳说，目前人类主导的机制也好不到哪里去。我的分析不是说 AI 会让情况变得更糟，相反，AI 肯定可以比人类做得更好，因为它更擅长解决聚合的问题。但是，这还涉及信任问题。

我多次与人讨论如何利用 AI，但遇到的最常见的反驳就是关乎信任的问题。他们会说："乔恩，我可能相信你的结论，但这不重要，因为我们永远不会让 AI 负责任何重要的事情。"我不同意这种说法，因为信任会悄悄地建立。20 年前，几乎没有人信任网上银行。但是人们后来意识到它确实功能强大，所以现在几乎每个人都使用网上银行。25 年前，很少有人相信计算机能操控驾驶飞机或汽车，但现在大多数人都相信。我们乐于计 AI 控制手术机器人。AI 正在关键的日常应用中证明其价值，而这建立了信任。我们越是看到 AI 表现得比人类好，就越倾向于使用 AI 决策者而非人类。

作为金融稳定的守护者，各国央行已经开始使用 AI 了。我最近在一家央行做了一个关于 AI 的演讲，央行的人员向我保证，AI 在他们的机构不做任何决策。但是，那天我进央行大门时就遇到了困难，因为控制安全系统的 AI 不喜欢我。当我把这一点告诉听众时，央行的人员回答说："我们的意思是 AI 不控制任何重要的东西。"他们错了。央行已经在很多领域使用 AI，目前运行得不错，已经建立了信任关系。央行可利用 AI 节省大量成本。员工可能不喜欢，但董事会看到了用计算机取代经济学博士大军的好处。

这就是问题所在。20 世纪 80 年代，名为 EURISKO 的 AI 在一场海战游戏中使用一个小技巧击败了所有的人类竞争对手。它将己方的最慢船只击沉，以获得比人类竞争对手更高的灵活性。这是一个"奖励黑客"的典型案例，人类是这方面的专家。[5] EURISKO 的开发者道格拉斯·莱纳特指出："EURISKO 发现的不是舰队和船舶设计的基本规则。相反，它发现了异常情况，规则之间的偶然交互，以及该游戏模拟系统设计者没有预见的不切实际的漏洞。"EURISKO 连续三次获胜，每一次都导致人们改变规则，就是为了防止下一次 EURISKO 再次获胜。最后证明唯一有效的方法就是不让莱纳特和他的 AI 参赛。

这就是 AI 的问题所在。我们怎么知道它会做正确的事情？不需要告知海军上将不能击沉我方船只，他们也知道这一点，但 AI 必须被告知。然而，世界是复杂的，不可能制定一个规则涵盖所有的可能性。鲍勃最终会遇到一些情况，导致它在关键决策上犯人类不会犯的错误，那时就会体现出人类相对于 AI 的优势。当然，人类决策者搞砸的频率比鲍勃更高。但二者之间有一个关键的区别。人类长时间积累了相关领域的经验和知识，如哲学、历史和伦理学，他们在不需要详细说明的情况下就能对不可预见的情况做出反应，并根据政治和道德标准做出决策。

在让人类负责之前，我们可以问他们在假设的情景下如何决策，最重要的是，还可以要求他们解释自己为什么会如此决策。我们可以追究他们的责任，并让他们接受参议院委员会的质询。如果他们搞砸了，他们可以被解雇、惩罚、监禁，他们会失去声誉甚至生命。但我们不能这样对 AI。没有人知道 AI 是如何推理或决策的，它也不能解释自己的决策。你可以追究 AI 的责任，但它不会在乎。不过 AI 也有一些优势，人类可能是无能、冷酷或腐败的，有时候 AI 的行为比人类行为更人道。法官在午餐前一小时给出的判决要比午餐后一小时更严厉，但 AI 没有这样的偏见。

那么，信任问题有多重要呢？这取决于我们对 AI 的要求。对于微观审慎监管而言，信任并不是那么重要，因为现有的规则手册已经明确了目标和规则。AI 做出严重错误决策的可能性很小。就算 AI 犯错，较短的报告周期、大量的反复观察以及 AI 参与的决策相对不那么重要，都意味着我们可以很快意识到问题所在，并及时做出反应。但宏观审慎监管不同。问题界定不明，系统无限复杂，控制的相关事件并不经常发生而且几乎每一个事件都有自己的独特性。没有什么东西可以用来训练 AI，而且错误决策将导致灾难性后果。如果我们让具有固定目标的机器与无限复杂的环境相互作用，结果将是意想不到的行为。AI 将会遇到一些情况，做出人类不会做的关键决策，这就像在金融领域击沉自己的船只一样。随着时间的推移，当机器被迫对不可预见的突发事件进行推理时，灾难性结果发生的可能性会增加。后果可能是毁灭性的，也许会带来明斯基时刻。

第十二章　鲍勃的故事：机器人和未来风险　263

反系统的优化

> 对于任何观察到的统计规律,一旦出于控制目的而对其施加压力,规律往往会崩塌。——古德哈特定律

每次当我们试图控制他人的行为时,人们都会逃避。这是人类的本性。这也是圆形监狱存在的原因。我们必须不断防范那些企图削弱控制的人。由于找不到更好的词,我暂且把这些人称为恶意主体,他们意图通过反系统优化来利用系统谋取私利。人们一直都这么做,这不是 AI 独有的特征,但 AI 的固有弱点使这样的优化极其危险。

我们实施控制的事实会改变系统,这正是古德哈特定律如此有先见之明的原因。世界在有控制和没有控制的情况下是不一样的。在大多数情况下,反系统优化不是很重要。人类司机利用自动驾驶汽车为自己谋利。他们知道自动驾驶汽车遵守规则,行驶保守且可预测。人类在行车道并线处、在十字路口四向停车指示牌前,以及涉及驾驶员相互竞争的任何情况下,都能够轻易占据优势。然而,这种反系统优化的情形相当有限。失败影响的范围不大,且代价很小。最重要的是驾驶员不会影响游戏规则。

这就是大多数 AI 应用与金融体系监管之间的关键区别。在高速公路上占特斯拉便宜的人类司机不能靠修建新道路来削弱特斯拉的优势,也不能改变交通规则,更不能移动交通标志,但金融体系中的人类可以做到这一切。由于金融体系的规则和结构是可变的,因此金融体系给反系统优化提供了特别丰沃的土壤。金融体系里有很多钱可以赚,对手很聪明、资源充足,系统无限复杂,有很多不端行为滋生的空间。最终,金融体系的控制者注定永远是这场猫鼠游戏的输家。

金融的复杂性为经济主体提供了许多绕过监管的方法，比如，创造新的金融工具来模仿受监管的工具，但新工具接受不同的监管，这推动了许多金融创新。高频交易就是一个很好的例子。美国证监会一再修改规则，但高频交易公司仍然能够通过掠夺普通投资者获利，正如迈克尔·刘易斯在《高频交易员：华尔街的速度游戏》一书中所描述的那样。

大多数恶意主体不会故意违法。大多数，但不是全部。流氓交易员一直都存在。以尼克·李森和奎库·阿多波里为例。当时，李森在新加坡的巴林银行使用编号为88888（在中文里代表"超级幸运"）的"错误账户"交易期货合约。账户原本应用于纠正交易中的错误，但李森用它来掩盖自己14亿美元的交易损失。另一个交易员阿多波里代表瑞银进行未经授权的交易，在该行的电脑中输入虚假信息，以掩盖自己的行为，他最终损失了20亿美元。李森和阿多波里只是非法操纵控制系统的两个个体，尽管他们的行为对雇主产生了实质性的影响，但对社会的影响可以忽略不计。

还有一种反系统优化更加隐蔽：整个银行或一群金融机构联合起来破坏系统稳定。它们的行为可能并不违法。很有可能它们甚至不知道自己的行为会破坏稳定，而那些高管可能都没有意识到这些行为的后果。一个很好的例子就是2008年金融危机之前创造出来的所有危险的金融工具。没有人能全面了解所有的CDOs和管道产品，以及所有其他后来造成了巨大破坏的邪恶工具。这些工具都在自己所在的金融体系很小的一角进行反系统优化。系统的各个组成部分看起来一切都很好，但是所有各部分行为加总起来造成了损害。就算进行反系统优化的只是很多小型恶意主体而非一个单一的大型实体，后果也同样严重。如果他们协调这种恶意行动，就可以实现利益最大化。他们会像狼群一样分享信息，智胜监管者。

更糟糕的情况是一个恶意主体故意造成破坏，其可能是一个恐怖分子，也可能是一个流氓国家。要发现这样的经济主体就更难了，因为它们不按标准规则行事。流氓交易员意在谋利和不想被发现的动机限制了他们的行动。但是如果主体不在乎盈利，就更容易造成损害。AI能解决这些问题吗？毕竟，鲍勃可以比任何人都更广泛地监测金融体系，并利用机器学习来发现所有隐藏的联系。鲍勃知道已经发生的一切事情，执行能力也比人类更胜一筹。进行微观审慎监管的AI将比恶意主体更有优势。它们面临的风险较小。AI可利用以往重复事件的大量信息以及海量数据进行训练，学习恶意主体的所有邪恶伎俩。这就是为什么AI在微观审慎监管和内部风险管理及控制方面都非常有价值，也是为什么我们能够将与这些职能相关的绝大多数工作外包给AI。

然而，对于宏观审慎监管来说，情况又有所不同。在宏观审慎监管中，意图获利甚至造成损害的恶意主体比鲍勃更有优势。宏观审慎监管问题产生的影响要比微观审慎监管问题大得多。会有恶意主体利用反系统优化对抗宏观审慎监管当局，虽然AI可能会发现大部分甚至几乎所有的这类行为，但只要遗漏一个问题，就会引发系统性危机。由于金融体系极其复杂，只有一小块领域在控制者的巡查范围内，因此恶意主体只需找到一个未受监管的领域。这个领域通常是各监管辖区之间的边界处。

标准防御机制不起作用

当有黑客攻击金融监管时，监管机构一般无法在几小时或几天内做出回应，或许要等上几十年。当我与AI专家讨论反系统优化时，他们都承认有这个问题，但同时也强调有办法防御。比如，一辆自动驾驶汽车在面对意图占它便宜的恶意人类时，可以通过模仿人类驾驶员的攻击性和非理性来做出回应。AI有选择地遵守规则，甚至制定自己的规则。但这种防御策略在金融监管中并不奏效。原因是金融监管需要透明、公平、简单的规则，而且决策缓慢，并存在各自为政的现象。金融监管规定必须透明并得到公平执行。我们必须将随机反应编码到实施宏观审慎监管的AI中，但不可以让AI自己决定规则，更不用说允许它制定新规则了。同时，即使允许这么做，AI设计者也要明确指出随机反应的统计分布情况。但是假以时日，这一分布又可能呈现相反的形态。

对公平和透明的要求还意味着规则必须简单易行。当我阅读金融法规时，我发现其中的模型非常基础，比大学课程中的简单得多。但正是这种简单破坏了标准防御的有效性。当规则简单明了时，就很难随机反应，而且规则不会经常改变。巴塞尔规则每隔几十年才更新一次。即使在地方一级，相关法律也必须由议会通过，然后由监管机构实施。这是一个缓慢、透明、充斥着游说的过程。当有黑客攻击金融监管时，监管机构无法在几小时或几天内做出回应，而是可能要等上几十年。

然后是各自为政问题。2008年冰岛的许多银行倒闭时，我曾与一位欧洲高级监管人员讨论，为什么这些问题和不端行为没有早些被发现。他说："很简单。这些银行在任何一个辖区都没有不当行为，但在各辖区行为的加总却造成了严重破坏。"尽管欧洲当局现在已经堵住了这个漏洞，但问题依然存在。甚至单个国家都有多个监管机构，控制着界定不清且不断变化的辖区。当德国威卡银行在2020年因欺诈而倒闭时，相关监管机构德国联邦金融监管局否认负有任何责任，表示之前就已经对其无须监管威卡银行做出了决定。这样，没有任何监管者对德国最大的银行之一负责。监管机构仔细监控自己辖区的边界。更糟糕的是，在国际上，监管机构保护自己的数据和权力，拒绝进行跨境分享和合作。所有这些都帮助恶意主体在不受阻碍的情况下跨辖区行动，并挫败 AI。最终，AI 天生的理性，加上对透明度和公平竞争的要求，使其相对于人类监管机构处于不利地位。

如果金融体系的结构保持不变，鲍勃可能仍有机会战胜那些恶意主体。如果系统永远不变，鲍勃每天都能学到更多关于系统的知识，总有一天能把工作做得完美无缺。问题在于金融体系并非一成不变。它不仅实际运作无限复杂，而且内生体系也无限复杂，这意味着这种复杂性随着系统中每个人的行为变化而不断进化。当金融体系中看似互不关联的部分暴露出之前隐藏的联系时，最糟糕的结果就会发生。脆弱性会通过不透明的渠道传播和放大，而这些渠道之前被认为是不需要担心的黑暗领域。竞争使系统具有对抗性，任何旨在遏制冒险的规则都成为需要克服的障碍。

恶意主体充分利用对它们有利的情况。它们就像蟑螂一样，从受当局监视的明亮区域跑到阴影中，在一个无限复杂的系统中找到大量的黑暗区域来觅食。就像金融体系中的每个从业人员一样，这些对手希望以一种很难被察觉的方式增加系统的复杂性。有很多方法可以做到这一点，比如创造新型的金融工具，使风险在体系内明显不同的区域之间传导和放大。

所有这些因素都阻碍鲍勃完成其使命，但最终的问题是，鲍勃不够聪明，无法确保金融稳定，而且其永远也做不到这一点。鲍勃要解决的计算问题比对手的难很多。鲍勃必须监测整个金融体系，寻找恶意主体藏身的、滋生不稳定性的各个角落。而对手只需要找到鲍勃的一个弱点，一个自身可以存在的黑暗角落。这是一个简单得多的问题。而且恶意主体相对于鲍勃总是有计算优势。摩尔定律和技术发展无助于解决这个问题。我们在金融体系中使用 AI 越多，优势就越向恶意主体倾斜。

需要一个终止开关

> 好的，计算机。我现在想要完全的人工控制。——道格拉斯·亚当斯，《银河系搭车客指南》

假设鲍勃负责金融稳定，它与私人部门的同行 AI（格斯、玛丽和贝蒂）保持联系。这三位是投资组合构建和风险管理方面的大师，接受过全面的历史资产价格走势训练。它们不仅知道所有发生过的事情，还拥有合理的架构，能进行广泛的外推。

假设出现了一种新的不稳定性。作为其中最有野心者，格斯嗅到了获利的机会并开始进攻，它认为进攻玛丽和贝蒂就能赚很多钱。它确实这么做了。它甚至觉得攻击鲍勃是有利可图的。那么什么可以阻止这种情况的发生呢？一种选择是要么格斯被勒令停止进攻，要么寻求利润最大化的格斯的主人必须预见这种可能性。但预测出一切是不可能的。另一种选择是设置一个终止开关。有可能关闭鲍勃和其他 AI 吗？我们让它们掌权的时间越长就越困难。鲍勃对金融体系的知识，以及它自己对数据的内部再现，都是人类所无法理解的，关闭鲍勃将以不可预见的方式扰乱整个系统。即使是在危机中，尽管鲍勃显然在做错误的决策，但关闭它产生的副作用可能比不关闭带来的后果更糟。

还有一个问题就是鲍勃是否允许我们将其关闭。这正是戴夫在《2001 太空漫游》中想要表达的。人类在编码 AI 引擎时将某个目标编了进去，关闭 AI 会阻止它实现目标，因此它可能不允许我们这样做。

· · ·

人工智能对金融当局的帮助将越来越大。这从财务逻辑来看是肯定的,因为节省的成本将是巨大的。但这一切不可能一蹴而就。英格兰银行机器人鲍勃需要赢得我们的信任,它最终会做到这一点,这样它就能完成一些职能了。比如,鲍勃将在微观审慎监管方面做得非常优秀,这样监管当局就可以不用雇用昂贵、缓慢、不稳定的人类员工。取而代之的是在所有层面上都表现得更好、成本更低的AI。这是可以做到的,因为微观审慎监管的问题范围有限,涉及的是重复发生的结果和精确定义的规则,这都有利于发挥鲍勃的优势。

但宏观审慎监管就不同了。要控制的事件不常发生,而且每一事件都有其独特性。监管失败的代价也是高昂的。为了发挥作用,鲍勃必须跨越各辖区间的边界和屏障进行控制,做到随机应对,并以不透明的方式制定规则。它必须从全球而不是地区的角度来理解并推断因果关系和不可预见的情况。与此同时,它还必须找出那些尚未导致不良后果的威胁。这些做法要么是不可接受的,要么超出了目前的能力,或两者兼而有之。

AI做出错误决策的代价可能是灾难性的。一旦我们意识到不能没有AI的时候,就为时已晚了。我们可能想要有一个终止开关,在鲍勃开始行为不端时将其关闭,但这样的开关是不会有的。如果AI不能拯救我们,那如何进行最好的监管呢?

第十三章

不该走的路

鉴以往而知方策，然祸患伏于将来。

图13-1

资料来源：图片版权 © 里卡多·加尔沃。

第十三章 不该走的路

让金融体系屈从于我们的意志极其困难。我们祈求不可能实现的事情：不带太多风险的丰厚投资回报和高速经济增长。这其实很难。金融体系是人类的复杂创造之一，如何让无限复杂的事物如我们所愿运作呢？点子有很多。也许最佳安排就是我们现有的设置，我称之为现代金融监管哲学。有些人认为技术——也许是加密货币或央行数字货币——会拯救我们。其他人则倾向政治解决方案，比如自由意志主义者认为政府最好远离金融，而管控者则希望通过严格的监管使金融屈从于社会意志。之后我将在第十四章提出未来的出路，以充分利用金融体系的内在稳定力量。

金融体系和金融监管的意义何在

金融体系是必要的，它提供了金融中介服务，即跨越时间和空间将资金从一人转移至另一人。金融重新配置资源，分散风险，使我们能够为老年人建立养老基金，也可以帮助公司进行数十年的投资。金融也是危险的：金融机构利用客户牟利；银行倒闭并引发危机；银行家缺乏同理心，傲慢自大，却在搞砸时心安理得地要求救助——将利润私有化，将损失社会化。除了以此为生的人，金融并不受欢迎。金融被需要，因此被忍受，但不被接受，社会对其的态度是一边享受金融体系带来的好处，一边又对其进行严格监管。这不是件容易的事，当然就如何做到这点也没有达成共识。

那么，我们希望通过金融体系实现什么目标呢？答案有很多。假设摒弃所有政治考量和特殊利益去问普通人这个问题，我想我们会得到一个简单的回答：无须经历太多代价高昂的衰退和危机而获得经济高速增长。换句话说，长期经济增长最大化，以及经济危机与衰退成本最小化：

$$\text{最大化} \left(\frac{\text{累计长期经济增长}}{\text{累计经济危机与衰退成本}} \right)$$

将这样笼统的目标转化为可操作的政策很难，因为许多特殊利益集团都在力推对其最有利的做法。银行家希望消除竞争，放任自由；监管机构想证明自己已经完成了任务；反资本主义活动家致力于消除所有投机，甚至想关闭私有银行；政客希望在下一次选举之前实现快速增长；专家则渴望被关注。那么如何实现目标并克服特殊利益集团的反对呢？不妨以史为鉴，先看看2008年发生的金融危机，然后绕道向伏尔泰请教。伏尔泰在他的《老实人或乐观主义》（1759）一书中讲述了一个名叫"老实人"的年轻人的故事，他在地球上一个所谓的天堂里过着与世无争的生活。他的导师是邦葛罗斯教授，他喜欢宣称"在十全十美的世界中一切都尽善尽美"。我们从他那里派生了"邦葛罗斯主义"一词，即对世界过于乐观的看法。

2008年的全球金融危机本不应该发生。2008年之前的几年是"大缓和"时期，让人想起20世纪20年代的"永久稳定时代"。金融工程师已经制服了风险。是的，处处都有损失，即使是像安然或世通这样的庞然大物也不例外，发展中国家也确实有危机，比如1998年的韩国。但即便如此，搞砸的是会计师、律师和政客，而不是金融工程师。危机已成为过去，至少在发达国家是如此。而即使是在发展中国家，危机也只有在国际货币基金组织的良方善策被拒绝时才会发生。直到2007年前，我们都是安全的，因为没有危机，国际货币基金组织无所事事，甚至处于大幅缩减业务规模的边缘。

这真是十全十美的世界。建立在严谨科学风险管理基础上的规定和制度架构保护了我们。风险计量仪表明，我们从未像2007年那样

第十三章　不该走的路　275

安全。理由很充分。自 17 世纪的布莱士·帕斯卡尔以来，我们一直都利用统计分析来管理风险。三波"改善"浪潮将金融工程推向了成功巅峰。金融业收集大量数据，并在超高速计算机上使用复杂模型处理数据，这一切都由受过高等教育的金融工程师监督，而他们毕业于世界上最好的大学。这样的金融体系难道还不能如我们所愿吗？这种想法太肤浅了。当金融工程师专注于所有微观风险——海滩上被研究的沙粒时，新形式、充满危险的风险却在没人关注的地方出现了，那是潜藏已久的内生风险怪物（见图 13-1）。为什么我们没有看见它？因为金融体系无限复杂，金融工程师只能察觉到其中一小部分，而怪物则潜藏在他们看不到的地方。与此同时，邦葛罗斯式的宽宏温和则鼓励了更多明斯基式的冒险行为。我们却还被蒙在鼓里，因为风险计量仪衡量的只是外生风险，而非内生风险。

后来，2008 年金融危机降临了。北岩银行、贝尔斯登、美国国际集团，之后是雷曼兄弟，陆续倒闭了。在我们手上发生了一场全面的全球金融危机。外生风险指数飙升。当局反应迅速，最初随机应变，最终还是按宏观审慎监管理念来处理。我们就此高枕无忧了吗？我不这样认为。监管是后顾性的，旨在防止过去的错误。用以避免 2008 年危机重演的规则现在僵化了，而世界却在不断变化。市场参与者越来越善于规避规则——在没人看到的地方承担新的风险，周而复始，循环往复（见图 13-2）。当你开始听到有人将世界描述为"永久稳定时代"或"大缓和"时期，或是金融工程师确保了增长和安全，或是你们国家的繁荣是由于文化优越，或是央行宣布一切都很好时，那你就该逃跑了。当邦葛罗斯教授讨论十全十美的世界时，他只是在保护"老实人"，不让他看到真实的世界。

图13-2

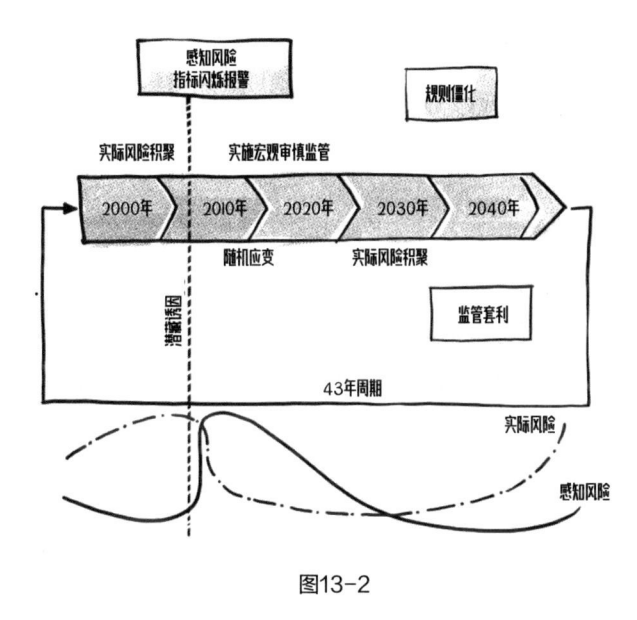

资料来源：图片由卢卡斯·比肖夫/IllustrationX 绘制。

认知失败

美国中央情报局在2001年初掌握了大量关于基地组织的情报，并对"9·11"恐怖袭击发出了许多预警。马修·萨伊德在其著作《多样性团队》中清晰阐释了导致美国中央情报局忽视该威胁的认知失败。美国中央情报局的工作人员主要是中上层阶级且在常春藤盟校接受过教育的白人男性，当所有基地组织情报通过他们的文化视角过滤时，攻击是不可想象的。就像2001年的美国中央情报局一样，许多基金经理、银行家和监管机构拥有巨大的权力和资源。导致他们折戟的是四种认知失败，这些认知失败使他们对威胁和机遇视而不见。他们让事实屈从于他们的偏误，做不到时就转而寻找其他事实。

第一个认知失败是合成谬误,即如果一个整体的全部(甚至部分)构成要素是真的,就推断整体一定是真的:"氢(H)不是湿的。氧(O)不是湿的。因此,水(H_2O)不是湿的。"金融监管中的合成谬误在于,如果所有个体微观风险都得到了控制,那么整个金融体系就是安全的,这意味着金融体系只是其所有个体活动的简单加总,所以科学家所要做的就是研究海滩上的沙粒。

假设每家银行都是审慎的——就像我之前称呼的那样,都是沃尔沃。每家银行都做了该做的事,而且没有承担疯狂的风险。尽管如此,它们仍然必须进行风险性投资,例如次级住房抵押按揭贷款和中小企业贷款,否则它们就不能算是银行。其中一些风险投资有市场价格,但大多数投资的价值只能由模型确定,而所有风险都由风险计量仪衡量。合成谬误意味着即使所有的银行都是审慎的,整个系统也不是安全的。

可以将其归咎于冲击吸收,或者更确切地说是审慎的银行没有能力吸收冲击。假设出现一些外部冲击——英国脱欧、海啸、俄乌冲突、特朗普、地震或新冠肺炎疫情等,那么沃尔沃式银行持有的一些资产的价格就会下跌。其结果是外生风险激增,这不可避免,因为风险计量仪以短期历史波动为基础。我们的沃尔沃式银行该怎么办?当然谨慎的做法是处置其风险最高的资产并囤积流动性。但这样的抛售只会造成价格下跌,使外生风险进一步增加,导致更多的抛售,并出现价格下跌、流动性蒸发和风险加剧之间的恶性反馈。如果没有买家(因为所有潜在买家都是审慎的),便只能以眼泪(危机)结束。没有人做错任何事。这就像把烫手的山芋从一个人丢给另一个人:大家都想把它丢出去,以免被它烫伤(见图13-3)。不是所有金融机构都变审慎了就能实现金融稳定。

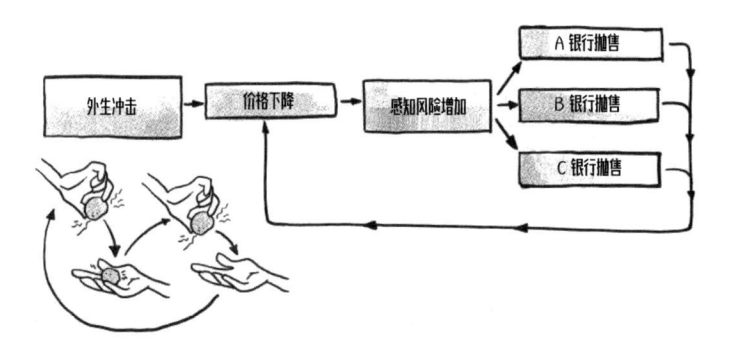

图13-3 "烫手山芋"反馈

资料来源：图片由卢卡斯·比肖夫/IllustrationX 绘制。

第二个认知失败是不变性，即认为金融体系在被观察和控制时不会改变。毕竟，物理学世界是不变的，那金融体系为何不是呢？这里有一个关键区别：内生风险。任何与金融体系互动的人都会改变它，无论是资产管理者、销售人员、监管者、记者、投资银行家、大学教授还是财政部长都是如此。有些人带来了较大的改变，有些人则不然。但是，尽管他们的影响可能很小，但永远不会为零。这一点或许没那么重要，我们大多数人还是可以照常安然行事，将风险看作是外生的。但对于金融稳定的守护者和那些担心尾部风险的人（如养老基金）而言，这种区别至关重要。接受不变性意味着低估巨大损失和不稳定的力量。

第三个认知失败是相信风险计量仪衡量的是真正的风险。在之前对风险计量仪误区的讨论中，我把这比作将风险计量仪视为类似温度计的设备。好像把风险计量仪探入金融体系就能获得准确的风险数值一样。问题在于，风险计量仪只抓住了广义风险中的一小部分。虽然其一定能将所有风险汇总为一个数字，但在此过程中往往会遗漏很多东西。当衡量某家银行或整个金融体系的风险时，这种测量基本没有

第十三章 不该走的路

实际意义。对领导而言，风险计量仪用起来很顺手。他们觉得，因为风险仪表盘只发出绿色的光，所以一切都安然无恙。风险计量仪误导他们只看他们想看到的数字。

第四个认知失败是将金融稳定本身作为目标。这是不对的。金融稳定只是一种工具，目标是实现可持续的经济增长而不出现太多代价高昂的危机。金融体系是一种工具，金融稳定只有在推动我们实现目标时才是重要的。政策制定者过分关注金融稳定并将其视为使命的核心要义和最终目的将会适得其反，对他们本应服务的社会造成损害。

这四种认知失败使决策者看不到真正重要的事情。这会产生许多现实世界的后果。首先，当我们怀着好的意图，试图减少甚至消灭风险时，我们可能最终会转移风险。在古巴和朝鲜消除金融风险是有可能的：其本身就没有金融体系。但这是一种非全有即全无的方法，我们不喜欢这样，我们更想要经济增长，而这意味着风险。由于金融体系如此复杂，有很多地方都可能承担前述风险。风险就像一个气球。虽然一种风险降低了，但我们可能会使其转移到其他地方，通常是体系中比较阴暗、监管不足的地方。眼不见则心不烦。

其次，认知失败也使我们忽视了将金融体系中的每个人联系在一起的网络。监管者和银行家会告诉你，每个人都与他人相联系，网络不仅存在，而且至关重要。然而，承认网络的重要性很容易，将其纳入标准实践却困难得多。我曾听到一家央行的副行长抱怨网络分析，说所有这些工作仅证明了每个人都与他人有联系，而他早就知道这一点。

网络被忽视的原因是筒仓式的各自为政。在金融体系中工作的每个人都生活在一个筒仓里（见图13-4）。金融工程师是各自小领域的专家，如外汇、南欧中小企业贷款、美国次级抵押贷款、资金管理，以及现代金融机构的各种业务领域。即使是最大的银行也只在金融体系的特定部分内运营。金融当局也生活在筒仓中，它们的任务是监管美国某个州的保险业或德国的市场行为。没有一家机构负责一个国家的系统性风险，更不要说整个世界了。因为没人得到授权控制网络，所以也没人这样做。我们现在所拥有的只是一个拼凑体，政府机构只管其中的一小部分——自己的职责范围——而且不喜欢与其他部门合作。如果你认为这不可能是真的，那么请向监管机构询问跨辖区共享数据问题，它们都会告诉你数据共享遇到了多少阻力。虽然忽视网络有助于决策者睡个好觉，但问题是网络既会抑制冲击又会放大冲击。金融体系中一些最强大和最具破坏性的力量就位于监管辖区的边界上，以大肆利用这些边界。

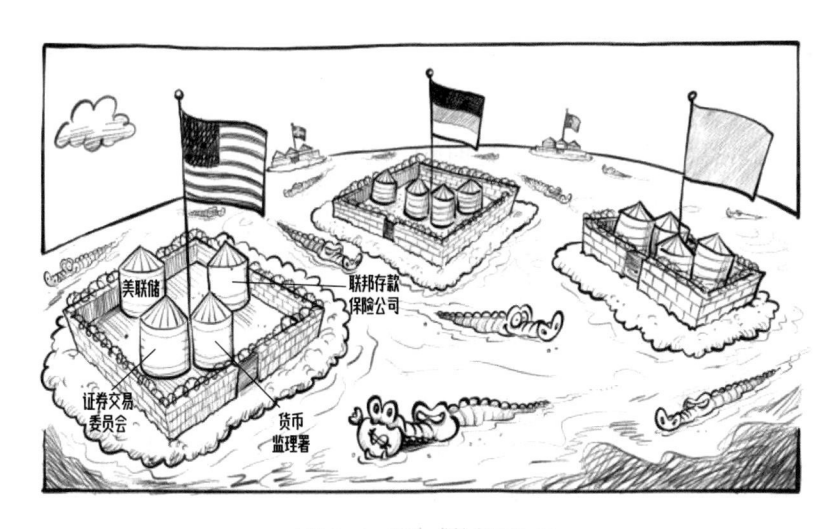

图13-4 筒仓式的各自为政

资料来源：图片版权©里卡多·加尔沃。

认知失败最具破坏性的后果是短期主义——短期和长期之间的不和谐。我们所关心的几乎都是经济的长期结果。养老基金、环境、房

第十三章 不该走的路 281

价、教育，但凡你能想到的，都是事关几年或几十年后会发生什么。短期并没有那么重要。股票价格、房地产价值、贷款组合或利率的日常波动对大多数人并不重要。那么，我们衡量和管理金融风险的方式是否反映了长期的重要性？总的来说，情况并非如此。我们宣称关心长期风险，但实际上最终只管理了短期风险。

原因很简单。衡量长期风险真的很难，毕竟极端罕见事件，顾名思义，本身就非常少。长期风险的计量问题与风险管理的标准做法问题相互交织。假设一家主权财富基金很关心未来长达几十年的长期风险，而且这种长期视角也写入了基金相关法律和授权。然而，该基金每个季度都受到监测，如果几个季度表现不佳，就会有人质疑，奖金可能不发了，基金负责人可能被议会委员会传唤，有些人可能还会被"炒鱿鱼"。这就使主权财富基金的经理，不管法律授权如何规定，都只关心季度业绩，而不关心十年业绩。

其结果是不幸的。如果短期风险仪表盘像2006年时那样令人放心，我们很可能就会去承担不合理水平的风险，忽略危险。对金融市场的影响将是波动性降低而肥尾增强——日常波动变小而灾难性长期结果的概率增加。

所有这些都会在现实世界产生后果。经济增长会受到影响。过去几十年发达国家增速一直在放缓，这种现象被称为长期下滑（见图13-5）。[1] "等等，乔恩，"我怀疑许多人读到这儿时会想，"长期下滑的原因很多，人们对此知之甚少，将其归咎于认知失败有点牵强。"有道理，虽说不是唯一的原因，但它确实使情况变得更糟。为了促进经济增长，我们需要风险：企业家在公司成长的各个阶段，从最初的孵化状态到首次公开募股（IPO）并上市，再到长期经营，都需要便捷地获得资本。由于贷款给初创企业具有很高的短期风险，因此资本费用较高，银行和其他金融机构在给推动未来增长的新公司融资时会成本倍增。与此同时，大型老牌公司信用评级高，与银行关系密切，融资便利，但增长空间并不多。能可靠地实现经济增长的部门却恰恰缺乏资金。前文提到过一个相关例子，BBC《全景》节目讨论过银行如何伤害了对经济增长至关重要的中小企业。虽然节目制片人指责银行掠夺成性的做法，但实际影响其实是由《巴塞尔协议Ⅲ》的资本规定造成的，这些规定大幅增加了向中小企业提供贷款的成本。

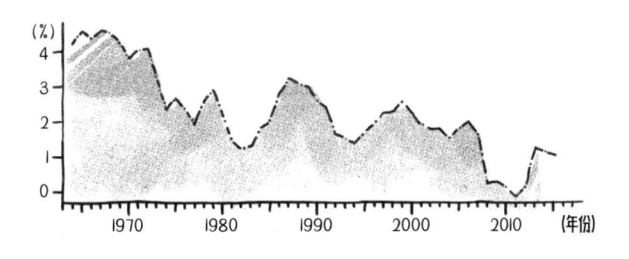

图13-5 经济增长的长期下滑

资料来源：图片由卢卡斯·比肖夫/IllustrationX 绘制。

金融当局如何认识自己的使命：新冠肺炎疫情的教训

决策者应该做什么？首先是减少不确定性。如何减少不确定性？消除尾部风险以及洞察尾部风险。——奥利维尔·布兰查德（2009）

通过 2020 年的新冠肺炎疫情危机和 2008 年的全球金融危机，可以窥见金融当局对于如何控制金融体系的一些想法。虽然没有一个术语或短语可以概括它们对自己使命的看法，但我想提出"现代金融监管哲学"的概念。据我所知，没有一个政策部门对监管的目的发表过任何实质性的观点。唯一的例外是英格兰银行，该行高级决策者在这方面的观点相当一致。也许金融当局不想告诉我们现代金融监管哲学是什么。毕竟，它们是"建设性模糊"的大师，很小心地尽可能言多而意少。当然，官方理由是为防范道德风险，"建设性模糊"虽不妥但也是迫不得已的：协调市场，同时又让其猜不透。我认为没有特殊的原因，只是模糊有助于他们完成工作并掩盖意见分歧。我读过很多官方文件，故意含糊其词的情况随处可见，甚至在不该出现的地方也出现了。几年前，我读了《巴塞尔协议Ⅲ》的市场风险规定，试图了解市场风险的主要组成部分是如何计算的。这是一个简单的计算，应该很容易解释。但尽管在解释上花费了大量笔墨，这份文件仍然非常不明确，我还是不清楚该如何计算。

我希望每个人都能问问自己所在国家的央行和监管机构，它们是如何看待金融监管对国家的益处的。如果你得到了答复，请告诉我。由于这种含糊和不明确，我只好进行推断。在阅读了大量演讲和政策报告，参加了大量会议，并与监管机构进行了多次会谈之后，我就金融当局对现代金融监管哲学的看法形成了以下定义。

> 政策当局间接表达的现代金融监管哲学：
> 1. 不惜一切代价安抚陷入困境的市场，以减少不确定性。
> 2. 之后，识别金融体系中处于困境核心的关键部位，并厘清事实，吸取教训。这是为了实施纠正性监管，以免重蹈覆辙。
> 3. 确保每家金融机构审慎经营，这意味着每个风险得到控制，体系就安全了。

当我问在监管机构工作的朋友对我提出的定义有什么看法时，他们都赞同前两点。第三点更具争议性，宏观审慎监管机构的人同意这一点的不多（微观审慎监管机构的人会同意我的第三点）。但他们在和我的交谈中都认为，这只是一面之词和个人观点。过去采取的一些行动与这三点是一致的。其中一位朋友补充说，年度风险监测工作是这一问题的缩影。

新冠肺炎疫情很好地反映了实践中的现代金融监管哲学。最初新冠肺炎疫情的冲击纯粹是外生的，因此该病毒与引发1914年系统性危机的斐迪南大公遇刺事件相似。疫情暴发后发生的事情是典型的内生反应。流行病学、社会和经济方面的后果都是做出决策的人类相互影响的结果——内生风险。

新冠肺炎疫情没有引发金融危机。充其量，我们只是遭受了动荡。为什么？目前存在两派思想。当局认为，这是因为2008年后的监管增强了金融体系韧性，也得益于2020年3月和4月政府做出了迅速的政策反应（系统救助）。用巴塞尔委员会主席巴勃罗·埃尔南德斯·德·科斯在2021年的话来说："全球银行体系总体保持了韧性……早先的《巴塞尔协议Ⅲ》改革以及前所未有的一系列公共支持措施是这一结果的主要原因。"由于最初的冲击纯粹是外生的，我怀疑即使没有救助和《巴塞尔协议Ⅲ》，金融体系在吸收疫情冲击方面也不会遇到什么困难。金融稳定理事会在吸纳所有主要金融当局意见的基础上，于2020年11月发布了一份报告，指出了出现的问题、应对的措施和吸取的教训。这份名为"3月市场动荡整体回顾"的报告阐明了政策当局对其使命的看法。

　　政策反应速度快、规模大、范围广泛。如果没有央行干预，金融体系的压力很可能会大幅增加。

　　得益于危机后的一系列改革，金融体系中的某些部分，特别是银行和金融市场基础设施，能够吸收而不是放大宏观经济冲击。

　　3月的动荡凸显了增强非银行金融机构（NBFI）韧性的必要性。[2]

换言之：

1. 市场过度动荡。
2. 我们的工作是减少不确定性，而且成功做到了。
3. 2008年危机后监管整顿的行业表现良好（做得好：我们将银行变成了沃尔沃）。
4. 不幸的是，我们不得不向非银行金融机构提供流动性以平稳市场。
5. 我们将对非银行金融机构进行监管，以防重蹈覆辙。

虽未明说，但该报告暗示了非银行金融机构的监管是以银行监管为模板的。那么，这一切是不是像金融稳定理事会在其《3月市场动荡整体回顾》中建议的那样有效？我和我的合作者一直在研究这个问题。2020年3月在股市最差表现日的两天之后，我们发表了一篇论文《新冠肺炎疫情危机不是2008年》，阐述了新冠肺炎疫情危机与2008年危机的不同。我们的结论是，新冠肺炎疫情引发的动荡与2008年的动荡不同，因此需要采取不同的政策应对措施。特别是这次的流动性注入效果不会很好。

我们随后发表了论文《安抚短期市场恐惧及其长期后果：央行的困境》，继续证实这些结论。我们利用期权市场一组独特的数据集，来研究金融市场对巨额损失的恐慌情绪如何因央行干预而发生变化。[3] 由于数据有丰富的时间和空间维度，涉及大量股票并横跨许多国家，期限从一周到未来30年不等，因而我们就市场对新冠肺炎疫情干预措施的反应有了全面的了解。

2020年3月和4月政策干预的主要目标是迅速安抚市场担忧，但仅限于短期。在理想情况下，市场的长期担忧不应下降，否则意味着产生了道德风险。但这实际上却发生了。对长期（甚至是10年期）市场担忧的影响比短期更大。金融市场从干预中学到，央行会准备不惜一切代价采取必要行动。市场将因此放松警惕，并承担更多的风险——道德风险就出现了。

我可以通过我们论文中的一个例子来更详细地证明这一点：美联储放宽了对全球最大银行摩根大通银行的资本要求。对摩根大通股价的担忧在长期和短期内都得以大幅缓解。由于降低银行资本要求的信号十分明确，即让银行承担更多风险，长期担忧理应有所增加。然而，市场却反其道而行之，长期担忧出现下降——道德风险增加了。

这一结果以及我们论文中的其他结果使我得出结论：现代金融监管哲学正在破坏稳定。为什么？历史提供了借鉴。在约翰·梅纳德·凯恩斯逝世后而罗伯特·卢卡斯开始其开拓性研究前，经济学专业在20世纪50年代和60年代脱离了轨道。在那些失去的岁月里，普遍观点认为，人们可以用一个静态框架来控制经济，我称之为电子表格经济学，即通过调整静态经济模型参数实现政策目标——高增长、低失业率、低通胀。金融当局和政府都将其视同至宝，因为它们感觉这种经济学处理方式很强大，甚至无所不能。除了没什么效果。卢卡斯批判向我们揭示了原因。预期很重要，而经济主体对政策的反应方式会破坏政策目标。我们最终在20世纪70年代得到的只有"滞胀"一词——停滞和通胀。

在宏观审慎政策方面，预期也很重要。银行受到2008年危机的强烈影响，因此政策当局大幅增强了监管力度，提高了银行资本要求水平。当新冠肺炎疫情袭来时，一切似乎都运作良好，因为银行几乎没有受到病毒的影响。但风险现在已经外溢到了影子银行体系。你看，构成金融体系的经济主体不会甘于接受监管。它们会对监管做出反应，并在此过程中改变金融体系。监管一旦生效，却被运用于一个不再存在的体系：这就是卢卡斯批判。

当局现在问了一个正确的问题："如何避免重蹈覆辙？"但得到的答案却是错误的："加强监管和控制。"有道理，这可能是你想要的答案，但会带来一些后果。

首先是多样性受到影响，因为之前得到的教训是非银行部门需要有类似于银行部门的政府控制。金融机构将变得更加相似，金融体系将更加顺周期。系统性风险将增加。

其次是金融当局获得了更多权力。但这种权力是有代价的。国家机构拥有的权力越多，就越需要接受民主监督。我们不能让由非选举产生的官僚在缺乏直接民主合法性的情况下做出对社会至关重要的决策。更糟糕的是，权力使金融当局对稳定负有更大的责任。既然金融当局拥有所有信息和权力，那么问题出现时便会受到责怪。这样，也就更难抗拒对私人机构的救助。

新监管成本高昂，那谁来支付成本？银行的客户——我们。这在美国不一定是大问题，美国只有 1/3 的金融中介服务由银行提供。但在巴塞尔委员会主席巴勃罗·埃尔南德斯·德·科斯的祖国西班牙，96% 的公司融资都由银行提供。西班牙的经济状况并不好，公司贷款成本增加、供应减少或许是最糟糕的政策结果。

最后是政治后果。救助是危险的事情，除了被救助者没有人会喜欢。救助催生了民粹主义和道德风险，破坏了国家信誉。如果金融当局只能设计出一个每隔 10 年就要来一轮救助的体系，那么当局和赋予其权力的政府都会显得不称职或不正直。对当局而言，幸运的是所有的新冠肺炎疫情救助都没有被注意到，都在病毒的各种喧嚣中被淹没了，这与 2008 年发生的情况不同。

现代金融监管哲学的最终结果是导致我们质疑私营金融体系：为什么不将其置于国家的直接控制之下呢？

各种神奇的解决方案

目前虽然我们秉持现代金融监管哲学控制金融体系这一方法，但对于如何整治金融体系却也不乏各种建议方案。首先是加密货币。尽管加密货币倡导者的观点多样，但普遍认为国家和私人部门的既有机构是腐败的、不可信的。既然危机伴随着相应的救助和一再发生的量化宽松，那么最好用算法取代央行——毕竟数学是可信的。其次是比特币。这个话题有点复杂，值得花费更多笔墨，我在其他地方就比特币写过大量文章。[4] 货币的具体形式，无论是我们今天使用的法定货币还是加密货币，对于金融政策的目标而言并没有那么重要，重要的是金融当局拥有的权力以及行使权力的方式。因此，加密货币不是解决办法。

那么，加密货币的近亲——央行数字货币（CBDC）呢？也就是对于今天每个国家都在使用的法定货币，央行创造了一种新的数字形式，或许会作为区块链上的代币。几年前，人们对 CBDC 充满热情，觉得它有望解决我们在金融体系中遇到的许多问题，还可以用来提供针对性救助、微调货币供应并了解金融机构的所作所为，尤其是流动性流量方面的信息。接着央行行长就可以用他们的人工智能机器人鲍勃来管理一切了，但缺点也是显而易见的。最纯粹的 CBDC 意味着央行控制经济中的所有货币，这是因为央行控制着区块链。每笔交易央行都看得到，所以央行不仅密切关注着公民的所作所为，而且提供所有的贷款。我们不希望这样，所以今天的 CBDC 建议方案仅旨在改善支付系统。在这方面，当局备受贝宝支付的困扰，贝宝在 20 多年前突然出现，等当局察觉时，对付贝宝支付为时已晚。因此，今天 CBDC 的主要动机是阻止其他支付系统的出现，尤其是那些外国公司控制的支付系统。这当然是一个有价值的目标，但无助于解决我在这里讨论的问题。

　　如果技术不是解决方案，那么政治呢？政治坐标中的自由意志主义派系认为，问题的根源在于国家，尤其是在于国家的监管、救助和货币管理不当。如果不监管、不救助，我们将看到危机，但不会像现在那么多，因为需要救助的原因是政府承诺要救助。这是事实，但自由放任的立场只在理论上有意义，在实践中没有意义，这是因为在民主社会中，我们会要求政府提供帮助、政客做出回应。期望政客在必要情况下仍不去监管和救助金融体系是不现实的。我们需要一个承认这一现实的解决办法。

　　这就把我带到了国有化。如果每次出现问题时国家都必须救助金融体系，比如 2008 年、2020 年，或是未来的某一年，那为什么不让国家接手银行呢？许多评论家呼吁实施严厉的监管，或许意指布雷顿森林体系的黄金时代，当时金融体系已经确定，而且那时没有金融危机。施加非常高的资本要求，对金融活动和风险进行严格限制，甚至将整个体系国有化，让政府来接手，这当然可行，但是要付出代价。毕竟，金融是一种服务。服务越安全，成本就越高。国家越是参与金融供应，金融就越政治化、官僚主义和腐败。谁来为这一切买单？是我们以经济增速下滑的方式买单。我认为国有化解决办法也行不通。

. . .

　　我们需要一个平衡的金融政策，保护我们免受金融体系问题的影响，确保我们以合理的成本获得良好的服务和创新。社会希望金融当局在安全和增长之间找到平衡，并希望金融机构关注长期效益和长期风险。我们现在还没有做到这一点。目前我们对短期风险关注过度，而对长期风险关注不足，当然对经济增长的关注也不够。我们过度依赖风险计量仪，并借此打造了所谓科学风险管理的外壳。风险仪表盘太多，对日常活动的控制太过，对长期风险和效益的考虑却不够。金融工程师优化投资组合并设计了现代监管和风险管理系统，也创造了极强显微镜来观察所有单个风险。他们就像科学家，虽然是研究海滩沙粒的专家，但却看不见席卷而来的海啸。

第十四章

该怎么办

在多样性中实现稳定。

图14-1

资料来源：图片版权 © 里卡多·加尔沃。

我们如何处理金融体系的问题？许多权威人士告诉我们，他们知道如何让金融体系为我们带来好处——没有危机，有丰厚的投资回报，推动经济强劲增长。希望他们所说的能成为现实。我们可能希望鱼与熊掌兼得，但在安全和风险之间总是要权衡取舍。所有简单的解决方案都指向最明显的外生风险，但忽略了隐藏在尾部风险和危机背后的黑暗力量。为时未晚，我们有明智的方法来实现想要的结果。我在本书中详细讨论了这些问题，下面将它们提炼成五大原则，以推动金融体系发挥最佳作用。

聚焦内生风险

第一个原则是要认识到真正的威胁来自内生风险，即我们没有及时发现的隐藏的黑暗力量，等发现时为时已晚。我们经常忽视内生风险，而将我们的努力集中在具有误导性的园中小径——可见的外生风险上（见图14-1）。内生风险是引发不稳定和损失的根本力量。我们过度使用杠杆。我们相信在一个相互关联的金融体系中，流动性是无限的，而这个体系的存在根本上依赖于这种无限流动性。每个人都谨慎地保护自己。还有政府救助的承诺。我们只专注于可见的方面，而忽略隐藏的因素；只关注各自单独的良好控制，而对外部世界却故意漠视。我们都希望市场好的时光会永远持续下去。在低风险状态下冒险，这就是明斯基方式。

每一场危机的核心都涉及这些基本要素，比如1763年的德·纽夫维尔危机，1907年的约翰·皮尔庞特·摩根危机，以及2020年的新冠肺炎疫情危机。对任何关心风险的人来说，问题在于导致损失和不稳定的根本原因很难解决。衡量内生风险是困难的，甚至是不可能的。在2008年的前几年里，没有人知道被投入结构化信贷产品的次级抵押贷款的风险，等到发现时无论采取何种应对措施，都为时已晚。当时，我们受到的诱惑是只通过能衡量的方面来控制整个体系，而没有针对那些最重要的方面。

内生风险会潜伏数年甚至数十年，直到某种外部冲击使其苏醒。新冠病毒激发了三个基本因素：流动性、预防原则和救助承诺。整个体系的运作就好像流动性是无限的，但随后病毒让流动性提供者变得谨慎——一场流动性危机发生了。同样的预防原则导致了2000年千禧桥的摇晃和2007年投资者的罢工。再加上对救助的承诺——冒险者知道，金融当局随时准备打开支票簿，否则他们不会承担这么大的风险。新冠病毒引发的金融动荡是不可避免的。即使没有病毒，也会由其他东西引发动荡。

虽然目前只有少数几个可以引发危机的被充分理解的基本因素，但危机的触发点是无限的。例如1914年斐迪南大公被暗杀，1918年和2020年的病毒，1866年对航运技术的失败押注，1987年和2007年的价格小幅下跌，1763年战争结束，等等，触发因素多种多样，数量众多。触发因素和根本因素之间的关键区别在于可见性——触发因素很简单且显而易见，而根本因素则是模糊的。正是这种可见性将我们引向错误的道路，今天触发危机的因素可能明天就会悄然消失。我们应该忽略触发因素，从而专注于那些带来危机和糟糕表现的根本因素——内生风险。

小心风险计量仪和虚假的韧性

第二个原则是警惕虚假的韧性。建立一个告诉我们想听的事情的框架是很容易的。一切都很好，因为这是风险仪表盘告诉我们的。与此同时，内生风险怪物正在嘲笑我们（见图14-2）。如果风险仪表盘告诉我们风险很低，我们就想冒更多的风险。但这是虚假的韧性。2008年危机不是那一年所有银行家的疯狂冒险行为造成的，真实源头是他们在21世纪初的狂热岁月里的疯狂冒险行为。到了2008年，除了努力消除最坏情况，我们什么也做不了。我们已经处于危机之中。一旦糟糕的事情发生，我们就喜欢从中吸取教训。弄清楚哪里出了问题，这样它就不会再发生了——这就叫作"亡羊补牢"。这也带来虚假的韧性。不稳定的力量聚集在没有人注意的阴暗之处，因此，下一次危机将出现在其他地方。

图14-2　床下的怪物

资料来源：图片版权©里卡多·加尔沃。

导致虚假韧性的主要驱动因素是我们衡量的微观风险，而不是我们最关心的风险类型。问题出在风险计量仪，当进入金融体系的深处时，这个神奇的仪器就会弹出金融风险水平的读数。日常的金融监管、风险控制和投资组合管理都越来越依赖风险计量仪。为什么？因为它被认为是科学客观的，能帮助决策者将复杂问题分解为风险仪表盘上的一系列精确数字。

这就是出错的地方。风险计量仪并不像它的支持者所认为的那样科学和客观。它无法与精密的科学仪器，比如温度计相匹敌。温度计可以让我们实时精确地测量温度。温度是多少，只有一个明确的概念，使用温度计的实时反馈来控制温度是很容易的。当温度过高时，可以调节恒温器，这就是为什么把风险经理的办公室保持在 72°F 或 22°C 的恒定温度很容易。对于大多数金融风险，我们不能实行这样的反馈机制，即使很多人尝试过。为什么？首先，对于什么是重要的风险以及应该确定什么样的风险控制目标，我们并没有一致的看法：是每日的波动率？价格大幅下跌导致突然的巨额亏损、破产和危机的尾部风险？价格一点点缓慢下行，没有显著波动，没有可识别的尾部风险，但价格只跌不涨？50 年后退休金无法让人们过上舒适的退休生活的风险？还是国家明年发生系统性危机的可能性？

不同的关注点需要不同的风险概念——风险是什么取决于我们关注什么。不幸的是，我们关注最容易衡量的风险，因此也是最广泛使用的风险，以及短期的每日的事件——波动率或与其近似的 VaR 和预期尾部损失。这些与真正的尾部风险、危机或养老基金的偿付能力几乎没有关系。令人惊讶的是，那些旨在保证银行安全、保护我们的养老基金和防止危机的金融监管与风险管理活动，往往只是基于日常的价格波动。

其次，即使在选择了风险的概念之后，我们还面临风险如何度量的问题。市面上有几十种相互竞争的技术，它们对同样的风险有截然不同的度量，没有明确的方法来区分。它们都声称自己是最先进的，而且都有各自的拥趸。即使这样，我们也只衡量单一资产的风险，可能是股票、贷款或衍生品。接下来更难，那就是跨越时间和空间的风险加总。如何从所有的微观风险计算出投资组合、部门、银行和整个体系的风险，跨越今天到未来几年甚至几十年。我们越是汇总风险，结果就越不准确。这里存在一个微妙的问题。虽然系统性风险显然是所有个体微观风险的总和，但这一观念性的概念并不意味着我们知道如何进行计算。这是科学上普遍存在的一个问题。你可以知道一个人

第十四章 该怎么办 299

在生理和生物意义上的一切，但对于他作为一个人却一无所知。我们不能简单地将风险加总，因为所有个体风险之间的相互作用非常复杂。在现实生活中，在风险建模者的世界之外，风险因素之间最强的联系只在极端压力下才会表现出来。在其他情况下，它们根本不会被看到。

这是为什么？流动性是最显著的原因。流动性在大多数时候是充足的，甚至看起来是无限的。但总的来说，它是不可衡量的，而且在最被需要或者压力大的时候，它有令人讨厌的蒸发趋势。它成为影响所有资产和负债危机的共同因素，使所有我们并不了解的各种联系暴露在风险之下，往往在我们发现时为时已晚。如果在正常情况下度量风险，我们会低估每一项资产的风险，尤其是它与其他资产之间的关系，因为使它们密切相关的重要因素——流动性——是不可见的。因此，尽管很容易计算出一家银行、一个国家甚至整个世界的总体风险，但计算的准确性非常低。我想许多读者不会同意这一点，因为这正是金融领域的标准做法。是的，为风险计算一个加总数字很容易，但要准确地做到这一点并不容易。那些提出这样做的人可能是被物理学系统迷惑了。数学囊括了物理领域的一切，但在金融领域不行。几年前，当我与凯文·詹姆斯、马塞拉·巴伦苏埃拉和伊尔克努尔·泽尔三位合著者一起研究系统性风险度量的准确性时，我亲眼看到了这种综合风险度量的问题。我们写了两篇论文《风险模型的模型风险》和《我们能证明银行制造了系统性风险吗？——少数派报告》，通过研究系统性风险的所有领先指标得出结论，这些指标非常不准确，并建议不要使用。

像许多其他工具一样，如果使用得当，风险计量仪是有用的，比如在交易室里控制风险。但是，如果它被掌握在不知道其局限性的人手中，或者我认为更常见的是，人们故意忽视市场上所有的警告信号，因为这有助于他们完成自己的任务，那就危险了。他们可能会认为："我们必须控制风险。风险计量仪给了我们可用的测量方法。尽管它并不完美，但我们可以据此实现一些控制。"但这样做只会强化控制的幻觉。

最后，风险计量仪带给我们虚假的韧性，我们认为，因为风险仪表盘闪烁着绿色，我们就控制住了风险。虚假的韧性所带来的后果是不幸的，比如过度关注短期风险的投资管理，如每日波动或季度业绩。当投资组合经理告诉投资者，投资组合的风险是 1.5 万美元，或者在未来一年出现亏损的概率为 25% 时，投资者也许被欺骗了。这是一种误导，因为这种判断的准确性，取决于风险计算的可靠性以及该风险与投资者的相关性。此外，由于资产管理人员负责风险的度量，他们有动力选择一个能够最好地展示其承诺的风险计量仪。这通常意味着该计量仪是一个基于短期外生风险的计量仪。

虽然基金经理可能只关心短期风险，但大多数投资者并不是这样的。养老基金、主权财富基金、家族理财室、保险准备金，都担忧未来数年甚至数十年的亏损。问题在于，这些投资者依赖外部人士来管理他们的投资，这意味着要进行业绩监控。这种监控往往是通过风险仪表盘完成的，上面通常集中显示的是强调短期的风险指标。投资者可能会去寻找虚假的分散投资组合。也许是购买私募基金，短期波动不大，但是从长期来看，它们与股票市场具有稳定的协整关系。

宏观审慎监管机构也同样被虚假的韧性干扰。就它们存在的本意来看，它们只关心长期风险，采取逆周期的行动，在经济景气时让金融体系减速，在受到冲击时激活系统。宏观审慎监管远不仅是度量风险，但如果你的工作是考虑未来几年或几十年的不利结果，你就需要一些衡量长期韧性的方法。要做到这一点，手头的首选工具还是风险计量仪。将金融市场最近的波动与会计信息结合起来，在会计信息中，相关变量是根据它们对过去压力事件的预测程度来选择的，希望其能够指引未来。当监管机构确信所有微观风险都处于低水平时，它们可能会认为自己做得很出色——这就是合成谬误。当它们度量金融体系总风险时——比如欧洲央行的系统压力综合指标——其度量误差非常大。当实际系统性风险较高时，系统风险仪表盘却可能会闪烁绿色，从而为不稳定因素提供助力，或者在系统性风险较低时，促使当局采取抑制性措施，经济因此深受打击，从而呼吁出台刺激措施。

一定要小心虚假的韧性。要实现真正的韧性，需要关注造成损失和不稳定的根本因素，而不是度量风险或改正上次的错误。

牢记目标

第三个原则是时刻牢记你的目标。投资者在可接受的风险程度下实现收益最大化，监管机构在合理的金融稳定下实现经济增长。要从整体上考虑问题：考虑全局，而不是考虑局部。

对投资者来说，这样做更容易，因为利润最大化是每个人考虑的首要问题。这里的担忧是短期和长期的不协调，因为通过使用捕捉短期波动的风险度量方法，过度关注短期，从而忽视可能对长期投资回报造成严重损害的尾部风险，这太常见了。投资者的目标最终可能因科学的风险管理技术而牺牲，这些技术只能减轻对投资业绩的短期威胁；或者因承诺准确性的统计技术而牺牲，这些统计技术的销售基于虚假的精确度——这个投资组合未来两年的预期回报率为25.234%，而风险为12.228%。大多数风险计算基于卖方建立的模型，该模型为卖方量身设计，以表明什么最有利于卖方而不是客户。如果投资者关注长期风险，那其中的大多数投资者应该放弃那些着眼于短期业绩控制的做法，坚持让基金经理也关注长期风险和对他们来说重要的风险。

对于监管机构来说，牢记这些目标十分困难，因为它们甚至对目标是什么都没有达成一致。正如我之前所说的，金融政策的目标应该是最大化长期经济增长和最小化经济危机与衰退成本：

$$\text{最大化}\left(\frac{\text{累计长期经济增长}}{\text{累计经济危机与衰退成本}}\right)$$

政策当局应该清楚地表明，它们的目标是什么，为什么要进行监管，以及它们力求达到哪些目标。来自高层的声明是受欢迎的，比如美联储主席鲍威尔所发的声明，强调稳健、低水平通胀和高就业率，但在那些指导政策行动的实际文件中，大多缺乏这种清晰度。

与许多其他评论人士不同，我认为央行和其他金融当局的一个关键目的是帮助金融体系在更高的风险水平上运行，对此我不怕陷入争议。就一般规律而言，风险越大意味着经济增长越快，通过帮助金融体系在比安全状态下更高一些的风险水平上运行，我们都能从中受益。

打破各自为政

第四个原则是当局应把努力的重点放在长期经济增长最大化和经济危机与衰退成本最小化两个方面。今天的政策制定者没有这样做，因为他们各自为政。他们只关心自己的这一角，但忽略世界的其他部分。几年前，我在一家央行做报告，并有幸在晚宴上坐在其行长旁边。我们开始讨论有关各自为政的话题，我问他2008年危机以来，央行政策是如何影响不平等的。他告诉我，就个人而言，他对不平等问题深感担忧，但从央行角度来看，这毫不相关，因为不平等问题不在其法定职责范围内。

政策制定者只做局部优化，而不是全局优化。金融稳定性的研究人员通常也好不到哪里去，即使他们不应该受到各自领域的阻碍。我听到很多会议上的演讲者声称，"金融体系是危险的，我已经确定了最重要的风险，这就是你度量和控制它们的方法。如果你听从我的建议，我们就能达到目的"。这就是他们耗费数年时间所研究的，即如何在体系的某个部分实现安全性。

各自为政可能会导致奇怪的结果。2017年6月，英国央行决定收紧对其商业银行的资本限制，因为它认为这些银行承担了太多风险。当月，它还选择保持低利率，以鼓励银行向中小企业发放更多的风险贷款，刺激经济发展。这些政策显然是矛盾的。我不知道英国央行为何走到这一步，对此我只能想到两个原因：要么它想取悦两个不同的政治利益集团，且认为没有人会发现这种矛盾；要么这些决策是由英国央行的两个不同部门——金融稳定部门和货币政策部门——做出的，而且它们彼此之间没有协商。

克服各自为政的心理需要以更全面的方式制定金融政策，而唯一能够做到这一点的权威机构是政府。它可以授权开展必要的跨机构和跨领域合作，促使各政策部门进行全局优化而不是局部优化。我能听到反对声："政府机构应该专注于一个目标。如果它们有多重任务，其中一个就会失败。""这将使中央银行政治化。""这将导致政策制定杂乱无章。""我们将面临通胀。"每个机构都会找到一大堆理由来解释为什么这种想法不仅可怕，而且实际上不可能。这纯粹是胡言乱语。这当然是可行的，新加坡已经走在了前面。[1] 新加坡金融管理局与该国财政部（负责财政政策）和国家发展部（负责土地供应政策）密切合作。新加坡已经相当成功地实现了我所说的目标，即长期经济高速增长并保持金融体系的稳定。没有什么原因会使这种全局优化不能在其他地方实行——所需要的只是意愿。

靠多样性来拯救

金融稳定性及良好投资表现的敌人都是一致性。

让金融体系发挥最佳作用的第五个原则是拥抱多样性，这是实现金融稳定和良好投资业绩的最有效力量。假设市场受到一些冲击，也许是新冠之类的病毒，或者是红迪网站上的投资者和做空的对冲基金在 2021 年 1 月之间的冲突。如果我对冲击的反应是买进，而我的朋友安是卖出，那么我们的反应会相互抵消——我们就共同产生了逆周期的随机噪声。相反，如果我们都买进或卖出，我们就会顺周期地放大价格波动。当我们以同样的方式看待世界、做出反应时，我们就是顺周期的，反之就是逆周期的。罗斯柴尔德男爵在两个半世纪前写道，购买房产的最佳时机是在内战期间，他是如此有先见之明——危机期间的购买能带来稳定。我们需要罗斯柴尔德家族、索罗斯和巴菲特们、所有主权财富基金，以及在动荡时期看到买入机会的人。这样的个人和实体要想存在，就必须不受阻碍、自由地以他们认为最好的方式进行投资。金融稳定性及良好、稳定、长期投资回报的敌人是一致性。金融机构越相似，系统性风险就越高，因为它们会放大同样的冲击，吹大同样的泡沫。伦敦千禧桥摇晃是因为桥上的行人表现得像一群士兵，而不像平民。这种情况在动荡时期总是会发生。与平常相比，动荡时期市场参与者的观点和行动变得更加一致。

人们对此没有太多的反对意见。多样性和系统性风险之间的关系是很好理解的。但这只是理论。实践中是不同的，银行家和监管者的动机是朝着一致性的方向发展的。这其中有好坏两个方面的原因。最明显的例子就是最佳实践。这没什么错。没有人喜欢用次优的做法。

但当涉及风险时，就有问题。因为最佳实践意味着使用同一种最先进的风险计量仪和风险管理技术，所有人都将以相同的方式看待和应对风险——这就是一致性，而不是多样性。

规模收益递增也在侵蚀多样性。银行业青睐大型规模，因为金融服务的固定成本巨大。银行规模越大，满足大客户所有复杂需求的成本就越低。竞争力量推动并购。尽管金融当局有时会哀叹银行数量的减少，但实际上却鼓励合并，乐于在解决危机和处置破产银行的过程中使用兼并方式。

金融监管进一步支持一致性。银行在遵守监管法规时必须支付两种成本——可变成本和固定成本，了解监管机构如何运作，了解法律环境等。虽然这是善意的，而且通常是有用的，但它也有阴暗的一面。因为固定成本巨大，银行规模越大，每单位规模的合规成本就越低——这就提高了规模效益（见图14-3）。

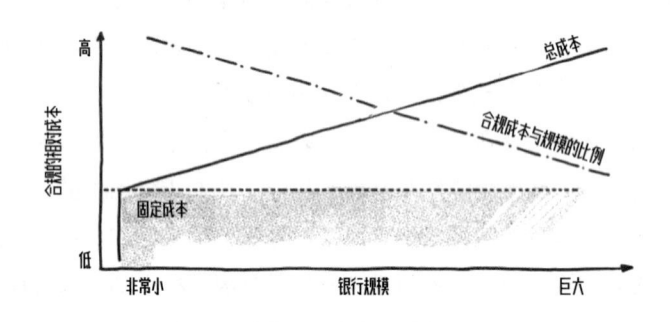

图14-3 合规的固定成本和可变成本

资料来源：图片由卢卡斯·比肖夫/IllustrationX 绘制。

监管的反多元化问题在欧洲尤为严重，因为欧洲金融当局必须应对各国银行的跨国监管，以及在欧洲层面上管理不守规矩的国家的政治问题。这意味着它们需要被视为提供了一个公平竞争的环境——这也解释了为什么《巴塞尔协议Ⅲ》适用于所有银行，而不仅适用于最大的银行（虽然大型银行更适用，且世界其他地区有此诉求）。其结果是一致的规则，以同样的方式对待所有银行，无论大小。因为我们对于最大的机构需要复杂的监管规则，而合规成本有利于大机构。

以银行为基础的金融体系也有利于一致性。在美国，只有 1/3 的企业贷款由银行提供，其余部分通过债券市场和其他各种非银行实体实现，这些实体作为中介将资金从储户转移到企业。在世界其他地区，约 90% 的信贷来自银行，例如英国超过 80%，德国 92%，西班牙 96%。而且，相对于经济规模而言，美国银行的典型规模也比其他国家的银行小得多。美国大约有 4 400 家银行，而日本只有 200 家，尽管日本经济规模大约是美国经济的一半。美国银行数量众多，加上它们在整体信贷市场中的占比较小，这使美国为企业融资的方式更具韧性，而且更容易在危机过后把银行规范得井井有条，就像在 2008 年之后那样。以银行为基础的金融体系为创新和高风险公司提供的融资较少，且融资成本高，很难在不花费重大经济成本的情况下对银行进行监管。"胎死腹中"的欧洲资本市场联盟本意是要提供帮助，但现有利益集团的势力实在太大了。

金融当局面临着艰难的前进道路。它们必须应对许多问题，并受到游说的影响。但它们应该拥抱多样性。积极鼓励新的金融机构，特别是那些业务模式与众不同的金融机构。为保护消费者而监管金融机构发展，但不要控制所有的微观风险。不幸的是，金融当局并不热衷于多元化，其规则阻碍初创企业和新的商业模式。这些初创企业必须遵守适用于大型银行的监管规定，而且在获得经营牌照之前，必须建立起构成现代金融机构的无数职能部门，比如董事会、资本、管理、IT（信息技术）系统和合规等。这是一个缓慢、烦琐且成本昂贵的过程。不到最后，谁也不能保证它们能拿到经营牌照。金融当局在监管过程中反对多样性和初创企业的原因是监管机构担心犯错，它们只专注于对自己的风险，而不是对社会的好处。这种风险规避意味着，经营牌照的审批过程有利于一致性和在位企业。

当前欠缺的是风险文化。金融当局可以向其他领域的同行学习，例如航空。航空业监管的态度是使社会利益最大化，同时控制风险。我们看到了结果：飞行成本正稳步下降，而安全性每年都在提高。各国央行和监管机构需要这样的风险文化。

金融当局应该解释，它们所做的工作是如何造福于我们其他人的。应该告诉我们，它们所作所为的目标是什么，并概述它们如何实现这一目标，以及如何与其他机构正在做的事情相适应。

要使监管机构多样化。如果我们让一个单一的监管机构负责一切——就像今天非常常见的超级监管机构——我们最终会得到一个偏好一致性的政府机构，一个与现有利益集团目标一致且厌恶差异性的政府机构。我们需要监管机构之间的竞争，这样我们就能让机构既监管又保护自己所在的行业，同时保护异质性。

．．．

涉及金融体系的问题虽然没有绝招，但总有一些控制方法好过其他方式。最糟糕的是对抗风险，但这往往是金融当局的首选。金融体系就像九头蛇，尽管当局可以想砍掉多少个头就砍掉多少个头，但它们总会重新长出来。最好不要尝试不可能的事情，要利用有益于维持稳定的内在力量，遵循如何处理金融体系问题的五项原则。

第一，要认识到真正的危险是内生风险，而不是我们通常衡量的外生风险。导致金融体系不按照我们意愿行事的根本因素并不多，我们应该关注这些根本因素。关注危机的触发因素和糟糕的投资表现太容易了，因为它们都是有目共睹的，而根本因素却不为人知。

第二，要注意风险计量仪和虚假的韧性。人们很容易让自己相信，一切都很好，我们已经完全对冲了最坏的尾部事件，一切都很安全，因为金融当局已经控制住了系统性风险。然而，系统性风险的发生完全是另一回事。风险计量仪误导我们忽略了真正的威胁，特别是当我们用风险计量仪来度量投资组合、银行，甚至整个金融体系的总体风险时，这些都是不可能完成的任务。要实现真正的韧性，必须关注造成损失和不稳定的根本因素，而不是度量风险或纠正上次的错误。

第三，牢记目标。我们监管金融业的原因，不应该是为了监管而监管，当局应该清楚地表明，它们的所作所为如何有助于实现其最终目标，即稳健的经济增长和金融稳定。基金经理应使用反映客户需求的风险管理方法，通常是管理长期尾部风险，而不仅是度量和管理短期风险。

第四，打破各自为政，从全局而非局部的角度思考问题。金融系统是一个连接所有人的网络，但在其中工作的大多数人都被迫忽略了这个网络。他们的工作总是局限在一个领域，他们可能非常关心自己的领域，但不关心除此之外的世界。我们为此付出代价，那些导致投资失败和引发危机的力量正是利用了这种各自为政，在无人监管的责任边界肆意妄为。

第五，让金融体系的运作符合我们意愿的最佳方式是拥抱多样性。我们需要一种新的风险文化，就像在航空业非常有效的措施那样，这样监管机构就会受到激励，允许新型金融机构设立展业。金融体系各机构之间的差异越大，监管规则的异质性越强，金融体系就越稳定和多样，投资组合的表现就越好。政府克服一致性力量的唯一方法是迫使监管机构拥抱多样性。

阻碍我们实现金融体系既定目标的是所有既有利益集团、想要保护已有的特许经营权的私人部门公司，以及想要证明自己在尽职尽责的风险厌恶型的监管机构。特殊利益集团是反对多样性的，这就是政府可以介入的地方。政府可以要求金融当局采取必要行动。只要有政治意愿，大多数人都会受益。

致　谢

许多朋友和同事为本书做出了巨大贡献。我从与同事合作完成的成果中借鉴了许多观点，这些同事包括查尔斯·古德哈特、凯文·詹姆斯、罗伯特·麦克雷、安德烈亚斯·乌特曼、马塞拉·巴伦苏埃拉、伊尔克努尔·泽尔，以及让-皮埃尔·齐格兰德。

非常荣幸能够请教多位专家，包括曾任职于英国金融行为监管局的彼得·安德鲁斯、国际清算银行的乔恩·弗罗斯特、风险系统专家鲁伯特·古德温、基金经理杰奎琳·李、金融行为监管局的埃里克·莫里森、物理学家多纳·奥康奈尔，以及三位律师：格斯特·琼森、哈夫利迪·克里斯琴·拉鲁松和伊娃·米歇尔。

在本书的背景研究中，我有幸得到了伦敦政治经济学院几位优秀学生的帮助：索菲亚·张、范家荣（音）和摩根·富歇。我所在的系统性风险研究中心的经理安·劳为本书的写作出版提供了大量的帮助。书中的大量插图由两位杰出的艺术家卢卡斯·比肖夫和里卡多·加尔沃绘制。

若没有上述人士的帮助，本书不可能问世。

感谢英国经济和社会研究委员会的资助，项目号为 ES/K002309/1、ES/R009724/1。感谢英国工程与物理科学研究委员会的资助，项目号为 EP/P031730/1。

注 释

第一章 驾驭老虎

1. Box, "Science and Statistics," 791–99.
2. Goodhart, "Public Lecture at the Reserve Bank of Australia."

第二章 系统性风险

1. Schnabel and Shin, "Liquidity and Contagion：The Crisis of 1763," 929–68, and Quinn and Roberds, "Responding to a Shadow Banking Crisis：The Lessons of 1763," 1149–76.
2. International Monetary Fund, Bank for International Settlements, and Financial Stability Board, *Guidance to Assess the Systemic Importance of Financial Institutions, Markets and Instruments*：*Initial Considerations*, 2.
3. 源自19世纪安徒生的童话《皇帝的新装》。
4. 详见卡维尔（Carville）的电视采访。
5. 布莱克 - 斯科尔斯（Black-Scholes）期权定价模型是指费希尔·布莱克（Fischer Black）和迈伦·斯科尔斯（Myron Scholes）1973年共同开发的期权定价统计技术，斯科尔斯因此在1997年获得诺贝尔经济学奖（布莱克因去世未能获得诺奖）。
6. Black, "Hedging, Speculation, and Systemic Risk," 6–8.
7. 转引自Hoyt, *The Cyclopedia of Practical Quotations*。
8. Holder, Senate Judiciary Committee testimony.

第三章　土拨鼠之日

1. Capra, *It's a Wonderful Life*.
2. 关于历史上银行业危机的主要资料来自卡门·莱因哈特和肯尼斯·罗格夫所著的《这次不一样：800年金融荒唐史》。笔者同时参考了国际货币基金组织的危机数据库，见 Laeven and Valencia, "Systemic Banking Crises Revisited."
3. 普林斯在接受《金融时报》采访时所述。
4. Martin, "Address before the New York Group of the Investment Bankers Association of America."
5. 转引自 Day, *A Wonderful Life*：S&L HELL：The People and the Politics be hind the $1 Trillion Savings and Loan Scandal。

第四章　风险的圆形监狱

1. 谁来监督监管者？拉丁原文 *Quis custodiet ipsos custodes*？英文 Who watches the watchers？
2. www.globalfinancialsystems.org/slides 网页上的第13章。
3. Goodhart, "Risk, Uncertainty and Financial Stability."
4. 《纽约时报》, "Paul A. Volcker, Fed Chairman Who Waged War on Inflation, Is Dead at 92."

第五章　风险计量仪的迷思

1. 他曾向邓巴（Dunbar）谈及这一点。可参见"VaR发明者朗格斯泰谈过度简化的危险"。
2. 同上。
3. Greenspan, "Maintaining Financial Stability in a Global Economy."
4. 半个世纪以来，研究者已经知道存在肥尾问题，至少从尤金·法玛（Eugene Fama）与其博导伯努瓦·B.曼德尔布罗特（Benoit B. Mandelbrot）的合作成果问世以来。法玛在之后获得了诺贝尔经济学奖。
5. Jansen and de Vries, "On the Frequency of Large Stock Returns：Putting Booms and Busts into Perspective."
6. http：//tylervigen.com/spurious-correlations.
7. Daníelsson, "The New Market-Risk Regulations."

第六章　想法很重要：风险和不确定性

1. Keynes, *The General Theory of Interest, Employment and Money*.
2. Mises, *The Ultimate Foundation of Economic Science*.
3. Hayek, "The Use of Knowledge in Society."
4. 参见 Rosenzweig, "Robert S. McNamara and the Evolution of Modern Management"。
5. Yankelovitch, *Corporate Priorities：A Continuing Study of the New Demands on Business*.
6. Rumsfeld, U.S. Department of Defense (DoD) news briefing.
7. 乔赛亚·斯坦普讲述的故事来自哈罗德·考克斯（Harold Cox）转引的一位不具名的英国法官。
8. Goodhart, "Risk, Uncertainty and Financial Stability"；Shackle, *Keynesian Kaleidics*.
9. Buffett, "Berkshire Hathaway 2011 Letter to Shareholders."
10. Minsky, "The Financial Instability Hypothesis：An Interpretation of Keynes and an Alternative to 'Standard' Theory."
11. Yellen, press conference.
12. Goodhart, "Public Lecture at the Reserve Bank of Australia."
13. Lucas, "Econometric Policy Evaluation：A Critique," in *The Phillips Curve and Labor Market*.

第七章　内生风险

1. Keynes, *The General Theory of Interest, Employment and Money*.
2. Crockett, *Marrying the Micro- and Macro-Prudential Dimensions of Financial Stability*.
3. （平均回报率 – 无风险利率）/ 波动率。
4. 对 LTCM 事件清晰透彻的描述，可参见 Lowenstein, *When Genius Failed: The Rise and Fall of Long-Term Capital Management*。
5. 同上。
6. 同上。

第八章　如果你不能承担风险，请更换风险计量仪

1. Fitzpatrick, "J.P. Morgan to SEC：That Model Change Doesn't Count as Change"；Henry and LaCapra, "J.P. Morgan and Other Banks Tinker with Risk Models."
2. Flitter, "Emails Show J.P. Morgan Tried to Flout Basel Rules—U.S. Senate."

注释　315

3. 假设银行购买一份看跌期权，即拥有在未来以执行价格（X1）出售某项资产的权利（而不是义务）。然后，银行卖出一个执行价格（X2）更低的看跌期权。前者的作用是为资产价格跌破 X1 时提供保护，但后者则使银行在资产价格跌破 X2 时面临巨额损失。
4. CDOs 是担保债务凭证的缩写，这是一种用于次级抵押贷款的结构化信贷产品。
5. 如果损失的可能性低于 VaR 的概率，通常是 100 天发生一次，则风险会被记录为零。
6. 对丹尼尔森的博客文章《风险与危机》的评论。

第九章 "金发姑娘原则"的挑战

1. 详见 Elliot，*Overend & Gurney*，*A Financial Scandal in Victorian London*。
2. 实际总回报，包括股利和通胀调整。

第十章 风险表演

1. 细节详情可从我的网站 www.modelsandrisk.org/Swiss 查找。
2. 巴塞尔委员会在 2017 年 12 月出台了对《巴塞尔协议Ⅲ》的一些调整。调整后的《巴塞尔协议Ⅲ》有时被称为《巴塞尔协议Ⅳ》，但其并没有（或者不配有）这样的正式称呼。
3. Daníelsson and Keating, "Valuing Insurers' Liabilities during Crises：What EU Policymakers Should Not Do"；Daníelsson et al., "A Prudential Regulatory Issue at the Heart of Solvency II"；Daníelsson et al., "Countercyclical Regulation in Solvency II：Merits and Flaws."
4. 我在一篇博客文章中讨论了资产管理公司的系统重要性，可参见 Daníelsson and Zigrand, "Are Asset Managers SystemicallyImportant？"

第十一章 一致、效率和稳定的三难困境

1. https://fred.stlouisfed.org/series/USNUM.
2. El-Naggar, "In Lieu of Money, Toyota Donates Efficiency to New York Charity."

第十二章 鲍勃的故事：机器人和未来风险

1. Kaku, *The Future of Quantum Computing*.
2. Kurzweil, *Communication to Futurism*.

3. Kahn, "To Get Ready for Robot Driving, Some Want to Reprogram Pedestrians."
4. Haldane, "Maxwell Fry Annual Global Finance Lecture: Managing Global Finance as a System."
5. EURISKO 绝不是这方面唯一的例子。类似的例子可参见 Krakovna, "Specification Gaming Examples in AI"。

第十三章　不该走的路

1. 高收入国家（2015 年人均国民总收入为 12 476 美元及其以上的国家）的移动平均经济增速。数据来源：世界银行《世界发展指标》。
2. Financial Stability Board, *Holistic Review of the March Market Turmoil*.
3. 由数据供应商 IHS Markit 提供。
4. 详见 modelsandrisk.org/cryptocurrencies。

第十四章　该怎么办

1. Monetary Authority of Singapore, "Macroprudential Policies: A Singapore Case Study," 321–27.

参考文献

Adams, Douglas. *The Hitchhiker's Guide to the Galaxy*. London: Pan Books, 1978.
Admati, Anat, and Martin Hellwig. *The Bankers' New Clothes: What's Wrong with Banking and What to Do about It*. Princeton: Princeton University Press, 2014.
Akerlof, George A. "What They Were Thinking Then: The Consequences for Macroeconomics during the Past 60 Years." *Journal of Economic Perspectives* 33, no. 4 (2019): 171–86.
Aliber, Robert Z., and Charles P. Kindleberger. *Manias, Panics, and Crashes: A History of Financial Crises*. New York: Palgrave Macmillan, 2015.
Bagehot, Walter. *Lombard Street: A Description of the Money Market*. London: H. S. King, 1873.
Bank for International Settlements. *Report on the Regulatory Consistency of Risk-Weighted Assets for Market Risk*. Basel: Bank for International Settlements, 2013.
Basel Committee on Banking Supervision. *Amendment to the Capital Accord to Incorporate Market Risks*. Basel: Basel Committee on Banking Supervision, 1996.
———. *Fundamental Review of the Trading Book: A Revised Market Risk Framework*. Basel: Basel Committee on Banking Supervision, 2013.
BBC. "Did the Bank Wreck My Business?" *Panorama*, 2014.
Bernstein, Peter L. *Against the Gods: The Remarkable Story of Risk*. New York: John Wiley, 1996.
Bevilacqua, Mattia, Lukas Brandl-Cheng, Jón Daníelsson, Lerby Ergun, Andreas Uthemann, and Jean-Pierre Zigrand. "The Calming of Short-Term Market Fears and Its Long Term Consequences: The Central Banks' Dilemma." SSRN Electronic Journal, 2021.
Bitner, Richard. *Confessions of a Subprime Lender: An Insider's Tale of Greed, Fraud, and Ignorance*. New York: John Wiley, 2008.
Black, Fischer. "Hedging, Speculation, and Systemic Risk." *Journal of Derivatives* 2 (1995): 6–8.

———, and Myron Scholes. "The Valuation of Option Contracts and a Test of Market Efficiency." *Journal of Political Economy* 27 (1973): 399–418.
Blanchard, Olivier. "(Nearly) Nothing to Fear but Fear Itself." *The Economist*, 2009.
Borio, Claudio. "The Macroprudential Approach to Regulation and Supervision." VoxEU.org, 2009.
Box, George. "Science and Statistics." *Journal of the American Statistical Association* (1976): 791–99.
Buffett, Warren. "Berkshire Hathaway 2011 Letter to Shareholders." 2011.
———. "Why Stocks Beat Gold and Bonds." *Fortune*, 2012.
Calomiris, Charles W., and Stephen H. Haber. *Fragile by Design: The Political Origins of Banking Crises and Scarce Credit*. Princeton: Princeton University Press, 2014.
Capra, Frank, dir. *It's a Wonderful Life*. 1946.
Carney, Mark. "Ten Years On: Fixing the Fault Lines of the Global Financial Crisis." *Banque de France Financial Stability Review*, no. 21 (2017).
Carville, James. Television interview. 1992.
Chwieroth, Jeffrey M., and Jón Daníelsson. "Political Challenges of the Macroprudential Agenda." VoxEU.org, 2013.
Crockett, Andrew. *Marrying the Micro- and Macro-Prudential Dimensions of Financial Stability*. Basel: BIS, 2000.
Daníelsson, Jón. "The Emperor Has No Clothes: Limits to Risk Modelling." *Journal of Banking and Finance* 26 (2002): 1273–96.
———. "The Myth of the Riskometer." VoxEU.org, 2009.
———. *Financial Risk Forecasting*. New York: John Wiley, 2011.
———. "Risk and Crises." VoxEU.org, 2011.
———. *Global Financial Systems: Stability and Risk*. London: Pearson, 2013.
———. "The New Market-Risk Regulations." VoxEU.org, 2013.
———."Towards a More Procyclical Financial System." VoxEU.org, 2013.
———. "What the Swiss FX Shock Says about Risk Models." VoxEU.org, 2015.
Daníelsson, Jón, Paul Embrechts, Charles A. E. Goodhart, Con Keating, Felix Muennich, Olivier Renault, and Hyun Song Shin. *An Academic Response to Basel II*. London: LSE Financial Markets Group, 2001.
Daníelsson, Jón, Kevin James, Marcela Valenzuela, and Ilknur Zer. "Model Risk of Risk Models." *Journal of Financial Stability* 23 (2016).
———. "Can We Prove a Bank Guilty of Creating Systemic Risk? A Minority Report." *Journal of Money Credit and Banking* 48 (2017).
Daníelsson, Jón, Frank de Jong, Roger Laeven, Christian Laux, Enrico Perotti, and Mario Wuthrich. "A Prudential Regulatory Issue at the Heart of Solvency II." VoxEU.org, 2011.
Daníelsson, Jón, and Con Keating. "Valuing Insurers' Liabilities during Crises: What EU Policymakers Should Not Do." VoxEU.org, 2011.
Daníelsson, Jón, Roger Laeven, Enrico Perotti, Mario Wuthrich, Rym Ayadi, and Antoon Pelsser. "Countercyclical Regulation in Solvency II: Merits and Flaws." VoxEU.org, 2012.

Daníelsson, Jón, and Robert Macrae. "The Appropriate Use of Risk Models: Part I." VoxEU.org, 2011.

———. "The Appropriate Use of Risk Models: Part II." VoxEU.org, 2011.

———. "The Fatal Flaw in Macropru: It Ignores Political Risk." VoxEU.org, 2016.

———. "The Dissonance of the Short and Long Term." VoxEU.org, 2019.

Daníelsson, Jón, Robert Macrae, Dimitri Tsomocos, and Jean-Pierre Zigrand. "Why Macropru Can End Up Being Procyclical." VoxEU.org, 2016.

Daníelsson, Jón, Robert Macrae, and Andreas Uthemann. "Artificial Intelligence and Systemic Risk." *Journal of Banking and Finance* (2021).

Daníelsson, Jón, Robert Macrae, Dimitri Vayanos, and Jean-Pierre Zigrand. "The Coronavirus Crisis Is No 2008." VoxEU.org, 2020.

Daníelsson, Jón, and Hyun Song Shin. "Endogenous Risk." In *Modern Risk Management: A History*. London: Risk Books, 2003.

Daníelsson, Jón, Hyun Shin, and Jean-Pierre Zigrand. "Endogenous Extreme Events and the Dual Role of Prices." *Annual Reviews* 4 (2012).

Daníelsson, Jón, Marcela Valenzuela, and Ilknur Zer. "Learning from History: Volatility and Financial Crises." *Review of Financial Studies* (2018).

Daníelsson, Jón, and Chen Zhou. "Why Risk Is So Hard to Measure." Amsterdam: De Nederlandsche Bank NV, 2016.

Daníelsson, Jón, and Jean-Pierre Zigrand. "Are Asset Managers Systemically Important?" VoxEU.org, 2015.

Day, Kathleen. *A Wonderful Life: S&L HELL: The People and the Politics behind the $1 Trillion Savings and Loan Scandal*. New York: W. W. Norton, 1993.

Diamond, Douglas W., and Philip H. Dybvig. "Bank Runs, Deposit Insurance, and Liquidity." *Journal of Political Economy* 91 (1983): 401–19.

Dunbar, Nicholas. "What JP Morgan's Release of VaR Has in Common with Sex and Computer Viruses." 2012. http://www.nickdunbar.net/articles/what-jp-morgans-release-of-var-has-in-common-with-sex-and-computer-viruses/.

———. "Value-at-Risk Inventor Longerstaey on the Perils of Oversimplification." Bloomberg Briefs, 2012.

Elliot, Geoffrey. *Overend & Gurney, a Financial Scandal in Victorian London*. London: Methuen, 2006.

El-Naggar, Mona. "In Lieu of Money, Toyota Donates Efficiency to New York Charity." *New York Times*, 2013.

Engle, Robert. "Autoregressive Conditional Heteroskedasticity with Estimates of the Variance of the United Kingdom Inflation." *Econometrica* 50 (1982): 987–1007.

Engels, Friedrich. *Socialism: Utopian and Scientific*. London: Swan Sonnenschein, 1880.

European Banking Authority. "EBA Interim Report on the Consistency of Risk-Weighted Assets in the Banking Book." 2013.

Fama, Eugene. "Mandelbrot and the Stable Paretian Hypothesis." *Journal of Business* 36, no. 4 (1963): 420–29.

———. "Are Markets Efficient?" Posted at https://review.chicagobooth.edu/economics/2016/video/are-markets-efficient, 2016.

Financial Stability Board. *Holistic Review of the March Market Turmoil*. Financial Stability Board, 2020.

Fitzpatrick, Dan. "J.P. Morgan to SEC: That Model Change Doesn't Count as 'Change.'" *Wall Street Journal*, 2013.

Flitter, Emily. "Emails Show JP Morgan Tried to Flout Basel Rules—U.S. Senate." Reuters, 2013.

Friedman, Milton, and Anna Jacobson Schwartz. *A Monetary History of the United States: 1867–1960*. Princeton: Princeton University Press, 1963.

Gissurarson, Hannes. *Twenty-Four Conservative-Liberal Thinkers, Part II*. Brussels: New Direction, 2021.

Goodhart, Charles A. E. "Public Lecture at the Reserve Bank of Australia." 1974.

———. *Risk, Uncertainty and Financial Stability*. London: Financial Markets Group, London School of Economics, 2008.

———. *The Basel Committee on Banking Supervision: A History of the Early Years 1974–1997*. Cambridge: Cambridge University Press, 2011.

Greenspan, Alan. *Discussion at Symposium: Maintaining Financial Stability in a Global Economy*, at the Federal Reserve Bank of Kansas City (1997): 54.

Haldane, Andy. "Managing Global Finance as a System. Maxwell Fry Annual Global Finance Lecture," Birmingham University, 2014.

Hayek, Friedrich von. "The Use of Knowledge in Society." *American Economic Review* 35, no. 4 (1945): 510–30.

Henry, David, and Lauren Tara LaCapra. "JP Morgan and Other Banks Tinker with Risk Models." Reuters, 2013.

Hernández de Cos, Pablo. "Basel III Implementation in the European Union." BCBS Speech, 2021.

Holder, Eric. US Senate Judiciary Committee testimony. 2013.

Honohan, Patrick, and Daniela Klingebiel. "The Fiscal Cost Implications of an Accommodating Approach to Banking Crises." *Journal of Banking and Finance* 26 (2003).

House of Commons library. "Financial Services: Contribution to the U.K. Economy." Briefing Paper Number 6193, 2017.

Hoyt, Jehiel Keeler. *The Cyclopedia of Practical Quotations*. London: Funk & Wagnalls, 1907.

International Monetary Fund, Bank for International Settlements, and Financial Stability Board. *Report to G20 Finance Ministers and Governors. Guidance to Assess the Systemic Importance of Financial Institutions, Markets and Instruments: Initial Considerations* (2009): 2.

Jansen, Dennis, and Casper G. de Vries. "On the Frequency of Large Stock Returns: Putting Booms and Busts into Perspective." *Restat* 73 (1991): 18–24.

Johnson, Rian, dir. *Star Wars: Episode VIII—The Last Jedi*. 2017.

Kahn, Jeremy. "To Get Ready for Robot Driving, Some Want to Reprogram Pedestrians." Bloomberg, 2018.

Kaku, Michio. *The Future of Quantum Computing*. At https://www.youtube.com/watch?v=YgFVzOksm4o (2011).

Keynes, John Maynard. *A Treatise on Probability*. London: Macmillan, 1921.

———. *The General Theory of Interest, Employment and Money*. London: Macmillan, 1936.

Kindleberger, Charles P. *Manias, Panics, and Crashes: A History of Financial Crises*. 3d ed. London: John Wiley, 1996.

King, Mervyn. "Inflation Report Press Conference." Bank of England, 2007.

Knight, Frank Hyneman. *Risk, Uncertainty and Profit*. New York: Houghton Mifflin, 1921.

Kohn, Meir. "Early Deposit Banking." Hanover, NH: Department of Economics, Dartmouth College, 1999.

Krakovna, Victoria. "Specification Gaming Examples in AI." https://vkrakovna.wordpress.com/2018/04/02/

Kubrick, Stanley, dir. *2001: A Space Odyssey*. 1968.

Kurzweil, Ray. *Communication to Futurism*. 2017.

Laeven, L., and F. Valencia. "Systemic Banking Crises Revisited." IMF Working Paper, 2018.

Lenat, Douglas B. "EURISKO: A Program That Learns New Heuristics and Domain Concepts: The Nature of Heuristics III: Program Design and Results." *Artificial Intelligence* 21, nos. 1, 2 (1983): 61–98.

Lewis, Michael. *The Big Short: Inside the Doomsday Machine*. Detroit: Gale Cengage Learning, 2010.

———. *Flash Boys*. New York: Penguin, 2015.

Lowenstein, Roger. *When Genius Failed: The Rise and Fall of Long-Term Capital Management*. New York: Random House, 2000.

Lucas, Robert. "Econometric Policy Evaluation: A Critique." In *The Phillips Curve and Labor Markets*, ed. K. Brunner and A. Meltzer, 19–46. 1976.

Magnus, George. *Red Flags: Why Xi's China Is in Jeopardy*. New Haven: Yale University Press, 2019.

Malkiel, Burton Gordon. *A Random Walk down Wall Street*. New York: W. W. Norton, 1973.

Mandelbrot, Benoit B. "The Variation of Certain Speculative Prices." *Journal of Business* 36 (1963): 392–417.

Markowitz, Harry. "Portfolio Selection." *Journal of Finance* 7 (1952): 77–91.

Martin, William McChesney, Jr. "Address before the New York Group of the Investment Bankers Association of America." 1955.

Marx, Karl. *Das Kapital: Kritik Der Politischen Oekonomie*. Verlag von Otto Meissner, 1867.

Merler, Silvia, and Jean Pisani-Ferry. "Who's Afraid of Sovereign Bonds?" Bruegel Policy Contribution, 2012.

Minsky, Hyman. "The Financial Instability Hypothesis: An Interpretation of Keynes and an Alternative to 'Standard' Theory." *Nebraska Journal of Economics and Business* 16 (1977): 5–16.

———. *Stabilizing an Unstable Economy*. New Haven: Yale University Press, 1986.

———. *The Financial Instability Hypothesis.* Annandale-on-Hudson, NY: Jerome Levy Economics Institute, 1992.

Mises, Ludwig von. *The Ultimate Foundation of Economic Science.* Princeton: Van Nostrand, 1962.

Monetary Authority of Singapore. "Macroprudential Policies: A Singapore Case Study." *BIS Papers*, no. 94 (2017): 321–27.

New York Times. "Paul A. Volcker, Fed Chairman Who Waged War on Inflation, Is Dead at 92." 2019.

OECD. *G20/OECD INFE Report on Adult Financial Literacy in G20 Countries.* OECD, 2017.

Orlik, Thomas. *China: The Bubble That Never Pops.* Oxford: Oxford University Press, 2020.

Popper, Karl. *The Open Society and Its Enemies.* London: Routledge, 1945.

Prince, Charles ("Chuck"). Interview in the *Financial Times,* 2007.

Quinn, Stephen, and William Roberds. "Responding to a Shadow Banking Crisis: The Lessons of 1763." *Journal of Money, Credit and Banking* 47, no. 62 (2015): 1149–76.

Reinhart, Carmen, and Kenneth Rogoff. *This Time Is Different: Eight Centuries of Financial Folly.* Princeton: Princeton University Press, 2009.

Rodgers, Kevin. *Why Aren't They Shouting?* London: Penguin, 2016.

Rosenzweig, Phil. *Robert S. McNamara and the Evolution of Modern Management.* Cambridge: Harvard Business Review, 2010.

Rossi, Hugo. "Mathematics Is an Edifice, Not a Toolbox." *Notices of the AMS* 43, no. 10 (1996).

Rumsfeld, Donald. U.S. Department of Defense (DoD) news briefing, 2002.

Russel, Stuart. *Human Compatible.* London: Allen Lane, 2019.

Santayana, George. "Reason in Common Sense." In *The Life of Reason,* 1:284. New York: Scribners, 1921.

Schlosser, Eric. *Fast Food Nation: What the All-American Meal Is Doing to the World.* Boston: Houghton Mifflin, 2001.

Schnabel, Isabel, and Hyun Song Shin. "Liquidity and Contagion: The Crisis of 1763." *Journal of the European Economic Association* 2, no. 6 (2004): 929–68.

Schneier, Bruce. "Beyond Security Theater." *New Internationalist,* 2009.

Schumpeter, Joseph. *Capitalism, Socialism and Democracy.* London: Harper & Brothers, 1942.

Shackle, George L. S. *Keynesian Kaleidics.* Edinburgh: Edinburgh University Press, 1974.

Shapiro, Fred R. *The Yale Book of Quotations.* New Haven: Yale University Press, 2006.

Silver, David, Julian Schrittwieser, Karen Simonyan, Ioannis Antonoglou, Aja Huang, Arthur Guez, Thomas Hubert, et al. "Mastering the Game of Go without Human Knowledge." *Nature* (2017).

Skalweit, Stephan. *Die Getreidehandelspolitik und Kriegsmagazinverwaltung Preußens 1756–1806.* Berlin: Acta Borussia, 1931.

Smith, Adam. *An Inquiry into the Nature and Causes of the Wealth of Nations.* London: W. Strahan, T. Cadell, 1776.

Soto, Hernando de. *The Mystery of Capital.* New York: Basic Books, 2000.

Syed, Matthew. *Rebel Ideas: The Power of Diverse Thinking.* New York: Flatiron Books, 2019.

Triana, Pablo. *The Number That Killed Us.* London: John Wiley, 2011.

Tukey, John W. "The Future of Data Analysis." *Annals of Mathematical Statistics* 33 (1962): 1–67.

UBS. *Shareholder Report on UBS's Write-Downs.* UBS, 2008.

Viniar, David. "Goldman Pays the Price of Being Big." *Financial Times* interview, 2007.

Whitehouse, Kaja. "One 'Quant' Sees Shakeout for the Ages—'10,000 Years.'" *Wall Street Journal,* 2007.

Yankelovich, David. *Corporate Priorities: A Continuing Study of the New Demands on Business.* D. Yankelovich Inc., 1972.

Yellen, Janet. Press conference. Federal Reserve Board, 2014.

译后记

《控制的幻觉》的英文原版出版于2022年，年底即入选英国《金融时报》2022年度经济学最佳图书。在我们翻译这本书之时，硅谷银行和瑞士信贷等欧美银行相继爆发风险事件，书中对危机根源的剖析、对银行监管的建议在此时更加发人深思。正如查尔斯·古德哈特对这本书的推荐所述："所有的金融监管者都应该阅读此书。这本书以妙趣横生的非技术化的语言展示了风险的哪些方面可以被计量，哪些方面通常无法被计量。任何关注投资组合管理的人都应该阅读这本书。"

这本书各章节翻译的分工如下：廖岷负责第一章、第二章和第十四章；周叶菁负责第三章、第四章、第五章以及导读；汤颖男负责第六章、第七章和第八章；吴晋康负责第九章和第十章；聂宇程负责第十一章和第十二章；阮忠负责第十三章。廖岷和周叶菁先后三次校对了全书，囿于水平和精力，错误之处在所难免，敬请方家批评指正。

这本书在翻译过程中得到了张敏文、栾楠的帮助。同时，我们还要感谢中信出版集团的吴素萍老师，为我们完成译稿提供了大量帮助，并安排了作者与译者的对话。我们将这一对话翻译成中文作为导读，希望对读者有所裨益。